岡山大学社会文化科学研究科
学内COEシリーズ | 1

地域統合

ヨーロッパの経験と東アジア

清水耕一 編著

大学教育出版

地 域 統 合
―ヨーロッパの経験と東アジア―

目　次

発刊にあたって ……………………………………………………………… 1

第1部　EU統合の経験 ……………………………………………… 7

第1章　EU統合と憲法的枠組みの改革 …………………………… 8
1. はじめに　*8*
2. EU統合プロセス　*8*
3. リスボン条約で導入された修正　*10*
4. EUの憲法的枠組みの強化　*14*
5. 結論　*22*

第2章　地域は国境を越えるか
　　　　　―EUにおける越境地域間協力とそのガバナンス― ………… 24
1. はじめに　*24*
2. EUの地域政策におけるEU、国家、地域　*26*
3. パートナーシップ・モデルとしての国家・地域圏間契約　*34*
4. 越境地域間協力とクロスボーダー・ガバナンス　*42*
5. 国境を越える地域　*52*

第3章　ドイツの労使関係制度に対する欧州統合の影響 ………… 58
1. はじめに　*58*
2. 欧州統合と社会的領域の意義　*61*
3. 欧州―構造レベルにおける挑戦―　*68*
4. 行動レベルにおける挑戦　*73*
5. 結論　*81*

目次 iii

第4章 中東欧諸国における地域格差とキャッチアップの現状 ……… 85
1. はじめに　*85*
2. EU 東方拡大プロセス　*86*
3. 中東欧諸国の EU における経済的位置　*89*
4. EU 加盟の評価（ポーランドの場合）　*93*
5. EU 東方拡大プロセスにおける地域格差問題とキャッチアップ　*100*
6. 結論　*106*

第5章　EU とスイス …………………………………………………… 108
1. はじめに　*108*
2. EU・スイス間関係　*109*
3. Interreg プログラムによる EU・スイス間の越境地域間協力　*113*
4. EU・スイス関係の将来　*128*

第2部　中国からみた東アジアと日中関係 ……………………… 131

第6章　東アジアにおける地域統合
　　　　――中日平和と独仏和解に関する比較研究―― ……………… 132
1. はじめに　*132*
2. 中日平和と独仏和解の共通性　*134*
3. 中日平和友好と独仏和解の発展の相違　*139*
4. 中日の平和友好関係の発展に関する思考　*148*
5. 結論　*156*

第7章　中国の社会主義的開発モデルの本質
　　　　――東アジア型資本主義との比較―― ……………………… 159
1. はじめに　*159*
2. 純粋な社会主義の終焉　*160*

3. 中国と東アジアの開発レジーム　*169*
4. 中国は東アジア型の開発主義国家か　*174*
5. 中国型の社会主義的開発モデル　*180*
6. 結論　*186*

第8章　中国経済の発展段階と東アジア経済協力における新たな地位… *190*
1. はじめに　*190*
2. 現時点における中国経済の発展段階—3つの判断基準—　*191*
3. 中国経済の東アジア経済協力における新たな地位
　—2つの側面からの評価—　*205*

第9章　中日協力が両国の経済成長に及ぼす影響　*213*
1. はじめに　*213*
2. 合作経済学の基本的な枠組み　*213*
3. 協力が中日両国の経済成長に及ぼす影響を測定するための2つの計量経済学モデル　*217*
4. 協力密度の計測とデータ　*220*
5. 計量経済学モデルの結果　*227*
6. 結論　*230*

地 域 統 合
―ヨーロッパの経験と東アジア―

発刊にあたって

清水耕一

　『地域統合―ヨーロッパの経験と東アジア―』と題した本書を始めとする岡山大学社会文化科学研究科の学内COEシリーズ全3巻は、岡山大学の学長裁量経費の助成を得た学内COEプログラム「越境地域間協力教育研究拠点づくり」による国際共同研究の成果である。同プログラムは東アジアの持続可能な発展にとって中心的な役割を果たすべき日中韓の相互認識と理解を深め、研究教育分野における協力関係を発展させて3国間の越境地域間協力を担う人材（研究者、高度職業人）を育成することを狙いとしている。この目的のために、本プログラムは、一方においてEUにおける地域統合の経験から学ぶためにその実態の研究をすすめ、他方では日中韓の大学・研究機関との研究教育協力ネットワークづくりを進めるものであった。

　本プログラムのキーワードとなっている「越境地域間協力」は、EUの地域政策に由来するものである。EUの地域政策は、EU域内における地域間格差の解消のみを目的とするのではなく、加盟国国民の間の相互不信や対立意識という心理的国境を解消してEUという共通の価値観をもったEU市民を創出することをも目的としている。EUは確かに国家連合として政治的には統合され、統一市場が形成されて、一部の東欧諸国を除いて人・物・資本の移動が自由になったが、加盟国間の国境は厳として存続している。それは各国の税制や社会保障制度の相違に代表されるように法・経済・社会諸制度の相違によって画される国境であり、また国境を挟む国民間の「我々と彼ら」という差異の意識や他国民に対する不信感による心理的国境でもある。EUは教育制度を始め、制度間の調整を進めているとはいえ、依然として国民国家という枠組みを残し

た国家連合にとどまっているのである。この域内の心理的国境の消去を目的とするEUの地域政策は、若森その他の『EU経済統合の地域的次元―クロスボーダー・コーペレーションの最前線』が明らかにしているように、1990年以来、共同体イニシアチブInterregプログラムとして展開され、さらに2007年からは優先目標3「越境地域協力」として展開されるようになり、EUの地域政策においてさらに重要な位置を占めるようになっている。このことが意味することは、政治的地域統合が実現し、国民国家間における制度のコーディネーションと共通の制度づくりが進められているとはいえ、諸国民間に存在する心理的国境を消去し、連帯意識を育み、地域間の協力関係を発展させ、共通の価値観をもったEU市民を創出するには、したがって国民国家という国家関係を解消するには、なお多くの努力と時間が必要であるということである。これは、新規加盟国である中東欧諸国と西欧諸国との間の問題に限らず、西欧諸国間にも妥当する。このようなEUの地域政策の経験を研究することは、東アジアにおける地域統合を進める上で多くの示唆を与えるはずである。

　実際、東アジアの地域統合に関しては、日本、中国、韓国、ASEAN諸国において欧州連合のような地域統合が意識されていることは間違いないように思われるが、各国首脳の発言や、2009年の総選挙によって登場した鳩山政権の提唱する「東アジア共同体」というアイディアは未だ構想と呼べる内実を備えてはいない。東アジア共同体の形成のためには中心となる日中韓3国の協調的関係の形成が先決問題であるが、3国間の経済関係の緊密化にもかかわらず、第2次世界大戦に関する3国間の歴史・社会認識の離齬が障害となって、また3国それぞれにおいて依然として無視しえない影響力をもっているナショナリズムのゆえに、現状においては政治レベルにおいても、また市民社会レベルにおいても、3国間の協調的関係の形成は困難であり、「東アジア共同体」の実現ははるか未来の話であるように思われる。しかし、欧州連合の誕生は、第2次世界大戦の交戦国である独仏を中心とした諸国が戦争という「恐怖を打ち消し、将来への信頼を甦らせ、平和のための勢力を形成する」(ジャン・モネ―遠藤、2008: 134) ことを目指して進めた、長期にわたる努力の結果であった。同様に、日中韓3国間の相互信頼を醸成し、平和で安定的な協力関係を育成し

ていくことは、東アジアの持続可能な経済発展にとって不可欠な要件である。問題は、3国間の相互信頼をいかに醸成していくのかということである。「東アジア共同体」といった政治レベルの地域統合は政府間の問題であるが、EU諸国間以上に3国国民間の不信感・対立意識が強いこの地域においては、相互理解を深め、国民間の信頼関係と連帯意識を醸成するさまざまな活動が重要である。我々の教育研究プログラムは、そのような東アジアにおける地域統合のために3国間の相互理解と信頼感を育むために、研究教育分野における越境地域間協力事業を推進するという目的をもって進められているものである。

本書の構成と著者の紹介

本書第1巻に収められた諸章は、上記の学内COEプログラムによって組織された一連の国際シンポジウムおよび国際セミナーにおける報告を基に執筆された諸論文のうち、EUにおける地域統合と日中関係に関するものである。

第1部「EU統合の経験」は、複数の国家を統合する広域地域統合の唯一の例であるEUの地域統合の現状と進化の方向性および課題を説明するものである。

第1章の「EU統合と憲法的枠組みの改革」は、欧州憲法条約がフランスとオランダの国民投票によって批准に失敗した後のEUの憲法的枠組みに関する「修正条約」、すなわちリスボン条約による憲法的枠組み、したがってEUの諸機関の改革・強化を説明し、2009年10月3日のアイルランドの国民投票によるリスボン条約の批准以後の進化を展望している。著者のパトリック・ドラは、EU議会および欧州評議会の存在するストラスブール大学の政治科学研究院の准教授であり、著書に『欧州法とEU法（Droit européen et droit de l'Union européenne)』があるように、EU法および国際法の専門家である。

第2章の「地域は国境を越えるか―EUにおける越境地域間協力とそのガバナンス」は、補完性原則、アディショナリティ原則、パートナーシップ原則を基に進められているEUの越境地域間協力プログラムによるEU・国家・国内地域間関係および越境地域間協力の多様性と進化を説明し、フランス・ベルギー国境地域において初めて制度化された法人「欧州地域協力団体」を越境地

域空間のクロスボーダー・ガバナンスの先進例として紹介している。著者の清水耕一は本学社会文化科学研究科教授であり、EUの越境地域間協力に関する共編著書に『EU経済統合の地域的次元―クロスボーダー・コーペレーションの最前線』がある。

第3章の「ドイツの労使関係制度に対する欧州統合の影響」は、一方で、低賃金国である中東欧の加盟した拡大EUの先進国であるドイツにおいて、生産の低コスト国への移転の脅威から労働組合が譲歩交渉を行い、共同決定を特徴とする労使関係システムが変化しつつあることを示すとともに、他方では、EUレベルにおいては国境を越えた労働者の連帯は存在せず、労働組合の権利も制限されている事実を指摘し、EUにおける労使同権の交渉原則を確立する必要を訴えている。著者のウルリッヒ・ユルゲンスはベルリン社会科学研究所（WZB）の主任教授であり、マルシュ、ドーセとの共著書『テーラー主義との決別（Breaking From Taylorism）』以来、自動車産業およびドイツの労使関係の研究者として世界的に著名である。共著者のビエルン・レムケはユルゲンス教授の指導するWZBの若手研究者である。

第4章の「中東欧諸国における地域格差とキャッチアップの現状」は、EU内低開発地域である中東欧諸国のEUへの加盟プロセスと経済状態を説明した上で、ポーランドを事例としてEU加盟の経済的効果を説明し、EUの結束政策による中東欧諸国の経済水準のEU平均へのキャッチアップが進んでいるが、同時に各国内の地域間格差が拡大しているという問題を指摘している。著者の田口雅弘は本学社会文化科学研究科教授であり、主著『ポーランド体制転換論―システム崩壊と生成の政治経済学』に示されるように、わが国におけるポーランド研究の第一人者である。

第5章の「EUとスイス」は、周囲をEU加盟国に囲まれた、いわばEU内の非EU飛び地であるスイスとEUとの統合問題を説明し、スイスの欧州経済領域（EEA）への加盟が国民投票によって否決され、EU加盟問題が凍結された後のスイス連邦政府の「上からの統合」政策（2国間協定）と「下からの統合」政策（越境地域間協力の推進）によるスイス・EU関係の強化を説明し、スイスの将来のEU加盟にとっては越境地域間協力による関係強化が重要であ

ることを指摘している。著者の石田聡子は、本学社会文化科学研究科の研究員であり、博士論文『スイスの対EU政策—統合政策としてのInterregプログラム』が示しているように、わが国におけるスイス・EU関係に関する地域レベルの研究の数少ない専門家の1人である。

　第2部「中国からみた東アジアと日中関係」は、主に東アジア地域圏の中心となる日中関係に関する中国側の視点を示すとともに、両国間の経済的統合の進展が互恵的効果を与えることを示している。

　第6章の「東アジアにおける地域統合—中日平和と独仏和解に関する比較研究」は、第2次世界大戦の交戦国であり、欧州統合の推進力となった独仏のパートナーシップを参照基準として、日中間の和解と協力関係の形成を阻む諸要因（アメリカの北東アジア政策、戦争処理問題、経済的対抗関係、政治不信と戦略的猜疑心、等）を検討し、その上で中日の戦略的互恵関係を確立するための中日の平和友好関係を発展させる必要を説いている。著者の黄鳳志は中国吉林大学法学院の教授で、著書に『当代国際关系（現代国際関係）』があり、中国における国際関係の専門家の1人である。

　第7章の「中国の社会主義的開発モデルの本質—東アジア型資本主義との比較」は、中国の1978年の改革・開放政策による過去30年間における中国の社会主義理論および実践の特徴と変化を説明した後で、東アジアの開発モデルと異なった中国型の独自な社会主義的開発モデルとして中国の経済開発を特徴づけ、その特徴として「部分的な自由化」、鄧小平に負う統治法、実績に対する国民の信頼、漸進的民主化を挙げている。著者の郭定平は中国復旦大学の国際関係・公共行政院の教授であり、主著に『韓国における政治体制の移行に関する研究（Study of Political Transition in South Korea）』があり、体制移行論の専門家である。

　第8章の「中国経済の発展段階と東アジア経済協力における新たな地位」は、中国経済の東アジア経済協力における地位と役割を論じ、相互依存関係の深まっている東アジア全体の経済発展にとって中国は今や日本と並ぶ牽引車になっているという経済発展の「菱形発展モデル」を提示し、また東アジアの外的拡張に関しては中国が「先頭の雁」の役割を担っていると主張している。著

者の趙偉は浙江大学国際経済研究所長（教授）であり、主著に『現代工業社会と経済体制の選択』（中国語）があり、産業経済および地域経済の専門家である。

　第9章の「中日協力が両国の経済成長に及ぼす影響」は、日中両国の協力関係の発展が両国の経済成長に与える影響を、エコノメトリック・モデルによって分析し、両国の経済成長において日中間協力の発展が貢献し、しかも日本よりも中国の経済成長にとってより大きな役割を果たしてきたことを示している。著者の黄少安は2009年現在、山東大学経済研究センター長兼（北京）中央財経大学経済学院院長で、中国の制度経済学学会の指導者の1人である。共著者の高偉は中央財経大学経済学院講師、張蘇は中央財経大学経済学院准教授、黄乃静は厦門大学王亜南経済研究院の財政学修士課程学生である。

　以上の諸章からなる本書は、学内COEプログラム「越境地域間協力教育研究拠点づくり」による国際共同研究の成果ではあるが、その目的からすれば到達点ではなくむしろ出発点である。今後は、本書の説明するEU統合の経験と東アジアにおける経済統合と日中関係の現状認識を踏まえて、韓国も含む日中韓の越境地域間協力のための教育研究分野の協力関係が進展することを期待している。

　最後に、学内COEプログラムおよび本書の刊行を助成してくれた岡山大学、ならびに本書の出版を快く引き受けてくれた大学教育出版にお礼を述べておきたい。

参照文献
遠藤乾編（2008）『ヨーロッパ統合史』名古屋大学出版会．
若森章孝・八木紀一郎・清水耕一・長尾伸一編著（2007）『EU経済統合の地域的次元―クロスボーダー・コーペレーションの最前線』ミネルヴァ書房．

第1部

EU統合の経験

第1章　EU統合と憲法的枠組みの改革

パトリック・ドラ

1. はじめに

　2009年時点において欧州連合諸機関と加盟諸国は、拡大したEUの機構と決定プロセスを再度改正する必要があることに同意している。実のところ、2001年のニース条約による改革は不十分であって、1957年のローマ条約以後の5次にわたる拡大によって21か国が新加盟した拡大EU諸機構の効率的で民主的な運営を保証できないものであった。しかし、フランス、オランダの国民投票によって欧州憲法条約が否決されたものの、これに代わる「修正条約」であるリスボン条約が2007年12月に調印された。このリスボン条約が実施されるならば、EUの憲法的枠組みがドラスティックに強化されることになると思われる。本章では継続的なプロセスとしてのEU統合を説明した後に、リスボン条約によって導入された重要な改革を説明することにする。

2. EU統合プロセス

　2009年までに行われた機構改革は明らかに欧州連合の民主的な性質を強化してきた。多くの事例からいくつか挙げるならば、直接普通投票による欧州議会選挙や同議会の立法権限と予算権限の強化がある。また、会計検査院（the Court of Auditors）がEU機構に統合され、欧州委員会（the European Commission）の政治的責任が承認された。しかし、EU拡大の挑戦は未だ途半ばにあり、2011年頃にはクロアチアとマケドニア（マケドニア旧ユーゴスラビア共和国）の加盟によりEUがさらに拡大することからしても、これらの

改革が不十分なことが明らかになる。ここ数年来、加盟国はこの問題を十分に認識しており、機構変革は政府間会議（Intergovernmental Conferences）における中心的な議題となってきた。同会議によって、およそ15年の間にアムステルダム条約、ニース条約、リスボン条約が起草されてきたのである。ブリュッセル、リスボンおよびコペンハーゲンで開催された理事会の結論を受けて、欧州理事会は1995年6月26日と27日にカンヌで会合をもち、EU拡大の展望に伴い、以下の組織的問題を解決しなければならないことを強調している。すなわち、「投票の重み、特定過半数によって採択される決定の範囲の拡張、全加盟国によって任命される委員の人数、そして、EU拡大を見込んで、機構の任務遂行を容易にし、その効率性を確保するために必要とみなされるその他のあらゆる措置」である。

（1） アムステルダム条約とEU拡大の展望

ところが、交渉者間に十分な政治的合意が無かったため、1997年のアムステルダム条約はそれらの要求に対応し得なかった。ただし、EU拡大を見込んだEU諸機構に関する第7議定書は、いくつかの法的義務を課している。同1条によれば、「第一の拡大が実施される時点で、EU委員会は各加盟国につき国代表1名で構成される。ただし、この時点までに、理事会における投票の重みは、集計結果の修正あるいは二重多数決制により、全加盟国に受け入れられる形で修正されることを前提とする。また、この際、特に委員会の第二構成員の任命の可能性を放棄する加盟国に対する補正といったような、関連するあらゆる要素を考慮に入れる」。さらに、第2条は次のように規定する。「EU加盟国数が20を超える少なくとも1年前には、機構の構成および機能に関する条約規定の包括的な検討を実施するために、加盟国政府の代表者会議が招集されなければならない」。

（2） ニース条約の必然的ではあるが限定的な結果

第7議定書に従って、新しい政府間会議は、2000年12月11日、アムステルダムでは解決されなかった機構問題に関する合意に達し、作業を終了し

た。この政治的合意は2001年1月のニース条約として署名され、法的なものとなった。同条約はEU議会の議席配分、EU委員会の構成、理事会の特定多数の定義に関するものであった。そして、EU拡大のための諸原則と方法は、EU拡大に関する第1議定書および附属の宣言、特にEU拡大に関する第23宣言に示されている[1]。

　もちろん、第23宣言は、「ニース条約の批准により、EUは新加盟国の加入に必要な機構改革を完了することになる」ことを強調しているが、「EUの将来に関する深くて幅広い議論」を要請し、さらに次のように規定する。「当該プロセスは、特に以下の問題を扱わなければならない。すなわち、補完性原則を反映した形で、いかにEUと加盟国の間のより詳細な権限配分を確立し、監視するのかという問題、EUの基本的権利憲章の地位、諸条約の意味を変えることなくより明瞭でよりよく理解されるための条約の簡略化、EU機構における加盟国議会の役割である」。「政府間会議は、EUおよびその諸機構を加盟国市民により近づけるために、その民主的正統性と透明性を改善し、監視する必要性を認識する」。最後に、「政府間会議は、以上の議題について検討し、対応する変化を諸条約にもたらすために、新たな加盟国政府代表者会議が2004年に開催されることに同意する」。

　第23宣言の第8項目によれば、EUとの加入交渉を完了した加盟候補諸国は政府間会議への参加を要請され、またトルコ等のその他の候補国はオブザーバーとしての参加が勧められてきた。その後ヴァレリー・ジスカール・デスタンが唱導した「ヨーロッパのための協定」の作業に基づき、ヨーロッパ憲法条約が2004年10月29日にローマで署名されたが、フランスとオランダの拒否により、同条約は実施されなくなった。

3. リスボン条約で導入された修正

　フランスおよびオランダ国民によって憲法条約が否認された後、妥協として締結されたのがリスボン条約である。同条約は、2007年10月18日と19日、ポルトガルの首都リスボンにおいて、全加盟国の長または政府の長が合意したも

第1章　EU統合と憲法的枠組みの改革　　*11*

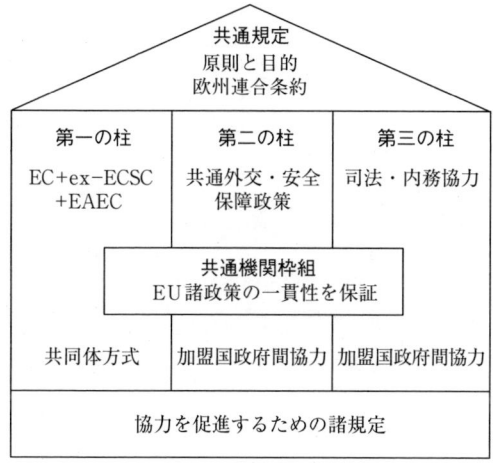

図1-1　EUの3つの柱

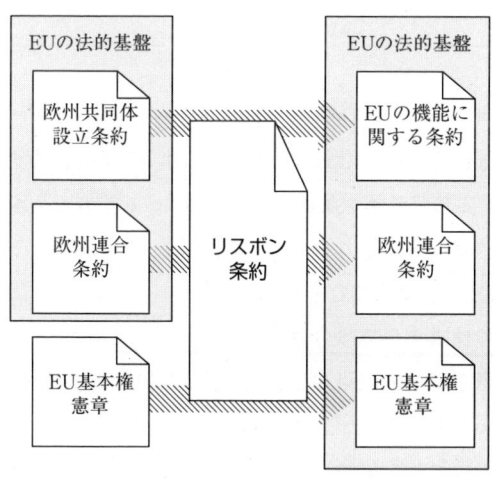

図1-2　リスボン条約による修正

表 1-1　EU の権限

排他的権限	共有権限	支援的権限
EU のみが権能を有する	EU が権能を行使した領域では自らの権能を行使できない	EU は加盟国の行動を支援、調整あるいは補充することができる
関税同盟	域内市場	健康の保護・改善
域内市場の機能に必要な競争規則の制定	条約に定められている社会政策	産業
ユーロ圏の金融政策	農業・海洋生物資源の保全を除く漁業	文化
共通漁業政策に基づく海洋生物資源保全	環境	観光
共通通商政策	消費者保護	教育、若者、スポーツ、職業訓練
	運輸	災害防止・救助
	欧州横断ネットワーク	行政協力
	エネルギー	
	自由・安全・司法領域	
	公衆衛生問題における共通関心事項	

のである。リスボン条約の直前の「欧州憲法」は現行諸条約をすべて破棄し、単一の文書に置き換えるものであったが、リスボン条約は既存の諸条約の修正に限定されていた。このリスボン条約は、以下のような重要な条項を含んでいる。

・EU は法主体となる。これは特に、国際条約の当事者となる、あるいは国際機構の加盟者となることを意味する。
・EU の 3 つの柱はすべて統合される。
・EU 基本権憲章は法的拘束力を有し、EU は欧州人権条約を承認する。
・EU と加盟国の間の権限配分が明確にされている。
・EU 理事会の安定した議事（1 期 2 年半とし、再任可能）。
・通常立法手続としての EU 議会と閣僚理事会の間の共同決定規則の承認。
・新しい二重多数決ルールの導入。
・「外交安全保障政策上級代表」の設置
・ローテーション制度を取り入れた上で、加盟国につき 1 名以下の委員とす

るよう欧州委員会の規模を縮小する。
・EU 立法の調査期間を拡張し、さらに加盟国議会が立法行為の検討や撤回を欧州委員会に共同で強要し得るようにすることで、加盟国議会を関与させる。
・100 万人の欧州市民の署名による市民発議を欧州委員会において審議に付させる市民の権利。
・EU 検事の創設。
・共同防衛の漸進的構築
・脱退条項
・気候変動対策を目的として明記
・27 加盟国というニース条約上の制限を除外することにより、さらなる拡大が可能となる。

　政治的な理由によって、国民投票による新たな批准手続きを制限しているため、リスボン条約はもはや「欧州憲法」ではなく、「改革条約または修正条約」と呼ばれている。この名称の変化は、根本的に形式的なものにみえるが、オランダ、チェコ共和国、英国といった諸国の要請に対する応答でもあった。これらの国は、交渉期間中、憲法的なシンボル、すなわち「憲法」「欧州外務大臣」「EU 法」「枠組法」といった用語や、旗、合唱歌、銘句（「多様性の中の統一」などの標語）のような EU の象徴への言及は回避されるべきであると考えていた。であるにもかかわらず、外交上級代表は外務大臣と同じ権限を有しており、欧州法や欧州基本法は立法機関制定法と呼ばれ、さらに欧州旗、欧州歌、そして欧州銘句はなお存在する。
　したがって、「改革条約」はもはや EU「憲法」とは呼ばれないが、1986 年 4 月 23 日に下された「緑の党」判決（フランス緑の党 vs. 欧州議会）では以下のことが明らかにされている。すなわち、「EEC（欧州経済共同体）の加盟国もその機構も、自らの措置が**基本的憲法条項**たる条約に適合しているか否かという問題についての審査を免れ得ない以上、EEC は**法の支配**に立脚した共同体である」[2]。法的にいえば、EU は伝統的な国際機構ではなく、その機構の

枠組は憲法諸原則に基づいている。すなわち、EUは、立法権限と執行権限、司法権限を分立しており、法の支配と人権保護に立脚している。今やこれらの諸原則は修正EU条約によって確認され、強化されている。

4. EUの憲法的枠組みの強化

　当初の条約で大枠が定められていた民主主義的諸原則に従い、加盟国は法的に平等であり、平等な形でEC諸機構の活動に参加する。こうした諸原則は、2つの構造的な結果をもたらす。第1に、すべての機構は、各加盟国から少なくとも1名の市民を含む。第2に、欧州理事会とEU理事会を除き、他のすべての機構は単純多数決で決定を採択するため、各加盟国の投票は同等の重みをもつ。誤った代表制度となることを避けるために、理事会の審議における投票の重みだけでなく、委員会の委員およびEU議会の議員（MEPs）の数の確定に関しても、これらの根源的な諸原則の実施は根本的に再定義されなければならない。住民数が50万人にも満たないマルタは、ニース条約に基づき、特定多数決で採択される理事会選挙において3票を有し、欧州議会では6議席を有する。マルタはさらに欧州委員会委員1名、欧州司法裁判所判事1名、欧州会計検査院検査官1名を有する。他方、8,200万人の人口をもつドイツは、特定多数決で採択される理事会選挙において29票、欧州議会において99議席、そして欧州委員会委員1名、欧州司法裁判所判事1名、および欧州会計検査院検査官1名を有している。

　上記のマルタとドイツの比較が明らかにしていることは、EUの諸機構が正統化と代表性の諸原則を阻害し、麻痺させかねないことから、諸機構の変革が急務であるということである。この変革が目指しているのは、少なくとも、欧州議会を強化し、理事会における特定多数決を修正し、欧州委員会の規模を縮小することである。欧州理事会は2007年12月13日にリスボン条約を採択し、機構問題に関する数年間にわたった交渉に期待通りの決着をもたらした。このように、比較アプローチは、まず第1に、EU諸機構の現時点での限界や不適切性を強調することによって、リスボン条約で導入されることになる基本的な

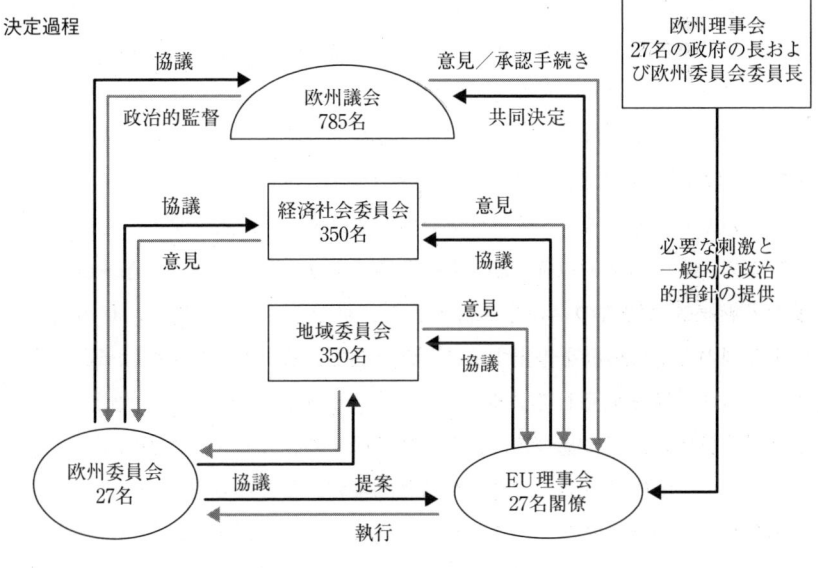

図1-3 EUの決定過程

改革を明らかにしようとするものであった。決定過程に関していえば、これらの改革は政策的推進力を課された欧州理事会と、EU 理事会、欧州議会、欧州委員会という3者による決定に関係している。その他、リスボン条約は特に、外交安全保障政策に関する上級代表を制度化している。

(1) 欧州理事会と理事会議長

　欧州理事会は EU 加盟国の国家の長や政府の長を代表する。その第1の目標は、EU の政策を政治的に推進するとともに、その主要な方針を定めることである。とはいえ、各加盟国は6か月輪番制度に基づいて EU 議長を務めるため、この状況が欧州理事会の作業効率を損なっていた。

リスボン条約による最も重要なイノベーションは、常設の議長席を創設したことである。すなわち、欧州理事会は欧州議会と欧州委員会と同様に専任の議長を有するようになり、しかも議長はいずれの国家の負託に応えるものではない。欧州理事会議長は欧州理事会における特定多数決で選出され、任期は2年半で1回の再任が可能である。欧州理事会議長はEUの声や顔となり、国際舞台においてEUを代表し、欧州理事会の作業を統括し、調整することになる。
　アムステルダム条約以降、EU条約7条により、欧州理事会は基本的権利の重大で継続的な侵害の存在を宣言することができる。この場合、理事会は関係する国の一定の権利を停止することが可能である。ニース条約は予防規定によって当該手続を補完している。3分の1以上の加盟国の提案、欧州議会または欧州委員会の提案に基づき、さらに構成理事の5分の4および欧州議会の同意のもとで、欧州理事会は加盟国が基本的権利の重大な侵害を行っているという明白な危険が存在することを宣言し、当該加盟国に適切な勧告を与えることができる。欧州司法裁判所は、EU条約7条における手続規定に関する紛争についてのみ管轄権を有し（欧州条約46条）、同規定に基づく決定の正当化や妥当性についての審査には管轄権を有さない。リスボン条約は、全体として、これらの修正をすべて維持している。

（2）投票の重み、特定多数決、理事会評議

　ニース条約によれば、現在、欧州理事会において特定多数決による決定が行われるのは以下の場合である。
　・加盟国の過半数によって決定が承認される場合。
　・決定が「特定多数決基準」と呼ばれる特定投票数を少なくとも得る場合。
　この特定多数決基準は、政府間会議の最終段階における中心的な争点であった。27の加盟国に拡大したEUにおいては、特定多数決基準は投票数の73.91％と定められており、これは全345票のうちの255票を意味する。また、ニース条約では、特定多数がEU全人口の62％以上を代表していることの検証を理事会理事が要請する可能性を定めている。当該要件が満たされない場合、決定は採択されない。

この現行制度はあまりにも複雑過ぎるため、実際には効率的ではない。また、現行制度では最大人口を有する加盟国にはそれに見合った投票数が与えられていないことから、人口の少ない加盟国に有利である。加盟国間の人口規模に見合った平等性からしても、理事会における投票の重みを早急に再検討することが求められる。もし再検討がなされなければ、特定多数投票は欧州理事会の運営の効率性と迅速性を確保することができないであろう。

リスボン条約では、二重多数が以下の2つの基準によって算出される。すなわち、EU 加盟国の 55%（すなわち、27 か国のうちの 15 加盟国）と EU 人口の 65% である。多数決による決定を阻止できる少数派（blocking minority）には、少なくとも4つの加盟国が含まれなければならない。この新しい二重多数決制度では多数派を作り出して決定を採択するのがより容易になるため、ニース条約で用いられている制度に比べてより民主主義的であり効率的である。

決定過程の効率性を促進することは、域外国境警備、庇護、難民、または庇護申請者の保護に関する措置や当該事案の審理といった新たな分野に、全会一致に代わって**特定多数決投票を拡張する**ことを意味する。

さらに、「立法行為」が議題となり、承認される場合、閣僚理事会は公開審

表 1-2 欧州理事会における各国のもち票

各国のもち票	
ドイツ、フランス、イタリア、イギリス	29
スペイン・ポーランド	27
ルーマニア	14
オランダ	13
ベルギー、チェコ、ギリシャ、ハンガリー、ポルトガル	12
オーストリア、ブルガリア、スウェーデン	10
デンマーク、アイルランド、リトアニア、スロヴァキア、フィンランド	7
エストニア、キプロス、ラトヴィア、ルクセンブルク、スロヴェニア	4
マルタ	3
合　計	345
特定多数決には 255 票（73.9%）が必要。さらに、 　・加盟国の過半数（場合によっては 2/3）の同意が必要 　・加盟国は任意に投票した国の合計人口が少なくとも EU 全体の 62%に達しているか確認を求めることができる	

表1-3 欧州議会の国別議席数 2007-2009

加盟国	人口（単位：百万人）	人口：EU27か国比（%）	2009年までの議席数	ニース条約による議席数（2009〜2014年）
ドイツ	82.438	16.73	99	99
フランス	62.886	12.76	78	72
イギリス	60.422	12.26	78	72
イタリア	58.752	11.92	78	72
スペイン	43.758	8.88	54	50
ポーランド	38.157	7.74	54	50
ルーマニア	21.161	4.38	35	33
オランダ	16.334	3.31	27	25
ギリシャ	11.125	2.26	24	22
ポルトガル	10.57	2.14	24	22
ベルギー	10.511	2.13	24	22
チェコ	10.251	2.08	24	22
ハンガリー	10.077	2.04	24	22
スウェーデン	9.048	1.84	19	18
オーストリア	8.266	1.68	18	17
ブルガリア	7.719	1.57	18	17
デンマーク	5.428	1.1	14	13
スロヴァキア	5.389	1.09	14	13
フィンランド	5.256	1.07	14	13
アイルランド	4.209	0.85	13	12
リトアニア	3.403	0.69	13	12
ラトヴィア	2.295	0.47	9	8
スロヴェニア	2.003	0.41	7	7
エストニア	1.344	0.27	6	6
キプロス	0.766	0.16	6	6
ルクセンブルク	0.46	0.09	6	6
マルタ	0.404	0.08	5	5
EU-27	492.881	100	785	736

表1-4　2009年7月14日の欧州議会選挙における政治グループ別獲得議席

政治グループ	略　称	議　席
欧州人民党（キリスト教民主主義）グループ	EPP	265
欧州議会社会主義者・民主主義者進歩同盟グループ	S&D	184
欧州自由主義者・民主主義者同盟グループ	ALDE	84
緑の党グループ／欧州自由同盟	Greens/EFA	55
欧州保守・改良主義者グループ	ECR	55
欧州統一左翼・北欧緑の党連合グループ	GUE/NGL	35
自由と民主主義のヨーロッパ・グループ	EFD	32
無所属	NA	26
計		736

議を行うことになるが、これはEUの民主化への動きを予兆するものであり、欧州市民は理事会で行われている審議について情報提供されることになる。

（3）欧州議会の構成と権限

　ニース条約は欧州議会の効率性を強化するために、その構成を修正し、権限を拡大した。リスボン条約はこの改革を継承している。

　EU加盟国が27か国となることを見越して、ニース条約は欧州議会に最大736の議席と国別の新たな割当数を準備した。リスボン条約は、この議員数を751に削減することを定めているが、2009年6月までには同条約が批准されず、依然としてニース条約が適用されている。

　EC条約191条を補完するためにニース条約が与えた法的基礎によって、共同決定手続を通じて欧州レベルでの政党規程および特に政党資金に関する規則を採択できるようになった。当該規程は2005年に採択され、欧州議会で活動する政治団体に対して新たな正統性を与える。2009年6月の欧州選挙に際しては、欧州市民の関心を惹くために欧州諸政党は欧州政治綱領を提案し、欧州委員会議長候補を特定しなければならなかった。しかし不幸なことに、諸政党はこれらを実施しなかった。

　欧州議会議員の義務履行を規律する諸規則や一般的条件は、課税に関する諸規定（EC条約190条）を除いて、欧州理事会によって特定多数決で承認さ

れている。そのため、欧州理事会、欧州委員会および加盟国と同じように、欧州議会は特定関心事項を示すことなく（EC条約230条）、諸機構の行為の無効宣言を求める手続を開始することができる。また、国際条約の欧州条約との適合性について、欧州司法裁判所に予備意見を求めることもできる（EC条約300.6条）。

　ニース条約では、全会一致から特定多数決へと変更された7つの規定（EC条約13条、62条、63条、65条、157条、159条、191条）について共同決定の範囲が拡張され、欧州議会の責任はさらに拡大されている。さらに、共同決定手続きによってカバーされる範囲において協力関係を強化するために、欧州議会の同意が求められていた。これに対して政府間会議においては、すでに特定多数決ルールが行われている立法措置（例えば、農業政策や貿易政策）にまでは共同決定手続は拡張されなかった。また、基本的権利の重大な侵害が発生するという明白な危険が存在することを欧州理事会が宣言しようとする際には、欧州議会は自らの見解を述べることが求められていた。

　リスボン条約では、欧州議会の権限は、立法、予算および政治的コントロールの点でさらに強化されている。「通常立法手続」と呼ばれる共同決定は、域内市場、通商合意、農業政策といった27の規定について拡大されている。

　欧州議会では、欧州理事会の提案に関して、**欧州委員会議長**が「欧州議会選挙を考慮に入れて」と宣誓する。第1に、この改革は、委員会議長により大きな民主的正統性を与えることになるため、欧州市民から「乖離」しているとみなされることの多い欧州機構では、極めて重要である。第2に、この改革によって欧州選挙を政治化することが可能となり、欧州選挙人の関心のレベルを間違いなく高め、選挙人の投票が欧州の政治生活を左右することになる。

（4）欧州委員会の規模

　決定プロセスにおいて、欧州委員会は立法発議を完全に独占し、中心的な役割を果たしている。このため、委員会の規模の縮小は拡大EUにおける効率性の確保のための主要な課題となった。

　2004年11月1日以降、ニース条約に基づき、欧州委員会は1加盟国1

名の委員によって構成される。そのため、最も規模の大きな加盟国でも、欧州委員会における第2委員を提案できなくなった。さらに2014年11月1日、むしろおそらくは2017年11月から、委員会委員の数は加盟国数の3分の2（すなわち、27加盟国を含むEU全体において18委員）になる。欧州委員会の委員は輪番制度によって選出されるが、この制度はすべての加盟国にとって公平であり、加盟国のさまざまな人口的・地理的な特徴を十分に反映するものである。ニース条約はさらに、欧州委員会の指名手続にも修正を加えた（EC条約214条）。これに伴い、委員会議長の指名は欧州理事会の特定多数決事案となった。この任命は欧州議会によって承認されなければならない。リスボン条約により、議長の選出に当たっては「欧州議会選挙を考慮に」入れることになる。

その後欧州理事会は、特定多数決に基づき、指名された議長の同意のもと、委員会委員として指名する予定の人物のリストを採択する。このリストは、各加盟国の作成する提案に基づいて作成される。最後に、欧州委員会の議長と委員は、欧州議会による**委員リスト**（the body of Commissioners）の承認を経た後、特定多数決に従って欧州理事会によって指名される。

少なくとも、EC条約217条の新しい文言は、議長権限を拡大している。議長は欧州委員会の**内部編成**を決定し、欧州委員会委員に予算を割り当て、必要な場合は在任期間中の責任を変更する。さらに議長は、委員リストの集団的承認を経た後に**副議長**を指名するが、副議長の人数は条約上には規定されていない。議長は、欧州委員会の承認を条件として、委員の辞任を要求することもできる。

(5) 外交安全保障担当上級代表の創設

その他に、リスボン条約はEU外交安全保障政策上級代表を創設している。現上級代表のハビエル・ソラーナと対外関係欧州理事ベニータ・フェレーロ・ワルドナーの任務は、統合されて1つになる。これにより、EUの対外政策にさらなる一貫性と統一性がもたらされる。欧州理事会によって承認され、欧州議会で宣誓する上級代表は、欧州委員会の副議長となるとともに、閣僚理事会

における対外関係理事会の議長を務める。

5. 結　論

　本章で説明した問題以外にも多くの問題がEUの効率性を損なっている。例えば、言語問題はまさにセンシティブな問題である。EC条約21条は次のように規定している。「欧州連合のすべての市民は、EUの諸機関又は諸団体のいずれに対しても、公用語の1つで書面を提出し、それと同一の言語で返答を得ることができる」。こうして、欧州連合は34の公用語で作業することになる。共同体書類の通訳と翻訳にかかるコストに関して、さらには有能なスタッフの数が限られている点に関して、欧州連合の諸機関は、多様な作業レベルにおける現実的な言語システムを定めるために政治手続に則った合意に達する必要がある。したがって、特に政治的コミュニケーションや、EUの決定に関する内部準備に関してはプラグマティックな決定が採用されると思われる。

　グローバルな経済・財政危機、そしてロシアとの対立関係に直面していることからしても、EU、欧州市民、さらに旧大陸の民主主義の将来にとって、この大きな政治プロジェクトを定式化し、適切な制度的アーキテクチャーを採用することが急務となっている。責任は巨大であり、支配層にだけ任せておけばいいというものではない。この場合、来るリスボン条約の発効が本質的に重要である。すなわち、リスボン条約の発効は、市民権と基本的権利の保護を保障する真の欧州政治社会を基礎づける格好の機会を与えるからである。この欧州政治社会は、EU憲法が採択されるまでの極めて重要な準備段階となるのである。

〔翻訳　玉田　大、成廣　孝〕

注
1) 欧州連合の将来に関する第23宣言は以下のとおりである。
　　1. ニースにおいて重要な改革が決定された。会議は、加盟国政府代表会議の実りある結論を歓迎し、ニース条約の早期批准を目指すことを加盟国に委ねる。
　　2. 会議は、加盟国政府代表者会議の結論が欧州連合の拡大への道を拓くことに同意す

る。また、ニース条約の批准によって、新加盟国の加入に必要な組織改革を欧州連合が完了するであろうことを強調する。
3. 上記のように拡大への道を拓いた上で、本会議は、欧州連合に関してより深くて幅広い議論を行うことを求める。2001年に、スウェーデンおよびベルギーの議長は、欧州委員会と協力し、また欧州議会を含めた上で、すべての関係者との広範な討論を奨励する。関係者とは、各国議会の代表者、世論を反映するすべての者、すなわち政治団体、経済団体、大学団体であり、市民社会の代表者等である。加盟候補国は、後に定められる方式に従い、この討論プロセスに参与することになる
4. 2001年6月にイェーテボリで欧州理事会に上程された報告書に従い、2001年12月、ラーケン（ブリュッセル）での会合で、欧州理事会は上記プロセスの継続についての適切なイニシアティブを含む宣言に合意するであろう。
5. 本プロセスは、特に以下の問題に取り組まなければならない。
 ・欧州連合と加盟国の間のより詳細な権限配分について、補完性原則を反映しつつ、いかにこれを確立し、監視するか。
 ・ケルンでの欧州理事会の結論に即した上で、ニースで宣言された欧州連合の基本権憲章の地位の問題。
 ・諸条約の意味を変えることなく、より明瞭にし、理解し易くするために、諸条約を簡易化する問題。
 ・欧州機構における加盟国議会の役割の問題。
6. 上記の課題を扱いつつ、欧州連合とその諸機構を加盟国市民により近づけるために、本会議は、民主的正統性および欧州連合と諸機構の透明性を向上させ、監視する必要があることを認識する。
7. 以上の準備段階の後、上記の課題に対処し、相応の変革を諸条約にもたらすために、新たな加盟国政府代表者会議が2004年に招集されることに本会議は同意する。
8. 加盟国会議は、拡大プロセスに対して一切障害や前提条件となるものではない。さらに、欧州連合と加盟交渉を既に終えた候補諸国は同会議への参加が招聘される。加盟交渉を終えていない候補国は、オブザーバーとして招聘される。

2) CJEC, 23 April 1986, *Parti écologiste "Les Verts" v European Parliament*, Case n° 294/83, Report 1339.

第2章　地域は国境を越えるか
── EU における越境地域間協力とそのガバナンス ──

清水耕一

1. はじめに

　1993年11月1日にマーストリヒト条約が発効することによって独仏を中心とした12か国によって欧州連合（EU）が成立し、加盟国は1995年には15か国に、そして2004年に東欧10か国の加盟によって25か国にまで拡大し、EUは形式的に中東欧および西欧諸国をEUという価値の体系（アキ・コミュノテール）に統合した。しかし、この形式的統合（convergence formelle）は実質的内実（convergence réelle）を伴ってはいない。

　市場統合によって人、物、資本およびサービスの自由移動が可能になったとはいえ、資本以外の人、物、サービスの自由移動が現実化したとは言い難い（八木、2007）。さらに、EU発足時の比較的同質的な加盟12か国においてさえ経済格差、および国民間の偏見や相互不信が存在し（*LACE Magazine*, No.5, 2000）、こうした域内経済格差や国民感情の乖離は2004年のEUの東方拡大とともに深刻化した。最貧国のルーマニアとブルガリアのEU加盟時における1人当り国内総生産はEU15か国平均の約4分の1でしかなかった（Hen, Léonard, 2003）。しかも、EU全体のGDPの44％はロンドン、パリ、ミラン、ミュンヘン、ハンブルクを結ぶ5角形内（同地域の人口はEU人口の32％）に集中しているように、格差は西欧・中東欧間に限らず、西欧内諸地域間の問題でもある（DGPR, 2009）。他方、「多様性の中の統合」を謳い文句とする欧州憲法条約の批准を国民投票に委ねたフランスとオランダにおいて同条約の批准が否決されたことが象徴するように、EU中心国内においてさえも「ユーロセプティシズム（euroscepticisme）」（Courty, Devin, 2005）、すなわち「EU

に対する不信や拡大への不安」(庄司、2007)、さらには中東欧諸国に対する不信感が支配的である。

　このようなEU加盟諸国間における格差と相互不信の解消を図り、実質的統合を進めようとするものがEUの地域政策であった。確かにEUの地域政策（とくに結束政策）は狭義には、地域間格差の解消と経済・社会的結束の強化を目的にEUレベルにおける社会的再分配政策を進めるものであった（辻、2003）。しかしそれは同時にヨーロッパの実質的統合、すなわち「諸地域からなる1つのヨーロッパの実現と域内国境の消去」を進め、共通の価値観と連帯感をもった「ヨーロッパ市民」の創出を目指すものでもあった（ベルギー・ワロン地域圏政府首相—Van Cauwenberghe, 2001）。EUの地域政策は構造基金（fonds structurels）と結束基金（fonds de cohésion）による財政支援[1]によって、一方では、低開発地域の開発促進、産業衰退地域の産業構造転換、雇用促進のための一般教育・職能養成教育の適合化といった優先目標（2000～2006年期の目標）に従った地域支援を進めて地域間格差の解消を図り、他方では共同体イニシアチブInterregプログラムによって越境地域間協力関係を発展させ、国境地域における孤立状態の解消と「国境」の解消を図ろうとするものであった。

　以上のような使命をもったEUの地域政策の推進は加盟国内の地域のガバナンスと開発に新たな次元を与えている。1つは、マルチレベル・ガバナンスといわれる問題の出現である（Marks, 1993; Hooghe, 1996; 柑本、2005a, 2005b）。マルチレベル・ガバナンスとは、地域政策の決定においてそれぞれ自律的な欧州委員会（EU）、各国政府、地域（regional）・地方（local）自治体がパートナーシップに基づいて責任を共有する構造（稲本、2003）、あるいは補完性原則（subsidiarity）に基づくEU、国、地域の「三角形」による地域ガバナンス（岡部、2007）と理解されている。もう1つは、国境を越えた地域経済圏およびパートナーシップの形成と越境地域ガバナンス（クロスボーダー）の制度化である（Gualini, 2003; 若森・他、2007）。若森・他（2007）が示すように、Interregプログラムによって促進された国境を越えた地域経済圏の形成の先進例はスウェーデン・デンマーク国境地域、オランダ・ドイツ国境地域、フランス・ベ

ルギー国境地域、フランス・ドイツ・スイス国境地域であるが、越境地域空間の形成は EU、関連諸国家、および越境諸地域の間のパートナーシップと越境地域ガバナンス構造の発展を促した。ただし、マルチレベル・ガバナンスおよび越境地域間協力の実態は、隣接国家間の関係、国家と地域・地方自治体との関係（分権化の程度）、国境を挟んだ地域間の関係（孤立の程度）に応じて異なっている。

　以下、本章は EU の地域政策における EU・国家・地域間関係の一般原則と現実の多様性、次いでパートナーシップのモデルと考えられているフランスの国家・地域間計画契約を説明した上で、越境地域間協力の先進地域の1つであるフランス・ベルギー国境地域における国境を越えた地域経済・社会空間の形成を対象に、クロスボーダー・ガバナンスと越境地域間協力の先進事例を説明することにしたい。

2．EU の地域政策における EU、国家、地域

　EU の地域政策は地域間格差を縮小し、諸地域間の経済的・社会的結束を進めるものであるが、構造基金（特に欧州地域開発基金［ERDF］、欧州社会基金［ESF］、欧州農業指導保障基金［EAGGF］）によって進められたこの地域政策は EU 構成国内の諸地域に経済社会発展に関する新しい可能性を与えるものであった。岡部（2007）が述べているように、1988 年以降の EC（EU）の地域政策は、国をバイパスして地域開発を支援する性格をもち、地域が「国を中抜き」して EU と結びつくという可能性をもっていた。当然のこととして、このようなバイパスに対しては、「国家＝ゲートキーパー」論にみるように、国家の抵抗がある（Bache, 1999）。実際、マルチレベル・ガバナンス論（Hooghe, 1996）や我々の研究（若森・他、2007）が明らかにしているように、EU と国家と地域の間の関係は各国の中央集権度、あるいは分権化の程度と形態に応じて多様な展開をみせている。以下では、EU と国家と地域の間の関係の一般原則を説明した上で、既存研究に基づいて中央集権的国家であるイギリスと分権的国家であるベルギーおよびドイツの例を取り上げ、EU・国家・地

域間関係の多様性を確認することにする。

(1) 補完性原則とマルチレベル・ガバナンス問題

　EUにおける欧州委員会（EC）、加盟国政府および地域・地方の間の関係はマーストリヒト条約第3B条（1992年）に示され、EU条約第5条（2002年）に定義されている補完性原則、すなわち、決定は可能な限り市民に近いところで行い、EUは国あるいは地域・地方が果たすよりもEUが果たした方が効果的な機能（あるいは国や地域・地方が果たせない機能）のみを遂行するという原則に基づいている。しかし補完性原則はそれ自体として必ずしも欧州委員会、加盟国政府、および地域・地方の間の関係を具体的に示すものではなく、3者間の関係はむしろ構造基金による地域政策の発展とともに徐々に進化してきた。

　1988年の構造基金改革は、それ以前に比べて大幅に援助資金を増強するとともに、構造基金による支援に関してアディショナリティ原則を再確認し、パートナーシップ原則を公式に導入した。アディショナリティ原則とは、1975年に欧州地域開発基金（ERDF）が制定されたときに導入されたもので、ERDFによる地域支援は当該地域の経済開発費用の50％までとし、残りの費用は当該地域に関係する政府・自治体が負担するという原則である。またパートナーシップ原則とは、援助資金は中央政府、地方自治体、欧州委員会およびその他の重要なアクターの間のパートナーシップに基づいて管理されるというものである。このようなアディショナリティ原則とパートナーシップ原則、および同時に導入された共同体イニシアチブは、欧州委員会による超国家的地域政策の推進を意図したものであると捉えられ、中央集権的な国家はそのような超国家的政策に抵抗した。その代表例はイギリスであった。

　イギリス政府がアディショナリティ原則を受け容れたのは、1988年の構造基金改革によって導入された1989～1993年期の共同体イニシアチブ・プログラムRECHAR（炭田地域の再開発を目的としたプログラム）の実施を巡る紛争を経てのことであった。その経緯はI.バチェの研究（Bache et al., 1996; Bache, 1999）によれば以下のごとくあった。

RECHARによる地域支援はアディショナリティを条件としていたが、イギリス政府は政府財政において必要な予算措置をとっていることを口実に、炭田地帯に対するアディショナリティ原則に基づく追加的予算措置を拒否した。欧州委員会の地域政策担当委員はこのようなイギリス政府の主張を認めず、イギリスへの交付を予定されていた約1億ポンドの基金の支払を拒否した。この紛争は1年間続いたが、その間にEUは他の加盟国の対象地域に対する構造基金の交付を行い、イギリス国内では対象となる地方自治体のすべてが欧州委員会の政策を支持し、またプレスのリークによって閣内における意見対立が明らかになった。このような状況の結果として、1992年2月にイギリス政府はRECHARおよびその他構造基金支援プログラムに関するアディショナリティ原則を受け容れざるを得なくなったのである。

　この構造基金のアディショナリティ原則をめぐる紛争過程を研究したG.マークスは、EUの構造政策がマルチレベル・ガバナンスの先導役になるとみなした（Marks, 1993）。ただし、アディショナリティ原則は地域に対する中央政府の権限に欧州委員会が介入すること、したがって中央政府の決定権限の一部を欧州委員会に委譲することを意味するのではあるが、それだけでマルチレベル・ガバナンスという統治構造が生まれるわけではない。より重要なことは、1988年の構造基金改革が各国中央政府が執行を管理していたERDF基金を、パートナーシップに基づいて管理するという原則を導入したことであった。この構造政策に示されたパートナーシップ原則は、一方で中央政府の権限のサブナショナル・レベル（地方自治体）への委譲、すなわち分権化と他方での超国家レベル（EU）への権限の集中化を含むものであり、その結果として地域政策に関して超国家（欧州委員会）、中央政府、地域（regional）・地方（local）政府[2]が重層的に関与する政策ネットワークが形成されていく可能性を孕むものであった。したがってパートナーシップ原則は、文字通り実施されるならば補完性原則をEUとゲートキーパーとしての国家の間の関係（図2-1）においてのみではなく、国家とEUの支援を受けた地域・地方との関係にまでも適用することを意味し（図2-2）、伝統的な中央政府の果たすゲートキーパーの役割を

第 2 章　地域は国境を越えるか—EU における越境地域間協力とそのガバナンス—　*29*

表 2-1　構造基金による EU の地域政策

		1989～1999 年		2000～2006 年		2007～2013 年
優先目標	目標 1	低開発地域の開発促進（1 人当り GDP が共同体平均の 75％未満の NUTS 2 地域）	目標 1	低開発地域の開発促進	目標 1	収斂（低開発地域の開発支援）
	目標 2	産業衰退地域の構造転換（失業率が共同体平均を上回り、工業人口が共同体平均以上かつ工業部門の雇用が衰退している NUTS 3 地域）	目標 2	産業衰退地域の構造転換	目標 2	地域競争力と雇用（産業衰退地域の構造転換）
	目標 3	長期失業対策	目標 3	職能訓練、失業および社会的排除の解決	目標 3	欧州地域協力（旧共同体イニシアチブ INTERREG）
	目標 4	職能養成				
	目標 5	a 農業近代化、b 農村開発				
	目標 6	北極地域の支援				
共同体イニシアチブ	14 イニシアチブ	INTERREG（越境地域間協力） RECHAR（炭田地帯再開発） URBAN（都市開発） LEADER（農村地域開発）、他	14 イニシアチブ	INTERREG（越境地域協力） EQUAL（労働市場差別撤廃） URBAN（都市開発） LEADER（農村地域開発）		

注：NUTS は EU の地域統計単位を表すもので NUTS 1 が人口 300～700 万人規模の地域、NUTS 2 が人口 80～300 万人規模の地域、NUTS 3 が人口 15～80 万人規模の地域を表している（cf., 住沢、2007: 237-240）。
出所：Wishlade（1996）, Hen, Léonard（1999, 2003）、若森（2007）、Régulation（EC）No. 1080/2006 を参照して作成。

30　第1部　EU統合の経験

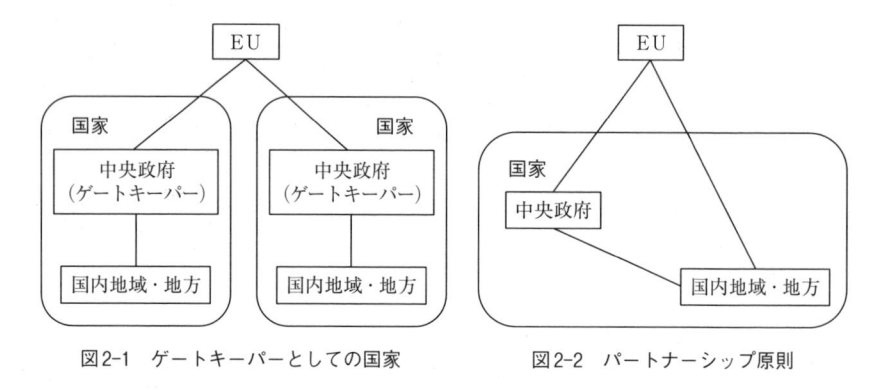

図2-1　ゲートキーパーとしての国家

図2-2　パートナーシップ原則

縮小する可能性がある（Hooghe, 1996a: 7）。例えば、阿部（2007）の紹介するスペイン・カタルニア州の2006年の新カタルニア基本法は、188条においてEUの補完性原則を根拠として国家の権限を越えたカタルニア州の権限を明記している。

しかし、EU、各国中央政府、地方自治体（地域・地方）の関係は現実には加盟国の政治体制および分権化のあり方に応じて異なっている。以下では、簡単にではあるが、中央集権的国家の代表例としてのイギリスと、分権的国家の代表例としてのベルギーとドイツにおけるEU、各国中央政府、地方自治体（地域・地方）の関係を示しておこう。

（2）中央集権的国家におけるEU、国家、地域

イギリスにおける構造基金のパートナーシップ原則の適用実態を調査研究したI.バチェは、イギリス国内においても中央政府と地域（イギリスを構成する国［counties］）との関係において、特に地域のイニシアチブおよび中央政府の統制に関して、スコットランドとウェールズおよびイングランドの間で異なっていることを示している（Bache, 1999）。スコットランドでは中央政府内においてスコットランドの利益を代表する行政機構（territorial ministry）であるスコットランド省が、中央官庁および地域内パートナーとの交流を規則的に行うという伝統が確立されており、このような歴史的経緯によってパートナーシップを原則とする構造基金改革にスムーズに適応することができた。

すなわち、構造基金の執行に関するプログラム・モニタリング委員会（PMC）の事務局はスコットランドにおいては中央政府から独立した事務局であり、地域のヴォイスが重視されていた。これに対してウェールズやイングランドのPMCは中央政府の派遣したスタッフによって構成され、地域政策の決定は中央政府によって支配されていた。ウェールズの場合には、中央政府のウェールズ局（Welsh Office）が構造基金プログラムの実施過程のすべてをコントロールし、イングランドでも同様に、中央政府当局が構造基金に関する地域の重要な決定を左右していた（ヨークシャー・アンド・ハンバーサイド地域［region］についてのみ事務局に地域代表の参加を認めていた）。

このような実態からI.バチェは、中央集権的なイギリスにおいて「真のパートナーシップの創出にとっての主要な障害は中央政府の支配が続いていることにある」と述べている（Bache, 1999: 37）。いわば中央集権的なイギリスの場合、中央政府がEUの政策に対するゲートキーパーの役割を果たし、地方・地域のイニシアチブを抑制しているのである。このことは、スコットランドおよびウェールズが自治権を獲得した1999年以降も変わらないように思われる。イギリスではブレア政権の下で「地方自治の近代化」政策が進められ、構造基金の運営に関しても政府、地域、自治体等のパートナーシップ原則が浸透し始めたことが観察されるとはいえ（若松、2008）、中央政府が資金配分を通じて地域アクターをコントロールするという中央集権的性格に変化はないように思われる。例えば、2000～2006年期の共同体イニシアチブInterreg IIIのフランス・イギリス・プログラムを研究した長尾（2007）は、中央集権的なイギリスと分権化の進んだフランスという地方行政の分権化の相違が越境地域間協力に関わる地方自治体の「英仏間の熱意の相違」の原因の1つになっていることを指摘している（*ibid.*: 102）。

（3）連邦制国家におけるEU、国家、地域

前述の中央集権的なイギリスに比べれば、分権化の進んだ西欧諸国では中央政府と地域・地方との間のパートナーシップが進展しているのではあるが、分権化の形態そのものと同様にその実態は多様である。

分権化のもっとも進んでいるベルギーの場合、1980年のフランドル（フラマン語ではフランデレン）およびワロン両地域圏政府（および1988年から1989年の改革によるブリュッセル首都圏地域政府）の創設以降、「国家の地域化」、すなわち、中央政府の権限および機能の地方政府への委譲が進み、地方政府が次第に「中央政府のステータス」を獲得するようになり、中央政府が弱体化した（De Rynck, 1996）。1993年の改憲によってベルギー国家は3つの言語共同体（フラマン語、フランス語、ドイツ語）と3つの地域圏（régions）からなる完全な連邦制国家に移行し（ただしフラマン語共同体とフランドル地域圏は一体化している）、地域圏政府は地域行政に関する完全な権限を獲得したのみならず、地域に関わる問題に関するかぎり対外関係（特に対欧州委員会）においても排他的権限を獲得し、ベルギーを代表して交渉し条約を締結することができるようになった。地域圏政府の権限強化と並行して、ベルギー国家である連邦政府は「相対的に無意味な存在」になり、欧州委員会と地域圏政府との間の単なる「連絡役（postman）」（*ibid.*: 141）になってしまった。このベルギーの地域政策上の問題は中央政府と地域圏との関係ではなく、地域圏政府と地域圏内のローカル・アクター（諸州［provinces］、行政区［arrondissements］、基礎自治体＝コミューヌ［communes］）との間の関係であった。なぜなら、中央政府の権限および機能の委譲による地域政府の権限の強化は、炭田地帯であったリンブルフ（Limburg）の再開発計画の決定過程に関する研究（De Rynck, 1996; Swyngedouw, 2000）が明らかにしているように、同時に地域圏内における中央集権化を伴ったからである。以上のように、ベルギーの場合、地域圏政府がほとんど国家と同等の存在（quasi-nation）になっているのである。

　同じ連邦制国家のドイツの1969年以降の地域政策は、伝統的には（旧西ドイツにおいては）、連邦政府と連邦州（Länder）との間のゲマインシャフツアウフガーベ（Gemeinschaftsaufgabe: GA）、すなわち共同事業として実施されていた（Anderson, 1996）。GAは基本的には低開発地域および産業衰退地域を対象とする地域政策を定めるものであるが、政策決定においては連邦政府が11票、連邦州が1票（計11票）の投票権をもち、拘束的な決議のために

は17票を必要とすることから、政策提案が採択されるためには連邦政府と連邦州の多数派の支持が不可欠であった。各州はかくして採用された年間計画に含まれた関連政策を遂行することになるのであるが、地域政策の実施に関しては、連邦の政策目標を損なわないことを条件に、各州は独自の政策を実施することができた。他方、州政府は州内の諸地域に対しては自立性を強化し、州内の地域・地方をコントロールしていた。このようにドイツ統一以前のドイツの地域政策においては、ボンの中央政府の行政機構が弱いこともあって、州政府が連邦の政策イニシアチブと州内ローカル・アクター（県、郡、市町村、等）との間のゲートキーパーの役割を果たしていたのである（*ibid.*）。

　ところが1990年のドイツ再統一によって転機が訪れる。旧西ドイツ時代には優先目標1対象地域が存在せず、構造基金の交付額も少なかったことから、EUの地域政策がGA体制に影響を及ぼすことはなかった。再統一後も連邦政府は伝統的なGA体制を旧東ドイツ諸州にも適用する方針であった。したがって、1994年に旧東独5州および東ベルリンが優先目標1対象地域として認められ、1994年から1999年に総額で280億マルクのERDF基金を交付されることになったとき、ボン政府はGAプログラムに従った基金配分を予定した。しかし、欧州委員会は公式にはEUと加盟国政府との間の補完性原則を尊重しつつも、南欧地域への支援と類似の直接的支援を東独において実施するために東独諸州と接触し、その結果としてザクセン州と東ベルリンが基金の配分に関してGAをバイパスさせることを要求した。こうして長期にわたる交渉の結果、GAを介さずに運用できる構造基金の額の決定については、連邦政府と欧州委員会に対する事前の諮問を条件に、対象となっている東独諸州に委ねられることになった。優先目標1の対象地域である旧東独諸州に関しては、連邦政府の権限は上（欧州委員会）から、および下（連邦州）から侵食されることになったのである（*ibid.*）。結局、ドイツは旧西ドイツ諸州においては伝統的な中央政府 - 地域の間のパートナーシップ（GA体制）を維持しつつ、旧東独諸州においてはEU - 中央政府 - 地域の間のパートナーシップへと移行し始めたのである。

　以上が代表的連邦国家であるベルギーとドイツにおける地域ガバナンスを

めぐるEU、中央政府および地域・地方の関係である。B・コーラー・コッホ (Beate Kohler-Koch) の表現を借りれば、統治主体としてのドイツ国家、あるいはベルギーの地域圏政府の役割は、イギリス政府のようなEUに対するゲートキーパーではなく、EUおよび地域とのパートナーもしくは仲介者に移行しつつあるといえよう (Gualini, 2003: 46 による)。ところで、構造基金改革において打ち出されたパートナーシップ原則は、どのような3者間の関係を目指していたのであろうか。パートナーシップ原則はフランスの「国家・地域圏間（開発）計画契約 (contrat de plan État-Région)」に発想を得たものであるといわれていることから (Hooghe, 1996a)、以下ではEUのパートナーシップ・モデルとしてのフランスの国家・地域圏間計画契約を説明しておきたい。

3. パートナーシップ・モデルとしての国家・地域圏間契約

(1) フランスにおける分権化

ディリジスム (dirigisme)[3] という言葉が示すように、1970年代までのフランスは中央集権的国家であったが、1982年の分権化法 (Loi no. 82-213) によって地域圏 (régions)、県 (départements)、および基礎自治体であるコミューヌ (communes) の自治権が承認され、地域行政に関して国家から地方自治体への権限の委譲が行われた。

1982年の分権化法以前の地方行政単位は県とコミューヌであり、それぞれ管轄地域の行政に関する決議機関として県議会であるコンセイユ・ジェネラル (conseil général) およびコミューヌ議会のコンセイユ・ミュニシパル (conseil municipal) が設置されていた。いずれの議会の議員も1982年以後と同様に、普通選挙で選出され、議長（コンセイユ・ジェネラルは議長 [président]、コンセイユ・ミュニシパルはメール [maire]）も選出議員の互選によって選ばれている。しかし、コンセイユ・ジェネラル議長は単なる県議会議長にとどまり、県の行政については国家によって任命・派遣されたプレフェ (préfet) が実権を握っていた。すなわち、コンセイユ・ジェネラルおよびコンセイユ・ミュニシパルの決議事項についてはプレフェが合法性を審査し、法および国家

政策の観点から決議事項の執行を停止、あるいは破棄する権限をもち、これによってプレフェは国家政策を県およびコミューヌに強制する権力をもち、事実上、地域行政を支配していた。他方、地域圏については、1982年以前には地域選出国会議員と、コンセイユ・ジェネラルおよびコンセイユ・ミュニシパルの代表委員によって構成された地域圏会議（EPR: établissement public régional）が存在した。EPRは、自動車免許税および自動車税を原資とした小規模の予算によって公共事業を行っていたにすぎず、EPRの決議事項についても地域圏の中心県のプレフェが地域圏担当プレフェとして決議の合法性を審査するとともに、決議事項の執行を担当していた。

1982年の分権化法は地方自治体の決議に対するプレフェの検閲行為を廃止し（決議が違法であるとしてもプレフェに破棄する権限はなく、行政裁判所の判断を仰ぐ）、地域圏を公式に地方自治団体として承認するとともに、地方行政の執行権限をコンセイユ・レジオナル（地域圏庁・議会）およびその議長（président）、コンセイユ・ジェネラル（県庁・議会）およびその議長に委譲した。なお、コンセイユ・レジオナルについては、1986年より議員が普通選挙で選出されるようになり、選出議員の互選によって選出されたコンセイユ・レジオナル議長が地域圏知事機能を果たすようになった。以上のように分権化によって管轄地域に関する権限を与えられた地域圏、県、コミューヌの間の関係は、地域圏が県やコミューヌを管理・監督するような垂直的関係にはなく（Région Nord-Pas de Calaisによる）、地域行政に関しては以下のような権限・役割分担がなされている（Greffe, 2005）。

コミューヌ（一般に市町村レベル）はコミューヌ内の対住民サービス（公共設備、水道、建築許可、土地整備・都市開発、小学校・幼稚園、等）を管轄し、メール（市町村長）は同時に国家の代理人として戸籍管理（出生、婚姻、離婚、死亡等の届出の管理）を行い、また警察権を行使する（パリ市のみ、パリ警視庁［préfecture de police］の警視総監［préfet de police］が警察権を行使する）。コミューヌは雇用創出のためのインセンティブ付与、雇用維持のための直接的財政支援（資金貸与、債務保証等）といった経済支援も行っている。県は再分配サービス（生活保護、健康・福祉）、農村地域の公共設備、県道、中

学校（collèges）を管轄し、地域圏は経済計画、国土整備、経済発展、職能養成教育、および高校（lycées）を管轄している（大学は国家の管轄に属す）。

　なお地方自治体の財源は、国家から自治体への財政支援である地方交付税（dotation globale de fonctionnement）、および地方自治体が課税する固定資産税（コミューヌ、県および地域圏に配分）、住民税（コミューヌと県に配分）、営業税（コミューヌ、県および地域圏、およびコミューヌ連合体に配分）といった地方直接税と地方間接税（電力税、不動産譲渡税、自動車登録税等）がある。地方交付税は自治体の歳入の約30％を占め、残りは自治体自身が課税する直接税と間接税による収入および地方債によって賄われている。また、自治体の税収の5分の4は地方直接税によるもので、間接税収入は税収の5分の1にとどまっている。

　以上のように国家から地方自治体への権限の委譲が行われ、地域政策に関しては国家が舞台裏に退いたのではあるが、国家は1982年以後も地方行政が順調に機能するように監督し続けることになる。すなわち、各県のプレフェクチュールは身分証明書の発行、入管業務、交通安全、国家に属す許認可業務といった行政サービスを行っているが、地域圏および県のプレフェはこうした行政サービスの指揮・監督を行うとともに、首相および関係閣僚を代表して国家的利益の擁護、法の遵守、公的秩序の維持を使命として地域行政を監視している。地方議会が行った決定事項および予算はプレフェに送付され、合法性がチェックされる。また、自治体の財政については、1982年の分権化法によって設置された地方自治体の財務監査機関である地域会計監査室（Chambre régionale des comptes）が予算作成時に介入するとともに、監査を行っている。なお、地域圏プレフェの業務を補佐する書記局としてSGAR（地域行政総書記局）が設置されており、EUから交付された構造基金の管理も原則としてSGARが行っている。

　1982年の分権化法以後の地域行政に関する国家（中央政府）と地域圏・県およびコミューヌの関係はおおむね以上のごとくであり、同法によっていわば地域圏・県およびコミューヌは「自治権」を獲得し、地域行政について自治体がイニシアチブを発揮することができるようになった。

(2) 国家・地域圏間計画契約 (contrat de plan État-Région)

　以上の分権化とともに制度化されたものが地域・地方の開発計画に関する「計画契約 (contrat de plan)」である。すなわち、1982年7月29日の国家の経済計画の改革に関する法 (Loi No. 82-653) によって、国家は地方自治体（県およびコミューヌ）、地域圏、公企業および民間企業、その他法人との間で双務的な「計画契約」を結ぶようになったのである。国家と地域圏の間の計画契約は、国家の地域代表である地域圏プレフェ（およびSGAR）とコンセイユ・レジオナルの協議によって策定され、実施される（計画期間は当初は5か年であったが、2000年以降は7か年）。計画契約に含まれる個々の契約事項については、計画実施のための国家および地域圏が分担すべき予算が定められる。さらに法律上は、国家と県およびコミューヌ、公企業および民間企業、その他法人との計画契約も同様の手続きによって策定され実施されることになるが、これらの計画契約[4]は地域圏に提出され、国家・地域圏間計画契約に組み込まれている。

　全体として、国家・地域圏間計画契約に基づく政府の財政支援が地域圏の開発計画予算に占めるウエートは40%（イル・ドゥ・フランス地域圏）から60%（リムザン地域圏）の間にあり、計画契約は地域圏行政において重要な役割を果たし、地域開発において大きな成功を収めたといわれている (Greffe, 2005)。しかし同時に、1990年代においても国家・地域圏間計画契約の策定に当たって多くのコンセイユ・ジェネラル議員が介入し (Béhar, Estèbe, 2002)、結果として地域圏と県が対立し、地域圏プレフェの権限を強化したという問題点も指摘されている (Balme, Jouve, 1996)。とはいえ、この国家と地域圏との間の計画契約がモデルとなってEC委員長ジャック・ドゥロール (Jacques Delors) のイニシアチブの下、1988年の構造基金改革時にパートナーシップ原則が導入されたといわれている (Hooghe, 1996: 9; Balme, Jouve, 1996: 231)。さらに2000年からはEUも構造基金によって優先目標対象地域の計画契約予算の一部を負担するようになり、こうしてフランスにおける計画契約は、EU、国家、地域圏、県およびコミューヌ（連合体）の間のパートナーシップに基づく地域開発政策として策定され、実施されるようになった

(2006年に会計検査院が国家・地域圏間計画契約の管理の問題点を指摘したことから、計画契約はプロジェクト契約［contrat de projets］に改編された）。

以下では、国家・地域圏間計画契約の具体例として2000～2006年期のノール・パ・ド・カレー地域圏の国家・地域圏間計画契約の骨子を紹介しておこう。

（3） ノール・パ・ド・カレーの国家・地域圏間計画契約

ベルギーと国境を接するノール・パ・ド・カレー地域圏はベルギーと同様に、1960年代まで繊維産業と採炭・製鉄業の中心地として栄えていたが、1970年代以降にはこれらの産業が衰退し、産業構造の転換を迫られている地域である（それゆえに、2000～2006年期にはEUの構造政策の優先目標1および2の対象地域となっている）。

このノール・パ・ド・カレー地域圏の1984年から1999年までの時期の国家・地域圏計画契約はノール・パ・ド・カレー地域圏のプレフェとコンセイユ・レジョナル議長の署名によって結ばれ、国家と地域圏のパートナーシップに基づく事業としてドーバー海峡海底トンネル鉄道建設、TGV路線のノール県までの延長、地域圏内高速鉄道網（RET）整備等のインフラ整備、大学の設立を含む研究・高等教育の発展、文化・観光の振興、都市再開発政策、産業構造の転換事業（特に炭鉱地帯の再開発）を行ってきた（Région Nord-Pas de Calais, 2000）。これに対して2000～2006年期の国家・地域圏間計画契約は、「初めて」パートナーシップを県のコンセイユ・ジェネラルを含むパートナーシップにまで拡大し、ノール県、パ・ド・カレー県、地域圏の経済社会諮問会議の提出した開発計画を基に、リール、ダンケルクおよびアラス各市の都市圏共同体、諮問機関、コミューヌ連合体、地方公共団体、アソシエーション組織（NPO団体）との18か月にわたる協議の末、「ノール・パ・ド・カレーをヨーロッパにおける持続的発展の一大中心地にする」という共同の目標を計画契約の基本方針として定めた。そして、国家の代表であるノール・パ・ド・カレー地域圏プレフェ（ノール県プレフェが兼任）と、ノール・パ・ド・カレー地域圏コンセイユ・レジョナル議長、ノール県コンセイユ・ジェネラル議長、パ・ド・カレー県コンセイユ・ジェネラル議長の署名によって結ばれた計画契約は

表 2-2　ノール・パ・ド・カレー地域圏 2000～2006 年国家・地域圏計画契約

(単位：百万フラン)

Axe		政　策	国家	地域圏	国家+地域圏	ノール県	パ・ド・カレー県	その他	合　計
1. ヨーロッパ・レベルの大経済圏の構築による雇用促進	1	研究・イノベーションの促進	419.5	290.5	710	28	22.5		1470.5
	2	経済構造の発展	1085.77	860.5	1946.27	79.4			3971.94
	3	観光業の促進	70	70	140	60			340
	4	農業・水産業の質の改善	388	342.9	730.9	55.5	39.5		1556.8
	5	雇用促進のための職能養成	522	330.9	852.9	30.5			1736.3
		計	2485.27	1894.8	4380.07	253.4	62	0	9075.54
2. 社会的連帯の促進	6	都市政策による社会的排除の解決	1303.19	245	1548.19	307.2	9.8		3413.38
	7	市民社会の発展	38	42	80		2.8		162.8
	8	健康医療体制の改善	378	151.5	529.5	206.5	112	70	1447.5
	9	教育・文化・スポーツへの参加機会	1285.04	577.5	1862.54	115.4	30.7		3871.18
		計	3004.23	1016	4020.23	629.1	155.3	70	8894.86
3. 諸地方の開発とネットワーク化	10	ICT の発展	378	280.5	658.5	46.7	33		1396.7
	11	交通手段の発展とネットワーク化	2576.5	2816.5	5393	754	467.5	2030	14037.5
	12	自然環境・社会環境の改善	1429.2	404	1833.2	65	73.35		3804.75
	13	地域プロジェクトの支援	603.8	605	1208.8	100.3	58.5		2576.4
		計	4987.5	4106	9093.5	966	632.35	2030	21815.35
		合　計	10477	7016.8	17493.8	1848.5	849.65	2698.15	40383.9

注：以上の他に、炭鉱地帯の再開発（「アプレ・ミンヌ」事業）のために、別途、6億8,800万フランの予算が計上されている。
出所：Nord-Pas de Calais (2000) より作成。

以下の3つの基本政策（Axes）を定めている。すなわち、ヨーロッパ・レベルの大経済圏の構築による雇用創出（Axe 1）、社会的連帯の促進（Axe 2）、地域圏内諸地方の開発とネットワーク化（Axe 3）である（表2-2参照）。

計画期間全体の予算は、国家負担が104億7,700万フラン、地域圏負担が70億1,680万フランの計174億9,380万フラン（約26億6,600万ユーロ）であった（表2-2参照）。この国家の負担分については、政府は1999年7月に83億7,500万フランの額をノール・パ・ド・カレー地域圏に伝えたのであるが、地域圏側は県その他の提案に基づいて策定した優先政策の実現のために国家支援の増額を要求して政府側と精力的な交渉を行い、21億200万フランの増額という政府の譲歩を引き出したのである（Nord-Pas de Calais, 2000）。さらに、計画契約実施のために、以上に加えて、EUの構造基金から優先目標1および2対象地域に対して交付された81億フラン（約12億ユーロ）とノール県およびパ・ド・カレー県の貢献分である27億フランが補完的資金となっていた。こうして、ノール・パ・ド・カレー地域圏は2000〜2006年計画契約実施のために約280億フラン（42億7,000万ユーロ）の予算を得た。また、計画契約に示された事業を実施するために、地域圏疾病保険局、鉄道維持整備公団（RFF）・国鉄（SNCF）、コミューヌ連合体、環境・エネルギー管理機構（ADEME）が参画し、資金を負担していた（表2-2の「その他」の列）。2003年のノール・パ・ド・カレー地域圏の予算は12億600万ユーロ（約79億フラン）―内、5億3,000万ユーロが地方交付税および国家から地域圏への財源移譲分―であったから、計画契約に関する国家の年当り支援額は地域圏予算の20％弱に相当する額であった[5]。

この計画契約に示されたノール・パ・ド・カレー地域圏の基本方針は、「この地域を北西ヨーロッパにおけるフランスの戦略的空間にする」ということであった（Nord-Pas de Calais, 2000）。ベルギーと国境を接するノール・パ・ド・カレー地域圏は、高速鉄道（TGV）を使えばリール〜パリ間1時間、リール〜ブリュッセル間35分、リール〜ロンドン間1時間30分という、地理的に好位置にあるリール市を中心とする大都市圏である。したがって、ノール・パ・ド・カレー地域圏は北西ヨーロッパの中心に位置するという地の利を生か

して、「ネーデルラントの黄金時代」のフランドルのように北側のベルギー地域との結びつきを強め、発展しようという戦略を進めようとしているのである (Decroix, 1998)。実際、2000～2006年期の国家・地域圏計画契約の5つの優先政策として、地域のヨーロッパおよび世界への開放、産業と雇用の発展、社会的結束と発展のための連帯、地域化、持続可能な発展を挙げ、地域のヨーロッパおよび世界への開放に関して、特にInterregプログラムによるイギリスのロンドン南東部地域、ベルギーのフランドル地域およびワロン地域、オランダのランドシュタット地域、およびドイツのノルトライン・ヴェストファーレン地域との間の越境地域間関係（relations transfrontalières）および多国間横断的関係（relations transnationales）の強化に努力すべきことを強調していた（Région Nord-Pas de Calais, 2003）。しかし、このような越境地域間協力それ自体は、国家・地域圏計画契約の対象ではなく、EUのInterregプログラムによる越境地域間協力事業によって進められている。したがって、ノール・パ・ド・カレー地域圏の発展戦略において、国家・地域圏計画契約とInterregプログラムは補完関係にある。実際、ノール・パ・ド・カレー地域圏の『地域アジェンダ21』（Région Nord-Pas de Calais, 2003）は、優先目標1および2、ならびにInterregといた構造基金に関わるプログラムに示された地域戦略は地域圏の地域開発方針（DOR: Document d'orientation régional）および国家・地域圏間計画契約に依拠したものであると、Interregプログラムを位置づけているのである。

　以上のように、EU加盟国内における地域開発には、EUの地域政策（優先目標およびInterreg）、国家の開発戦略、および地域の開発戦略という少なくとも3つの戦略が関与し、したがって地域開発に関するマルチレベル・ガバナンスが発展しているとみることができる。ただし、地域開発戦略がいずれのレベルの戦略に支配されているのかということは、前述のごとく、分権化（中央集権化）の程度と性格によって異なっている。以下では、分権化の進んだフランス・ベルギー両国の国境地帯において展開している共同体イニシアチブInterregプログラムにおける越境地域間協力とクロスボーダー・ガバナンスの実態を説明し、EU、国家、および地域の関係のダイナミズムを示すことに

したい。

4. 越境地域間協力とクロスボーダー・ガバナンス

　EUの主に欧州地域開発基金（ERDF）の財政支援による共同体イニシアチブInterregプログラムは、1989年の試行の後、第1期（1990～1993年のInterreg I)、第2期（1994～1999年のInterreg II）、第3期（2000～2006年のInterreg III）と継続され、2007年からは構造基金の優先目標3「欧州地域協力」（Interreg IV）に格上げされ、重要な地域政策として展開されるようになっている（表2-1参照）。このInterregプログラムは第3期より、越境地域間協力（Interreg IIIa: cross-border cooperation）、諸国横断的協力（Interreg IIIb: transnational cooperation）、および広域地域間協力（Interreg IIIc: interregional cooperation）の3分野において展開されるようになっているが、予算規模およびプログラム数において一貫して重要な位置を占めているものは、国境地帯のNUTS 3地域（人口15～80万人規模の地域）を対象としたInterreg IIIaの越境地域間協力（CBC）である。この越境地域間協力の目的は、我々の研究（若森・他、2007）が示したように、以下にある。

　EU域内においては国境が政治的に廃止されたとはいえ、市民レベルでは依然として国境が存在する。多くの場合、国境の両側で言語が異なり、税制を始めとした行政制度や法規制が異なるという文化的・制度的国境が厳として存在している。CBCは、一方において、このような国境を挟む地域間においてさまざまな協力事業を進めることによって、市民間の相互理解と交流を促進し、市民レベルにおいて国境という障害を取り除き、「ヨーロッパ市民」という共通の価値観と連帯感を育成しようとするものである。他方、CBCの発展は、ユーロリージョンという言葉に象徴されるように、国内の辺境地域であった国境地域の孤立状態を解消し、国境を挟んだ地域空間を新たな経済・社会・文化的発展の中心として発展させる可能性を与えるものであった。もちろん、Interregプログラムが開始されたからといって、欧州委員会の意図したようにプログラムが順調に展開したわけではない。Interreg Iの時期の事業の多く

は調査研究事業であり、本格的なCBC事業が開始されたのはInterreg IIからであった。しかし、Interreg II期においても実質的な越境地域間協力事業は少なく、構造基金からの資金援助を受けるために形ばかりのCBC事業を策定し、実際は国境を挟んだ両地域が別々に自地域の開発事業を進めるという事例が多かった。

（1） Interregプログラムとクロスボーダー・ガバナンス

　EUの意図からすれば、Interreg事業は直接には国境を挟んだ地域のアクター間の協力事業として進められるはずのものであり、そのためには国境地域に関与するEU、国家および地域間のパートナーシップに基づくクロスボーダー・ガバナンスが要求される。Interregプログラムそのものは越境地域間協力に関する地域のイニシアチブに対してEUが財政的に支援するという共同体イニシアチブ・プログラムではあったが、Interreg IIまでは国家＝ゲートキーパー論（図2-1）にみるように、エウレギオ等の一部の先進事例を例外として、プログラムに対する国家介入が一般的であり（Hooghe, 1996）、したがって越境地域間協力事業とはいえ、国境を挟んだ地域の資金管理・事業管理はそれぞれの国において別々に行われていた（清水、2007; 清水・石田、2007）。構造基金（ERDF, ESF, EAGGF）からアディショナリティ原則に基づいて各地域のInterregプログラムに交付された資金は関係国家が管理し、したがってInterreg事業の管理もそれぞれの国が独自に行なっていたのである。その結果が、実質的な意味での越境地域間協力事業が少ないということであった。

　このような実態を改善し真のCBCを発展させるために、欧州委員会はガイドライン（COM, 2000）によってInterreg IIIプログラムは1国境1プログラムを原則とし、プログラムのガバナンス機構の整備を要求した（若森、2007）。このガイドラインに基づくEU・国家・地域間関係を概念図化すれば図2-3のごとくである。フランス・ベルギー国境地域のInterreg IIIaプログラムを例に説明すると、この地域のInterreg IIIプログラムはフランス側（ノール・パ・ド・カレー地域圏、ピカルディー地域圏、ションパーニュ・アルデンヌ地

44　第1部　EU統合の経験

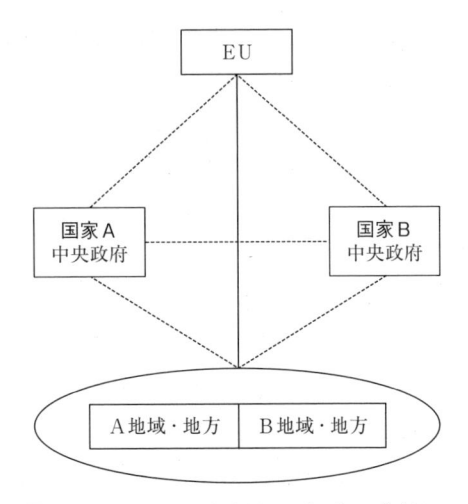

図2-3　Interreg Ⅲaにおけるクロスボーダー・ガバナンス

域圏）とベルギー側（西フランドル州、ワロン地域諸州）とによって構想され、欧州委員会の承認によって実施に移された。Interreg Ⅲプログラム採択後には、各地に設置された支援チームが地域の潜在的アクターを支援して越境地域間協力事業を作成し、決定機関であるプログラム運営委員会の承認を得て、事業が実施された。この場合、越境地域間協力事業は両地域（NUTS 3地域）のアクターの共同事業として作成・実施される必要があった。事業の実施状況のフォローはベルギー側ワロン地域圏政府のワロン・ブリュッセル国際関係局内におかれた管理局が担当し、事業の資金管理はフランス側の預金供託金庫が担当し、プログラムの共同書記局はベルギーのナミュール市に設置された。そして、地域当局であるノール・パ・ド・カレー地域圏のコンセイユ・レジョナル、西フランドル州当局およびワロン地域圏政府は、事業計画が国家やEUの課している義務を尊重しているかどうかのチェック、事業によるすべての支出のチェック、不正があった場合の管理局に対する報告等を行い、プログラムの実施における行政・財政面での仲介役を果たしていた（清水、2007）。

このようなクロスボーダー・ガバナンス機構の導入は、共同体イニシアチブによるInterregプログラムの表舞台からの国家の退場を意味する。象徴的な

変更は、資金管理が国家の出先機関であるプレフェの事務局（SGAR）から国家および地域自治体のための自律的な公的金融機関である預金供託金庫に移されたことである。国家は SGAR による資金管理を通じて越境地域間協力事業に影響力を行使してきたのであるが（清水・石田、2007）、預金供託金庫が資金管理をすることで国家を代表するプレフェの影響力が排除されたといえる。ただし、フランス国家を代表するプレフェは EU 代表（管理委員会のみ）、フランス側のコンセイユ・レジョナル代表、コンセイユ・ジェネラル代表、ベルギー側の事実上国家を代表する両地域圏政府、および関係自治体の参加するプログラムの最高決定機関である管理委員会と運営委員会に参加し、CBC を財政的に支援する国家の利益を代表して決定に参画し、また CBC に関わる国家間問題の調整を行うとともに、EU に対してプログラムの実施に関する一定の責任を負っている。

　以上のように、越境地域間協力事業のガバナンス構造は、Interreg プログラムの開始から 10 年を経て初めて EU と国家と地域・地方の間のパートナーシップならびに国家間および越境地域間の真の意味でのクロスボーダー・ガバナンスへと進化したのである。ただし、EU 内のすべての国境地帯において図2-3やフランス・ベルギー・プログラムに示されるようなクロスボーダー・ガバナンスが機能している訳ではない。例えば、旧東ドイツ・ポーランド・チェコ 3 か国にまたがる地域のナイセ・ニサ・ニュイサ・ユーロリージョンやポーランド・スロヴァキア・ウクライナ・ハンガリー・ルーマニア 5 か国の国境地帯を含むカルパチア・ユーロリージョンは、形式的には越境地域間協力組織の制度化ではあるが我々の調査時点では実態を伴っていない（住沢、2007; 田中、2007）。西欧内でも、アイルランド・ウェールズ国境地帯やイギリス・フランス国境地域の Interreg プログラムではガイドラインに従ってクロスボーダー・ガバナンスが制度化されてはいるが、その実質化は西欧内先進地域に比べれば遅れている（長尾、2007; 廣田、2007）。よって、第 2 節において触れたように、各国内における国家と地域・地方との関係、国境を挟む国家間・地域間の関係、および事業を担う地域の能力によってガバナンス様式は大きく左右される（cf., Gualini, 2003）。越境地域間協力が順調に進むかどうかは国家と

地域・地方、国境を挟む国家間・地域間の関係、および事業を担う地域の間のパートナーシップが実質的に定着するかどうかに依存するのである。

（2） フランス・ベルギー国境地帯における越境地域間協力

リールを中心としたフランス・ベルギー国境地域は、ベルギーの西フランドル州とワロン地域圏、フランスのノール・パ・ド・カレー地域圏のノール県からなっているが、この地域はオランダ・ドイツ国境地域の3エウレギオ地域（ディマルティノ、2007）、スウェーデン・デンマーク国境のエーレスンド地域（篠田、2007; 長岡、2007）、およびライン川上流のフランス・ドイツ・スイス国境地域と並ぶ越境地域間協力の先進地域であり、フランスの国境地域においてもスイスのバーゼルおよびジュネーヴを中心とした地域（清水・石田、2007; 丹沢、2007）と同様に国境を越えた隣接地域間に密接な結びつきが存在する地域である。

このフランス・ベルギー間のInterregプログラムによって進められた事業としては、以下のような事業が注目されている（清水、2007）。

①越境地域の住民に対する公共サービス分野では行政・制度の相違という制度的障害の解決が目指されている。例えば、フランス側のトゥルクワンの住民にとっては国境を越えたムスクロン側の国境から500mのところに病院があり、リール市の病院に行くよりもムスクロンの病院に行ったほうが便利であるが、医療保険証がベルギーとフランスでは異なっており、医療保険を使用できないといった問題が存在した。したがって、トランスボーダー医療組織を創出し、それぞれの国の健康保険の加入者に対して他国においても医療保険が適用される共通医療保険証を制度化し、フランス側とワロン地域の病院間協定（医療費負担に関する調整等）によって、国境を越えて自由に医療を受けられる「ユーロ・ゾーン」を発展させている（「医療の補完性」プロジェクト）。

②国境を越えた地域の経済発展に関しては、3地域間でのポリマーの共同開発プロジェクト、フランス・フランドル間でのパン製造業革新プロジェクト、フランス・ワロン間のセラミック等の共同開発プロジェクト、フランス・ワロン間のインターネット普及プロジェクト、フランス・ワロン間での溶接工

の職能訓練・活用プロジェクト等の多くの事業が展開されている。国境を越えた企業活動を促進するための事務所を設立し、中小企業に対して規制、法律、市場等に関する情報を提供（4,000企業が利用）するとともに、企業間協力（特に建築土木分野で）を促進している。こうして、輸出市場、地域間協力、イノベーション等へのアクセスに関する企業間の不平等や国境を挟む地域で不均等な経済的統合といった問題が存在するが、近隣地域市場を対象とする中小企業にとっては国境を越えた市場が生まれ、環境保護関連の経済的事業も出現した。また、中小企業への投資、中小企業診断・支援等を目的として欧州委員会のイニシアチブでワロン地域圏のリュクソンブール州にトランスボーダーなベンチャー・キャピタル・ファンド（資金100万ユーロ）が設立された（EUREFIプロジェクト）。

　③雇用と人的資源管理の分野では、金属産業の中小企業30社の労働者500人の職能訓練事業、フランスとベルギーの見習工の交流事業のような新たな職業教育システムや訓練センターの創出が進められた。例えば、フランスとベルギーのソーシャルワーカーの養成・資格制度の相違からソーシャルワーカーの不足しているノール・パ・ド・カレーではワロン地域のソーシャルワーカーを雇用できないという問題が存在したが、この問題を解決するために、ベルギー人ソーシャルワーカーが適性資格試験に合格するか、あるいは有資格機関による推薦があれば、フランス側でも就業できるようにし、さらにその適用範囲の拡大を進めている。また、リールとコルトゥリイクおよびトゥルネーで求職・求人情報をネットワーク化し、各地域の労働市場に関する情報を提供し合うというプロジェクトが進められた。

　④両国の国境地域では越境通勤者が多く、2004年6月30日時点においてフランスからベルギーへの通勤者が2万4,704人、ベルギーからフランスへの通勤者が5,227人となっており（ベルギーのINAMIによる）、越境通勤・通学を支える公共交通網の整備が進められている。こうして越境交通網として、バス路線13路線（ムスクロン〜ワーテルロー〜ルベ路線の利用客は日に1,000人）、鉄道2路線（リール〜コルトゥリイク間、リール〜トゥルネー間で、乗客数はともに日に1,000人程度で、乗客に占める生徒・学生の割合は前者が

80%、後者が 50%）が整備された。

　⑤自然災害予防・環境保全については、この地域は西部が洪水多発地帯であり、また旧炭坑・製鉄業地帯では大地汚染、水質汚染といった問題があることから3地域横断の北部気象レーダー網設置、フランス・フランドル間の水害対策事業、フランス・フランドル間の環境教育事業、フランス・ワロン間の汚染土壌改善事業、ゴミ処理や一部の自然資源（自然公園等）の共同管理等の国境を越えたプロジェクトが実施されている。

　⑥観光・文化・遺産については、観光インフラや文化・自然資産に対する投資が行われ、観光事業の共同開発が進められた。特に注目された事業には、対象地域住民のための直径50km 以内での「日帰り旅行」向け観光開発、モン・ド・フランドルの観光開発、第1次世界大戦に関するイーペルのイン・フランダース・フィールド博物館の設立、アルデンヌ県のスドンとリュクソンブール州のブイヨンの2都市による城および歴史遺産を核とした都市および地域の観光開発等がある。文化領域では、クロスボーダーの演劇センターの設立、「ランデ・ヴー」事業のような文化交流、「GISA」事業による文化団体や活動のガイドの発行、文化交流やネットワーク作りが進められた。

　このような越境地域間協力事業が順調に進展するためには、関係自治体間のコーディネーションが必要である。そのようなコーディネーション組織としてフランス・ベルギー・プログラムにおいて注目された組織にCOPITがある。

（3）越境地域間協力組織 COPIT

　越境地域間協力組織であるCOPIT（国境を越えた自治体間の恒久的会議）は、越境地域間協力事業プロジェクトの模範例とみなされていた。

　COPITはInterreg Iの開始と1993年に予定された域内市場統合を前にして、国境を越えた地域間協力を進めるためにリール大都市圏に属すフランスとベルギーの5つの自治体連合、すなわちリール都市圏共同体（LMCU）、フランドル地域のコルトィリイク自治体連合（LEIEDAL）およびブリュージュ自治体連合（WVI）、ワロン地域のムスクロン自治体連合（IEG）およびトゥルネー自治体連合（IDETA）によって1991年に創設された（参加自治体166、

総人口180万人)。COPIT は2001年にはフランス政府によって「アソシアシオン」(日本の NPO に相当)として法的に認められ、COPIT アソシアシオンは5つの自治体連合から選ばれた代表で構成される総会、総会構成員の半数で組織される理事会、事務局(事務局長、副事務局長2名、書記1名、副書記1名、出納係1名で構成)をもち、常設機関として運営予算を得て活動するようになったのである。2002年9月には、国境を越えた協力事業に関するフランス・ベルギー間協定(ブリュッセル協定)が結ばれて協力関係が強化され、2006年からは参加自治体連合による共同ガバナンス組織(EGCT—後述)が制度化されることになる。

Interreg I および II の資金援助を得て COPIT が実施した代表的な越境地域間協力事業は以下のものである。共同インフラ整備としては、リス川上流のコミーヌ(Comines、ベルギー名 Komen)における共同浄水場の建設、ムスクロン〜ワーテルロー間バス路線のルベまでの延長、国境地帯の地図構想、コルトゥリイク〜リール間にあるレケム国境検問通関所の再開発等が行われている。経済開発計画としては、リール市の商工会議所とワロン地域の IDETA によって設立された両地域共同経済商業開発センター(CTDIC)が、国境を越えて協力企業や販路を探す企業を支援し、また行政手続き上の問題を解決するための支援を行なっている。リール都市圏の国際振興局、IDETA およびコルトゥリイクの経営者連合によって設立されたユーロ経済メトロポール、あるいはユロメ(Euromet)はリール大都市圏の経済振興プログラムを構想し、国境を挟む地域間でのアド・ホックな協定によって自治体間の協力事業を促進している。

COPIT は、Interreg III 以降は Interreg 事業ではなくなったが、リール大都市圏内の国境を越えた協力事業を鼓舞し、関連自治体間のパートナーシップのあり方を検討し、関連自治体・公的機関・民間団体に対して事業計画の採用を促すという活動を行っていた。ERDF 予算を得た事業の多くが財政支援の終了とともに消滅した現実を前に、欧州委員会は国境を越えた地域間協力の発展と永続化を要求し、ERDF による財政支援はこの永続的な地域間協力をテイク・オフさせるための支援であると考えていた。その意味で、COPIT は

Interregから生まれ、Interreg実施プログラムの意図する協力事業の永続性を体現するもの、Interreg事業の模範例として評価されたのである。しかし、COPITは2007年に解散を決定した（リール都市圏共同体とCOPITアソシアシオンの2007年協定による）。理由は、EUによる越境地域間協力組織の制度化にあった。

（4）リール・コルトリイク・トゥルネー・ユーロメトロポールの法人化

EUは2007～2013年期の結束政策の方針（Regulation (EC) No 1083/2006）を公布すると同時に、欧州議会および欧州理事会の連名で国境を挟んだ自治体間、公的機関その他のアクター間の越境地域間協力を促進するために新たに欧州地域協力団体（EGTC: European grouping of territorial cooperation）を制度化した（Regulation (EC) No 1082/2006）。既述のように（表2-1参照）、第3期までの共同体イニシアチブInterregは2007～2013年期の地域政策の優先目標3「欧州地域協力」に格上げされた。しかし、EUは2000～2006年期のInterreg IIIにおいて存在した越境地域間協力組織はInterregの趣旨に照らして越境地域間協力を組織するためには適していないと判断し、越境地域間協力を妨げる障害を克服するためにEGTCを制度化したのである。

EGTCとは、非営利団体・機関（地方公共団体、国家、公的機関［大学、国立公園等］）によって設立された複数の国家にまたがる自律的な法人格組織であり、財政的に自立し、自己の権限の範囲（ただし警察・規制権の管轄に属すものは除外）において自主的に行動することが認められている。実際には、EGTCは地方自治体、自治体連合、関連国家のパートナーシップに基づいて、越境地域間協力プロジェクトの実施（または新たな共同体プログラムの策定）を目的とし、パートナーにはEU外のアクターを加えることもできる（スイス、ノルウェーが意識されている）。EGTCが実施できる事業は、越境研究ネットワークの整備、越境公共インフラの整備、越境自然資源の保全、優先目標3の欧州地域協力関係の事業であって、対象は運輸（越境運輸機関の設立等）、医療（病院間協力等）、教育（大学間協力等）、地域計画、経済発展、都市開発、公共サービス、文化・観光協力と広範囲にわたっている。

このような越境地域間協力組織の設立は、すでに 1980 年 5 月 21 日にマドリッドで署名された越境地域間協力に関する基本協定（Convention-cadre européenne sur la cooperation transfrontalière des collectivités ou autorités territorials）において認められていた。このマドリッド基本協定による越境地域間協力組織としては、スイス、ドイツ、フランス、ルクセンブルクの各国政府が 1996 年に署名した地方自治体間および地方公共機関の間の越境地域間協力に関するカールスルーエ協定（Accord de Karlsruhe）に基づいて設立されたレジオ・パミナ（Regio PAMINA）等の越境地域間協力地方団体（LGTC: Local grouping of territorial cooperation）が存在する。同 LGTC はライン川の架橋、国境横断ロープーウエイの設置、越境バス路線の開設、共同の地方公務員の養成、地域整備等の事業を行ってきた。
　前述の COPIT もいったんは 2006 年 6 月に LGTC として再組織するために「フランス・ベルギー・リール・メトロポール」を設立し、LGTC に移行しようとしたが、同年 7 月に EGTC が制度化されたことから、リール大都市圏共同体は LGTC（および COPIT）を解消して EGTC を設立することになった。それが EU で最初の EGTC となった「リール・コルトリイク・トゥルネー・ユーロメトロポール」（LKTM）である。この LKTM は 14 の地域アクター、すなわちフランス側では国家、ノール・パ・ド・カレー地域圏、ノール県、リール大都市圏共同体、ベルギー側では連邦国家、フラマン地域圏・言語共同体、西フランドル州、ワロン地域圏、ベルギー・フランス語共同体、エノー州、その他関係自治体連合が組織したユーロメトロポールである。LGTC との相違は、EGTC にはフランス国家およびベルギーの連邦政府、地域圏政府および言語共同体が参加していることであり、したがって EGTC においては、越境地域の地域開発に当たっての国境を挟む国家間、地域圏間、および地方自治体間の協力体制が制度化されたといえる。この LKTM に続いて 2009 年時点までに制度化された EGTC は、フランス・イタリア国境地帯のアルプス・地中海ユーロリージョン内に設置された EGTC（地理的にはフランスのプロヴォンス・アルプ・コートダジュール地域圏、ローヌ・アルプ地域圏、イタリアのヴァッレ・ダオスタ特別自治州、ピエモンテ地域圏、リグリア地域圏

を含む)、スペイン・ガリシア州とポルトガル・ノルテ地方の国境地帯のガリシア・ノルテ EGTC (シュンタ・デ・ガリシア自治政府とノルテ地方を含む)、西フランドル／フランドル・ダンケルク・コートドパール EGTC (ベルギーの西フランドル州、フランス側のフランドル地方であるノール県ダンケルクおよびパ・ド・カレー県海岸地帯コートドパールを含む) の計4つの EGTC である。この EGTC の制度化によって、EU においては図2-3に示すような真の意味でクロスボーダー・ガバナンスが生み出され、国境を越えた越境地域圏が実体を備えて発展し始めたといえる。

5. 国境を越える地域

　以上にみてきたように、EU の地域政策はアディショナリティー、パートナーシップ、補完性を原則として進められているが、それは EU–国家–地域・地方間関係および EU と国家間・地域間の関係の再組織化を意味している。EU の地域政策が域内経済格差の是正のみではなく、域内国境を消去し、ヨーロッパ市民意識を共有する越境地域空間の形成・発展を意図する限り、伝統的な EU・国家間関係および国家・地域間関係は変化を迫られることになる。もちろん、EU–国家–地域・地方間関係および EU と国家間・地域間の関係の進化は、イギリス、ドイツ、ベルギーの例にみるごとく各国の中央集権度・分権化度に影響されるばかりでなく、隣接国家間・越境地域間の関係にも影響される。そのため、EU の意図するパートナーシップがフランスにおける国家・地域間契約をモデルとするとはいえ、EU–国家–地域・地方間関係は多様である。しかし、本章が説明したように、EU–国家–地域・地方の間のパートナーシップ原則に基づく地域政策は遅々とした歩みであるとはいえ、確実に進展している。

　その例として本章は、EU–国家–地域・地方間関係および EU・国家間関係および国家・地域間関係の最先進事例であるフランスのノール・パ・ド・カレー地域の事例を説明した。ノール・パ・ド・カレー地域の地域開発は、地域圏のイニシアチブを基に、国家と地域圏の間の「計画契約」に基づく地域開発

と、EU の構造基金（優先目標、Interreg）によるベルギー（西フランドル州およびワロン地域圏）との間の越境地域間協力プログラムと地域再開発とを有機的に結合した持続可能な地域開発戦略に基づいて進められている。このような地域開発を進めるに当たって、地域開発における国家と地域・地方間のパートナーシップに基づくマルチレベル・ガバナンスのみではなく、国家間・越境地域間のパートナーシップに基づく越境地域ガバナンスの確立が重要である。特に、本章が明らかにした越境地域間協力推進組織の進化、すなわち越境地域間協力会議である COPIT から法人格をもった欧州地域協力団体（EGTC）として認められた「リール・コルトリイク・トゥルネー・ユーロメトロポール」への進化は、越境地域ガバナンスの実質化であると同時に、越境地域空間に新たな次元を与えたといえる。フランス国家とベルギーの連邦政府・地域圏政府、および関係自治体間のパートナーシップに基づく「メトロポール」による越境地域空間の開発は、いわば国家の枠を超えた法人「メトロポール」が主体となった越境地域空間とガバナンス形態の創出を意味する。このように、EU における越境地域間協力の最前線においては「地域」は国境を超えたということができよう。

注
1) 結束基金は 1994 年に、当時の EU 内最貧国（アイルランド、ギリシャ、ポルトガル、スペイン）の経済通貨同盟（UEM）への参加を促進する目的で、これらの国の経済発展を支援するために設立された。その後も、結束基金は 1 人当り GDP が EU 平均の 90％未満の国の環境および交通インフラの整備を財政的に支援しているが、支援対象国の政府財政赤字の対 GDP 比が収斂条件の 3％以内であることを条件としている。他方、構造基金は欧州地域開発基金（ERDF、1975 年～）、欧州社会基金（ESF、1958 年～）、欧州農業指導保障基金（EAGGF、1962～2007 年）、欧州漁業指導基金（FIFO、1993～2007 年）からなり、1986 年以降は EU の定める優先目標に従って、また各国の政策との補完性とパートナーシップを条件として、地域開発・再開発を財政的に支援している。このうち EAGGF は EU の共通農業政策のための基金であり、また FIFO も漁業を対象とした小規模計画を支援するものであって、本章が対象とする地域政策においては ERDF が主要な役割を果たしている。
2) EU の公式文書や EU の地域政策に関する研究文献にサブナショナル・レベルの政府、すなわち地方自治体として地域（regional）政府・地方（local）政府という表現がよく使用

されている。地域（region）および地方（local）という表現は、柑本（2005）が説明しているように多義的であるが、地方自治体としての地域はフランスの地域圏（Régions）、ベルギーの地域圏（Régions）—ブリュッセル首都圏、フランデレン、ワロン—、ドイツの連邦州（Länder）等であり、地方とはそれぞれの国の県（départements）、州（provinces）、県（Begierungsbezirk）相当の行政単位である。なお、EU の統一的な地域統計の単位は NUTS（Nomenclature des unités territoriales statistiques）によって定義されているが、これについては住沢（2007）237-240 を参照されたい。
3) Dirigisme とは diriger（指導する、管理する、等）から派生した言葉で資本主義社会の維持を前提に、国家が経済社会発展を導いていく体制を意味する。
4) 1999 年以降では地方［pays］契約、都市圏契約、地域安全保障契約、地域教育契約等がある。ここで「地方（pays）」とは、1999 年のボワネ（Voynet）法によって定義された経済的社会的文化的に一体性をもつ地理空間を意味するが、行政的には複数のコミューヌ連合体を含む地理空間である。例えば、ノール・パ・ド・カレー地域圏のアルトワ地方（Pays d'Artois）は、24 のコミューヌから構成されたコミューヌ連合体であるアラス都市圏共同体（communauté urbaine d'Arras）を始め、12 のコミューヌ連合体で構成されている。
5) 国家の地域圏に対する支援は、計画契約以外にも 6 つの大都市計画（ダンケルク、ブローニュ・シュール・メール、リール・ルベ・トゥルコワン、ロンス・リエヴァン、ヴァロンシエンヌ、モブージュが対象）と 2 つの都市再開発（カレー、ブリュエ・ラ・ブイシエールが対象）への支援も存在する。

参照文献

Anderson, J. J. (1996) "Germany and the Structural Funds: Unification Leads to Bifurcation," in Hooghe, L. (ed.) (1996), 163-194.

AREE/LACE (2000) *LACE Magazine*, No.5.

Bache, I., George, S., Rhodes, R. A. W. (1996) "The European Union, Cohesion Policy, and Subnational Authorities in the United Kingdom," in Hooghe, L. (ed.) (1996), 294-319.

Bache, I. (1999) "The Extended Gatekeeper: Central Government and the Implementation of EC Regional Policy in the UK," *Journal of European Public Policy*, 6 (1), 28-45.

Balme, R., Jouve, B. (1996) "Building the Regional State: Europe and Territorial Organization in France," in Hooghe, L. (ed.) (1996), 219-255.

Béhar, D., Estèbe, Ph. (2002) "Intercommunalité: le local entre en politique," in S. Cordellier, S. Netter (éd.) *L'état des régions françaises*, Éditions La Découverte, Paris, 25-29.

第2章　地域は国境を越えるか——EUにおける越境地域間協力とそのガバナンス——

Benko, G., Demazière, Ch. (2000) "Le développement régional au miroire de la crise des régions d'ancienne tradition industrielle. L'exemple du nord de la France," in Benko, G., Lipietz, A. (2000), 451-478.
Benko, G., Lipietz, A. (2000) *La richesse des régions: la nouvelle géographie socio-économique*, PUF, Paris.
Boyer, R., Freyssenet, M. (1999) *Models productifs*, Repères/Éditions La Découverte, Paris (*Productives Models*, Palgrave Macmillan, 2000).
COM (Commission Européenne) (1999) *SDEC, Schéma de développement de l'espace communautaire: vers un développement spatial équilibré et durable du territoire de l'Union européenne*.
COM (Commission Européenne) (2000) "Communication from the Commission to the Member States of 28 April 2000 laying down guidelines for a Community initiative concerning trans-European cooperation intended to encourage harmonious and balanced development of the European territory–Interreg III," *Official Journal*, 2000, C143/08.
Courty, G. Devin, G. (2005) *La construction europénne*, Repères/Éditions La Découverte, Paris.
Decroix, Ch. (1998) *Nord-Pas de Calais: region guide*, Lec. Edition/Région Nord-Pas de Calais.
ディマルティノ、ルイス・A., (2007)「オランダ・ドイツ国境地域におけるユーロリージョン」、若森章孝他編著 (2007)、49-66.
De Rynck (1996) "Europe and Cohesion Policy-Making in the Flemish Region," in Hooghe, L. (ed.) (1996), 129-162.
DGPR (Directorate-General for Regional Policy) (2009), *Working towards a New Europe: The role and achievement of European's regional policy, 2004-2009*, ec.europa.eu/regional_policy/ index_en.htm (22/06/2009).
Eberlein, B., Benz, A. (1999) "The Europeanization of Regional Policies: Patterns of Multi-level Governance," *Journal of European Public Policy*, 6 (2), 329-348.
Greffe, X. (2005) *La décentralisation*, Repères/Éditions La Découverte, Paris.
Gualini, E. (2003) "Cross-borde Governanve: Inventing Regions in a Trans-national Multi-level Polity," *DISP*, 152, 43-52.
羽場久浘子 (2004)『拡大ヨーロッパの挑戦　アメリカと並ぶ多元的パワーとなるか』中公新書.
Hen, Ch., Léonard, J. (2003) *L'union europénne*, Repères/Éditions La Découverte, Paris.
廣田陽子 (2007)「アイルランドの経済開発と越境地域間協力—域内経済格差から国内経済格

差の是正へ」、若森章孝他編著（2007）、174-194.

Hooghe, L. (ed.) (1996) *Cohesion Policy and European Integration: Building Multi-Level Governance*, Clarendon Press Oxford.

Hooghe, L. (1996a) "Introduction: Reconciling EU-Wide Policy and National Diversity," in Hooghe, L. (ed.) (1996), 1-24.

稲本守（2003）「欧州連合（EU）の『地域政策』と『マルチレベル・ガバナンス』」『東京水産大学論集』第38号、23-42.

柑本英夫（2005a）「EU地域政策分析枠組みとしての『越境広域経営』モデル構築の試み：バルト海グランドデザインVASAB2010とINTERRG IICを例証とした欧州地域空間再編成の研究」、弘前大学人文学部『人文社会論叢』（社会科学編）第14号、1-37.

柑本英夫（2005b）「欧州越境広域グランドデザインのジオガバナンス的分析―欧州大陸におけるスペイシャルプラニング『CEMAT基本理念』とEU地域政策における『ESDP』の比較研究」『環日本海研究』第11号、39-62.

Morata, F., Muñoz, X. (1996) "Vying for European Funds: Territorial Restructuring in Spain," in Hooghe, L. (ed.) (1996), 195-218.

長尾伸一（2007）「イギリス・フランス間の越境地域間協力」、若森章孝他編著（2007）、88-104.

岡部明子（2007）「EU・国・地域の三角形による欧州ガバナンス―多元的に〈補完性の原理〉を適用することのダイナミズム―」『千葉大学　公共研究』第4巻第1号、110-134.

Pearce, G., Martin, S. (1999) "Differentiated Multi-level Governance? The Response of British Sub-national Governments to European Integration," *Regional and Federal Studies*, 9 (2), 32-52.

Région Nord-Pas de Calais (2000) *Contrat de plan État-Région, 2000-2006*, Conseil régional Nord-Pas de Calais.

Région Nord-Pas de Calais (2003) *L'agenda 21 régional*, Conseil régional Nord-Pas de Calais.

シュミッター、F. C.（1997）「ヨーロッパ連合の政治体制が各国資本主義に与える影響」、長尾伸一・長岡延孝編監訳『制度の政治経済学』木鐸社、2000、215-257.

清水耕一（2007）「フランス・ベルギー国境地域における地域間協力」、若森章孝他編著（2007）、67-87.

清水耕一・石田聡子（2007）「スイス国境地域における越境地域間協力」、若森章孝他編著（2007）、105-125.

篠田武司（2007）「スウェーデン・デンマーク間の国境を越える地域開発」、若森章孝他編著（2007）、30-48.

住沢博紀（2007）「旧東独・ポーランド・チェコ3カ国地域のユーロリージョン―構造問題と

第 2 章　地域は国境を越えるか——EU における越境地域間協力とそのガバナンス——　*57*

マルチレベル・ガバナンスの担い手」、若森章孝他編著（2007）、234-255.
庄司克宏（2007）『欧州連合　統治の論理とゆくえ』岩波新書
Swyngedouw, E.（2000）"La reconversion du bassin minier belge et la restructuration de l'État: la démocratie postfordiste déficitaire," in Benko, G., Lipietz, A.（2000）, 423-449.
田中宏（2007）「カルパチア・ユーロリージョンと越境地域ガバナンス」、若森章孝他編著（2007）、256-275.
辻吾一（2003）『EU の地域政策』世界思想社
Van Cauwenberghe, J.-C.（2001）"Preface," *Regards transfrontaliers*, Programme Interreg III A France-Wallonie-Flandre.
若松邦弘（2008）「政策の領域化と調整——都市政策システムのヨーロッパ化」、平島健司編『国境を越える政策実験・EU』東京大学出版、135-169.
若森章孝、八木紀一郎、清水耕一、長尾伸一編著（2007）『EU 経済統合の地域的次元——クロスボーダー・コーペレーションの最前線』ミネルヴァ書房
若森章孝（2007）「EU の地域政策と国境を超える地域形成」、若森章孝他編著（2007）、1-22.
Wishlade, F.（1996）"EU Cohesion Policy: Facts, Figures, and Issues," in Hooghe, L.（ed.）（1996）, 27-58.
八木紀一郎（2007）「欧州経済統合と地域格差・地域統合」、若森章孝他編著（2007）、303-329.

第3章 ドイツの労使関係制度に対する欧州統合の影響

ウルリッヒ・ユルゲンス

ビエルン・レムケ

1. はじめに

　2000年以降、ドイツの労働組合は欧州に対してはっきりと厳しい批判を表明するようになった。象徴的な事例として、ドイツ労働総同盟（DGB）の議長ミハエル・ゾマーは次のように発言している。すなわち、「ヨーロッパは今や岐路に立っている。政治家たちは誤った選択をしないよう用心すべきである。ヨーロッパは社会的な基盤を必要としている」。

　社会的基盤および社会的領域（soziale Dimension——社会保障や労使関係の分野）の欠如に対する批判は何ら新しいことではない。それは1950年代のローマ条約締結以来、欧州統合の過程で労働組合側から繰り返し主張されてきた。労働組合の主張は長年やや一般的な要求にとどまっていたが、各国レベルの労使関係の構造および問題状況におよぼす欧州統合の影響が強まることが認識されるようになり、近年では、やや驚きないし狼狽の様相を呈している。本章は、このうち特にドイツの労使関係システムの問題を検討する。

　本章が扱うテーマは、明確に変化を求める強い圧力にさらされている。その原因と影響は現在議論されている最中である。ドイツ労使関係の特色である3つの柱、すなわち、産業別労働組合、労働協約制度および事業所・企業レベルにおける二重の共同決定制度、それらもこの変化を求める圧力に揺り動かされている。

　変化を求める圧力の第1の指標は、労働組合員数の減少である。労働組合の組織率は1950年には36％弱であったが、2008年には約20％にまで低下した。

組織率は特に2003年以来12.5%減少した。同様に、使用者団体もメンバー数が減少している。金属・電機産業において雇用されている労働者数からみると、使用者団体に加盟している企業は1985年には77%の労働者を擁していたが、2006年には57%の労働者を擁するに過ぎない（Haipeter, 2009）。

　第2の指標は、企業横断的に賃金や労働条件を規制している横断的労働協約の適用率の低下である。協約規制は依然として重要な役割を果たしている。2004年時点で、西ドイツ地域の労働者の61%が直接または間接的に産業別労働協約の適用下にあり、わずか16%の労働者が労働協約とまったく関係のない事業所で雇用されていたにすぎない。それに比べると、東ドイツ地域では産業別協約の適用を受けている労働者は41%にとどまっている。労働協約が定めている事項にも変化がみられる。労働協約は労働者の待遇を改善するために作用してきたが、近年の協約には労働協約が定めた基準を企業（事業所）レベルで引き下げることを事業所当事者（使用者と従業員代表）に認める開放条項を含む協約がみられるようになった。このような開放条項を含んだ労働協約に関する交渉は、組合側の譲歩交渉（concession-bargaining）であるといえる。

　第3に、労使関係の第3の柱である共同決定制度も変化の圧力にさらされている。それは一方で、事業所レベルにおける従業員代表（Betriebsrat─経営協議会、事業所委員会の訳もある）により社会的事項、人事的事項および経済的事項に関する情報提供、協議および共同決定の権限が付与されることにより制度化され、他方で、監査役会に労働者代表が参加することにより企業レベルで制度化されている。ドイツの労使関係において従業員代表制は安定しているようにみえる。2007年には事業所の13.2%、ただし労働者の50.2%を雇用する事業所が従業員代表制をもっていた。ただし、産業部門別および地域別に偏りがあり、産業別では金属・電機電子産業で、また小売業でも従業員代表制が広く普及している。反対に、使用者側の抵抗を原因とした空白事業所が多い産業分野もある。地域的には東ドイツ地域で従業員代表のある企業が少ない。2006年時点において西ドイツ地域では労働者の46%が従業員代表によって代表されていたが、その割合は東ドイツ地域では38%でしかなかった。ドイツ再統一はドイツの労使関係におけるこの支柱も弱めることになったのである。

他方、企業レベルの共同決定制についてその是非をめぐり大きな議論がある。1976年の共同決定法制定に当たり使用者側の強い反対があったが、2000年以降アングロサクソン的発想に基づくコーポレート・ガバナンス論の流行によって、特に監査役会における労働者代表の存在が厳しい批判にさらされることになった。こうして欧州規模の企業憲章（Unternehmenscharta）の策定に当たり、この点が重要な対立点になった。

　ドイツにおける労使関係の構築と欧州統合の過程は、時期的には並行していたがそれぞれ別々に展開してきた。欧州政治がドイツの労使関係制度に、また反対に、労使関係制度が欧州政治に直接に影響を及ぼすことはこれまでさほどなかった。しかしこの点で、1970年代中ば以降の欧州司法裁判所（ECJ）の一連の判決はその例外である。本章の記述では、どちらかといえば間接的な影響作用を取り上げ、2つの視点から論じる。すなわち1つは、欧州統合過程で生じている新しい構造および労使関係に関わる挑戦である。この視点からは、欧州統合過程が国内の労働組合にとって問題であることが示される。もう1つは、欧州で生じている制度化および政治によって生じている新しい政治的な可能性である。この視点からは、問題解決のための手がかりが見いだされる。

　本章は以下のように展開される。第2節は、1950年以後の欧州統合の歴史的展開、その目標、各局面における変化を説明する。この記述により、一方で欧州統合の過程と労使関係の展開の間に相互作用があることが明らかになり、他方で統合の影響とその形態の変化が理解される。統合計画の本質的な特徴は、否定的な統合形態が支配的だということにある。第3節は、統合による構造的な変化を説明する。問題は東方拡大に伴って生じる社会経済的な異質性の拡大である。東方拡大と域内市場の形成、ならびに経済・通貨同盟によって、共同体内の労使関係システムにおいて労働組合に対する強い競争圧力がかかるようになった。第4節は、欧州政治および制度・当事者構造の再編によって欧州レベルで各国の労使関係当事者に生じる行動の可能性とその限界を論じる。問題は、果たして国を越えた問題克服のための行動の可能性は広がるであろうか、欧州レベルの再編は各国レベルで労働側の弱体化に対する穴埋めになるであろうか、ということである。最後に、第5節は結論である。

2. 欧州統合と社会的領域の意義

(1) 1950年代の出発から1970年代の欧州統合の停滞まで

　欧州統合計画への最初のきっかけを与えたのは、1930年におけるフランス外相ブリアンであった。彼が「欧州連合」の建設を提言したのである。欧州統合史における彼の貢献は、統合計画に関して「欧州連合」という表現を初めて使用したことと同時に、共同市場の理念、モノ・人および資本の移動の自由という3つの移動の自由の実現をその後の統合計画の核心的理念として示したことにある。

　欧州石炭鉄鋼共同体の設立に関するフランスの外相シューマンの計画（1950年）によって、ブリアンの理念は第二次大戦後に具体化された。経済統合の目標とともに、欧州における継続的な平和の実現という、より大きな目標があった。この意味で、欧州統合計画の父の1人であるジャン・モネは、すでに1943年に次のように語った。「各国が再び国家主権に基づいて構築されるならば、欧州には真の平和は到来しない。欧州はより大きな市場をつくる必要がある。欧州諸国が自ら欧州連合を設立しないかぎり、その繁栄はない」。この目標設定は、統合のプロセスに対するドイツの労働組合の態度にとって重要な動機づけになった。

　シューマン計画の上に1952年に石炭鉄鋼業共同体がフランス、ドイツ、ベルギー、オランダ、ルクセンブルクおよびイタリアの6か国によって設立された。過渡期には、石炭鉄鋼業共同体計画に向けて設立に参加した国家の間でさまざまな制約や通商上の障害が取り除かれた。これらの措置の実施と管理のために、独立した超国家的レベルの機関がつくられ、独立した司法機関も設置された。

　欧州統合の第2ステップとして、1957年にローマ条約が結ばれ、欧州経済共同体（EEC）等が設立された。その際に統合の理念が定式化され、モノ、資本、人およびサービスの4つの自由化を目指すこととして定義され、それは今日までEUの政策および欧州をめぐる議論において中心的役割を果たしてきた。

　欧州経済共同体条約では、その社会的側面は経済統合の「付け足し」とし

て取り扱われたにすぎなかった。結局、EEC の社会政策は 1970 年代まで、人（労働者）の移動を可能にする、すなわち国内外の労働者の地位の平等という目標が支配していたに過ぎない。

　1958 年から 1970 年まで、関税の撤廃と関税同盟（Zollunion）の設立が欧州政治の中心課題であった。関税同盟の完成によって、欧州統合が新しい理念に躍り出た。1973 年にイギリス、アイルランドおよびデンマークが加盟したことは、その後の共同体の拡大の第一歩となった。同時に、経済通貨同盟（EMU）の可能性の検討が、通貨同盟を超えた欧州統合の進展のための意思表示になった。だが、その発足は難航した。そして加盟後、イギリスとデンマークは統合推進をめぐる議論において新たな強力なキャスティングボートを握った。とくにイギリスは、サッチャー首相の下で 1979 年以後、さらなる統合の進展を妨げ、一時は共同体全体を機能マヒに陥らせた。したがって、通貨同盟計画は具体化されないままだった。

　1970 年代半ば以後の統合の停滞局面とは反対に、欧州司法裁判所はより強力な役割を果たすようになる。とくに、1978 年に下した「カシス・ド・ディジョン（Cassis de Dijon）」事件に関する判決が重要である。この判決によって、加盟国間では生産国において必要な条件を満たしている製品に関しては相互に認め合うという基準で取り扱うことになった。しかしそれは、その後の「谷底へ向かう」下降競争につながった。

　欧州の「社会的領域」という表現は不明確であり、協定上の基礎を欠き、各国の異なる利害に左右されていた。加盟国の考えは、欧州統合は決して経済問題にとどまるものではなく、むしろ生活レベルと労働条件の引き上げを追求すべきであるというものだった。欧州経済共同体は、権限は小さかったが 1970 年代に初めて独自の社会政策を打ち出そうとした。政策課題の中心は労働者保護と健康問題であった。労働組合の強い影響下にあったドイツ代表の議論は、各国の規制を可能な限り高い水準で調和させるというものであった（Keller, 2006）。しかし、欧州の統治に関しては加盟国の全員一致を条件としていたため、合意形成は困難であった。さらに、イギリスにおけるサッチャー政権の登場は、1980 年代における共同体のイニシアチブによる社会的領域のさらなる

発展を困難にした。

　欧州社会政策の形成に当たって欧州司法裁判所が重要な役割を果たす。それは、労働者の移動の自由、男女平等賃金、専門教育と職業的資格などの相互承認の実現において重要である。カシス・ド・ディジョン判決から分かるように、裁判所は EEC 条約の差別禁止を、例えそれが内外人に平等に適用されるとしても、内外人不平等取扱いの禁止、例えば労働市場における職業的資格要件のように移動の自由に関する制限の禁止などに拡張して解釈する傾向がある。このような判断は、加盟国すべての職業・専門教育システムを包括的に承認し、したがって関係する各国基準を下回ることを許容することにつながる。

　以上の過程において、ドイツの労働組合は、一方で歴史的道義的理由から、他方で輸出志向のドイツ経済にとって経済的条件を整えるために、一貫して欧州統合を支持してきた（Kädtler, Hertle, 1997: 309）。

（2）1980 年代における域内市場計画の打開から、ユーロ導入まで

　欧州統合の停滞は約 10 年続いた。1985 年に元フランス財務相のジャック・ドロールが新しい欧州委員会（Kommission）委員長に就いてから、共同体の新しい展開が模索され始めた。さらに 1981 年にギリシャが、1986 年にはスペインおよびポルトガルが EC に加盟したが、これら「低賃金国」の加盟により、加盟国の社会経済的な多様性が広がり新たな試練にさらされることになった。

　1980 年代の展開のなかで域内市場を補うものとして、通貨同盟のテーマが再び浮上してきた。通貨同盟は一定程度加盟国の経済政策上の協力を必要とすることは明らかである。さらにマーストリヒト条約と並行して、共同体の東方拡大が議題にのぼってきた。1993 年には新規加盟基準に関する合意がなされたが、これは新規加盟国がその政治的経済的構造を EU に適合させることを前提にしており、東欧をそのように変える計画であった。加盟基準は労使関係における基本原則（労働組合や労使協議会の設立など）を東欧が受け入れることをも含意していた。その過程で、1995 年にフィンランド、スウェーデンおよびオーストリアが加盟し、これによって大陸と北欧社会民主主義との連携を強

めることが期待された。

　労使関係分野における制度形成の重要な発端は社会的対話（Sozialer Dialog）である。その始まりは、1980年代のいわゆるヴァル・デュシェス労使対話（Val Duchesse-Konsultation）にある。1985年に新欧州委員会委員長のドロールが、交流のために初めて労使団体を招待して話し合いをした。この会談は繰り返され、相互の信頼関係が深まった。確かに具体的な成果は乏しかったが、欧州レベルの社会的対話は単一欧州議定書（SEA）に取り入れられ、SEA条約により社会政策議定書と結びついてマーストリヒト条約に組み込まれた。

　社会的領域の具体化にとって重要なのは、1989年の社会憲章（Sozialcharta）である。同憲章は情報提供および協議の分野で、労働者の中心的な権利を宣言的な文書によって定めている。その後それを修正する形で、いわゆる社会政策議定書としてマーストリヒト条約に付属された。さらに「委任立法（delegierte Gesetzgebung）」（社会政策に関する理事会命令の加盟国内における実施に関して、加盟国は労使双方から要請がある場合、労使に委任することができることを指す）によってEUの社会政策上の権限を拡大した。もっとも、社会政策議定書は今やEC条約になり、賃金、団結権、ストライキおよびロックアウト権はEC条約137条5項に定められ、これらの労使関係上の中核領域はEUの管轄範囲から除外された。

　基本的自由（Grundfreiheit）の貫徹という目標とその社会的な影響への配慮との間の調整を追求した例に、送り出し指針（Entsenderichtlinie）がある。その指針は欧州社会政策の伝統的な目標に対応しており、特に共同市場を促進するという役割を果たすと同時に、労働者の国家間移動という点では最小限の基準を示した。これは、送り出された労働者、一時的にせよ国境を越えてEUの別の国に働きに出る労働者にとっての移動の自由（Niederlassungsfreiheit）とかかわる問題であり、また、送り出し国と受け入れ国のいずれの国の規制を適用させるべきかという問題であった。結局、送り出し指針では生産国原理は適用されず、受け入れた国の規制が適用されることになった。

　社会的対話の展開と並んで、事業所内の労使関係も問題になった。会社規定

の範囲内で欧州労使協議会（EWC）を設立する最初の試みから10年後、やっと1980年初頭に2回目の指針案が提示された。しかし、この提案は斥けられた。それでも、1980年代には一連の欧州企業において任意に欧州労使協議会が設立されていた。この経験は、協議などの手続きが固定化してしまうのではないかという経営側の懸念を払拭し、部分的にはむしろ彼らに有利な条件を与えることを経営側に確信させることになった。例えばフォルクスワーゲン社の事例では、任意に設立した労使協議会は1986年のフォルクスワーゲン・コンツェルンによるスペインの自動車メーカー・セアット社の買収に当たり、対立があったのを橋渡しする際に建設的であることを示した。そして、グローバル化過程によって生み出された経済環境のなかで、3度目の指針案が示された。ヨーロッパ規模の労使協議会に関するこの3度目の試み（提案）も失敗に終わるかにみえたが、1994年に意外な展開を遂げ、欧州労使協議会指針として発効した。

　その影響力においても法的枠組みにおいても、欧州労使協議会はドイツの従業員代表制とはかなり異なっている。ドイツの従業員代表制度の構造および行動の可能性（Handlungsmöglichkeit）が法律で詳細に定められているのに対し、欧州労使協議会指針は企業レベルの経営側と労働者側の交渉を予定し、交渉が難航した場合の事後的な手続きを定めるにとどまる。したがってドイツのような共同決定権や包括的な協議権は与えられていない欧州労使協議会の行動の可能性は、どちらかといえば当該企業における労使の力関係に依存する。

　欧州統合の第2局面は労働組合側からは冷ややかに見られている。それでもドイツの労使は統合に基本的に賛成である（Kädlter, Hertle, 1997: 309）。域内市場をドイツの労働組合が支持するのは、ドイツ経済のなかで輸出志向セクターが優位にあることによる。これは経済通貨同盟（EMS）との比較研究（Bieler, 2006）によれば、輸出志向セクターの労働組合の方が国内志向セクターの労働組合よりも統合に対する賛成が強い。また、労働組合にとっては統合への賛成には歴史の理由も存在する。

（3）21世紀における最初の10年間—危機に立つヨーロッパ—

新しい世紀の最初、EU加盟国、特にドイツにとっての課題は極めて大きなものであった。失業と経済成長の鈍化が広く進行するなかで、異なった顔ぶれの国々を伴うEU拡大が間近に現実味を帯びてきた。ニューエコノミーによってより高い経済成長を図ろうという当初の予定は、時間の経過とともに規制緩和措置を伴うものとして現実になった。さらに、次のような懸念が生じてきた。すなわちEUは、その制度や手続きについて特別な改革をすることなしに、中・東欧諸国の加盟によって経済成長を後押ししようという見通しであったが、しかし、EUは肥大化によってその決定能力を次第に失うのではないかという懸念である。

この間にEU加盟国数は2004年から2007年の間に、ニース条約を基に12か国増加した。これは加盟数増加の最大規模のものである。

2000年以降の加盟国拡大は従来の加盟とは異なる特色がある。すなわち、新規加盟した中・東欧諸国間の経済的格差および労働コスト格差は、図3-1に示すとおり相当に大きなものがある。ドイツ製造業の労働コストは、ブルガリ

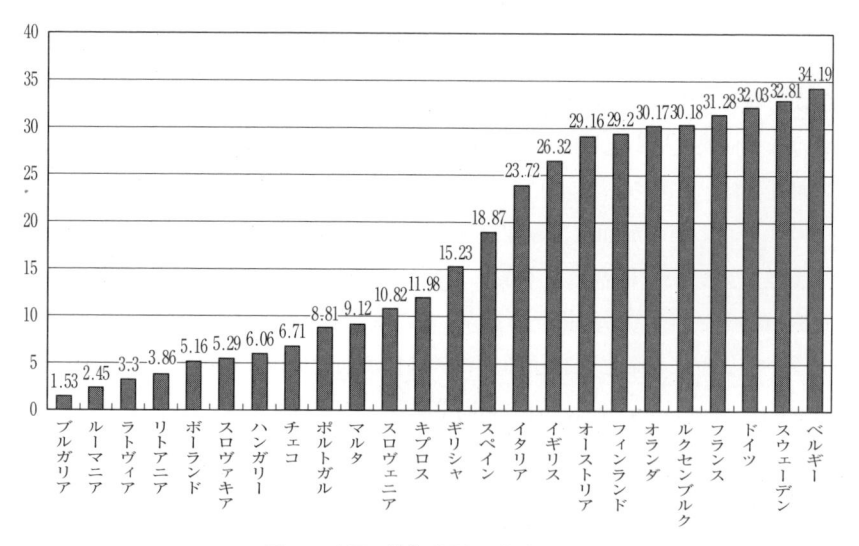

図3-1 各国の単位時間当り労働コスト
出所：Schröder（2007）

アの22倍であり、ポーランドの6.6倍に達する（2006年）。EU拡大が具体的に進むにつれ、ドイツで特に心配されたのは、労働者の国境を越えた移動が進むのではないかということである。そこで、いくつかの国々はかなり長期にわたる経過措置を定めることを主張し、実際そのようになった。例えばドイツの労働市場は、割当規制によって2011年までは保護されることになった。

労働政策および社会政策の領域に関しては原則として送り出され、働いている国の労働条件に従うことになった。しかしながら、サービスに関してはルールが異なり、当該労働者を送り出している国、すなわち生産国（出身国）の基準によるという提案（Herkunftslandprinzip）がなされた。サービスに関しては、当該労働者の出身国の基準によるというこの提案は、ドイツなどの労働組合の激しい抵抗にあい、結局受け入れられなかった。21世紀に入ってからの展開は、労働組合の目からみればトラウマ的な状況であったが、その評価は2009年時点ではまだ難しい。

1990年代後半の局面の特徴は、相反する展開の存在である。一方で、欧州政治は社会・労働政策分野の規制では後退し、他方で4つの基本的自由の貫徹は問題をもつことが明らかになり、労働組合側の行動を制約することになった。その際に欧州司法裁判所判決が特別な役割を果たした。

以上の欧州統合の展開をまとめると以下のようになる。欧州統合はドイツからみれば、優れて歴史的道徳的な背景を背負った計画であった。それゆえにドイツの労働組合は欧州統合拡大に対し、原則として肯定的な立場で臨むことになった。しかし、欧州は当初から、低い発達水準の社会的領域を伴う経済的計画であった。それに対応して、統合の否定的な形態が前面にでる。これは労働組合にとって、経済的基本的自由の貫徹のように、国レベルで争いになる権利や水準と衝突するにつれ、否定的側面の程度が強まる。労使関係の制度および当事者構造は欧州レベルではためらいがちに展開し、各国の当事者に対する自立性は弱いものにとどまった。とくに欧州レベルでは、社会的パートナーの包括的交渉システムの形成は成功せず、社会的対話は「委任立法」および任意の協定の形態にとどまった。

3. 欧州―構造レベルにおける挑戦―

すでに述べたように、労働コストの例に示されるようにEU加盟国の社会経済水準にはかなり大きな格差がある。このことは、各国の制度的配置についてもいえる。各国の制度的配置は非対称的であり、欧州統合の進展につれてドイツは強い圧力にさらされる経済圏に属している（Blanke, Hoffmann, 2006）。労使関係分野で中心的な紛争領域は、外国への発注および生産移転（オフショアリング）である。

生産の外国移転のブームは1990年代に発生し、21世紀最初の10年間の半ばにピークに達した。その際、ドイツ企業にとっては、EU新規加盟国が特に低賃金という点で重要な役割を果たした。図3-2が示すとおり、2008年調査によれば、外国に投資するドイツ企業の37％が新規加盟国を投資先にしている（DIHK, 2008: 8）。確かに従来からの加盟国（15か国）も40％で投資先として挙げられているが、外国投資の動機は大きく異なる。15か国に対する外国投資の51％は顧客サービスおよび販売のためであり、25％のみが費用節約という動機によるものであった。費用節約という動機による投資は新規加盟国へ

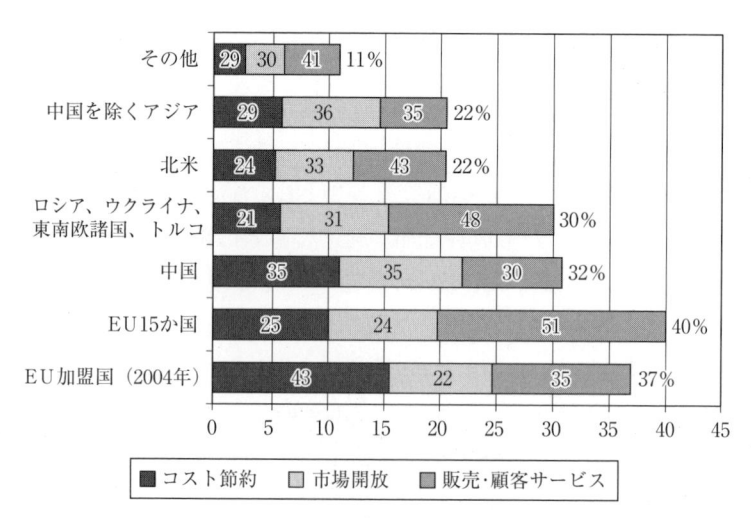

図3-2　ドイツ製造業企業の外国投資の動機
出所：DIHK（2008）：8.

の投資の43%を占め、主要な投資動機になっている。総じて新規加盟国に対する費用節約目的での投資では、すべての国の平均（33%）に比べて高い。

2000年以降の生産の外国移転ブームの原因は欧州統合計画にある。グローバル化のなかで、世界的に新たに開かれた市場は同時に低賃金地域であり、先進国の伝統的市場の潜在的供給基地となった。ドイツ企業にとっては中・東欧諸国がこうした地域である。とくにＥＵ新規加盟国は、法的枠組み、関税、基本的自由の保障、および西欧市場への近接という諸点で、最適の立地条件を満たしている。

結局、ドイツのような高賃金の産業地域（Standort）は、生産地の新設または既存の確保のための投資をめぐり、低賃金国との競争が生じる。記憶に新しい顕著な例は、フィンランド系携帯電話メーカー・ノキア社のボーフム工場の閉鎖である。ノキア社はドイツで十分な収益をあげていたにもかかわらず、賃金の安いルーマニアを選択し、そこに工場を新設した。ドイツの自動車産業も同様に中・東欧の低賃金の有利さを大いに利用している。こうした生産移転に関しては部品供給者がより重要な役割を果たしている（Jürgens, Krzywdzinski, 2009a）。

低賃金でリスクの低い広範な経済空間の開放とそれによる生産の国外移転への誘惑は、労使関係システムに強い圧力をかけることになった。初期の繊維産業の国外生産移転の場合と異なり、現在ではドイツ産業の中核である自動車、機械製造、化学産業がその対象である。その中心的アクターは労働組合と経営側である。

生産移転に関しては、単なる移転の脅しと実際の移転を区別することが重要である。この問題に関する研究によれば、従業員1,000人以上企業の44%において移転が話題となったが、実際に生産移転した企業は21%であった（Ahlers at al., 2007）。この移転の脅しと実際の移転との差異は、生産移転ブームが企業の利害関係者に対する大きな圧力となっていることを示している。この研究はまた、多くの事案で生産移転問題が経営者側に有利な状況を作り出していることを示している。すなわち、生産移転を免れるために、従業員代表（および場合によっては労働組合）は賃金や労働条件に関する交渉におい

て譲歩せざるを得なくなるのである。

　生産移転ブームは、1990年代半ば以来、資本側の外国移転の可能性が強まるなかで、労使の力関係に変化をもたらした（Hoffmann, 2006）。その表現が譲歩交渉の増加である。譲歩交渉の重要な形態は産業立地保障協定（Standortsicherungsvereinbarung）あるいは産業立地協定（Standortpakt）である。こうした協定は譲歩しなければ生産を移転するという脅しもとに締結されている。2003年には、従業員代表を擁する企業の23%がそのような協定を結んだ（Massa-Wirth, Seifert, 2005）。1,000人以上の企業では42%もの企業が譲歩協定を結んでいる。協定が結ばれた事案の60%では協定締結の背景に職場喪失の不安があった。協定の主要な案件は賃金抑制または減額（事案の42%）、労働時間の延長（同76%）、作業組織の見直し（同65%）、短期的な職場保障（同71%）、産業立地の将来にわたる保障（同44%）、または追加的な投資（同20%）であった。協定締結事案の一部（同13%）では何の見返りもなかった。

　「産業立地保障協定」はドイツにおいて1980年代末から続いている賃金制度の分権化の一環である。分権化の第1の要素は、横断的賃金協約に企業が拘束されることが減ったことである。西ドイツ地域において産業別の横断的賃金協約に拘束されている労働者の比率は、1996年の69%から2004年の61%までに減少した。東ドイツ地域では同期間に56%から41%に減少した。全国でみると64.8%から53%への減少であった（Bispink, Schulten, 2005）。第2は、横断的賃金協定の内容に関する拘束力の低下である。1993年に金属産業でいわゆる「経営危機条項（Härtefallklausel）」が東ドイツ地域のために締結された。それは経済的に困難を抱える事業所に対して西ドイツ地域と異なる賃金水準を適用することを意味するものであった。この開放条項の範囲内で、次第に事業所レベルにおいてさまざまな賃金部分に関して協定水準を下回る水準に設定することを認められるようになった。第3に、開放条項は2004年に締結されたプフォルツハイム協定（Pforzheim-Abkommen）という賃金協約によって新たな段階に到った。同協定によれば、賃金協約からの逸脱が雇用保障に役立ち、将来へ向けての投資および事業刷新を可能にする場合には、協約当事者（金属産業労組と金属産業使用者団体）の同意のもとに、事業所当事者はあら

ゆる標準的な協約水準を下回った賃金水準を合意することができる。この賃金協約のフレキシブル化をめぐっては労働組合内部でも大きく見解が対立していたが、社会民主党政権の「労使当事者がそのフレキシブル化に合意しない場合には立法措置を講じる」という脅しの下に実現されたものである。

同時に労働組合は、開放条項の導入により産業立地協定の締結による企業レベルでの無秩序な分権化を少なくとも一部では防いでいる。例えば、金属産業労組はこの開放条項によって、協約逸脱に同意する前提条件として企業情報の開示と、企業の置かれている状況の監査を要求した。それにもかかわらず、プフォルツハイム協定は労働組合に対して大きな重圧となり、さまざまなレベルで多くの努力を傾注して賃金協約からの逸脱提案を吟味し交渉しなければならなかった。経済社会科学研究所（WSI）の全産業に渡る従業員代表調査（2005年）によれば、賃金協約に拘束されている企業の4分の3で開放条項が利用されていた（Bispink, Schulten, 2005: 467）。

生産移転の動きの多くは、ドイツ企業の「体制からの逃走（Regimeflucht）」という議論につながる。ここで「体制からの逃走」とは、ドイツ企業がドイツ労使関係システムから逃れるために、意識的に労働基準が低く、労働組合が弱く、そして集団的交渉システムの弱い国に生産と職場を移すことを指す。これを論じた研究はまだ少ないが、その研究によれば逃走という動機は生産移転決定の主要なものではない。ユルゲンスおよびクリツィドジンスキによれば、中東欧の自動車産業において、ドイツ企業は集団的労使関係モデルをドイツ型から中東欧型に切り替えようとしている（Jürgens, Krzywdzinski, 2009b）。ブルームによれば、企業規模の大小により異なった方法でそれは試みられている。すなわち大企業は、従業員代表の圧力のもとで現地の労働組合との協力的な関係に関心を払っているが、小規模企業は従業員代表を弱めるようと試みている（Bluhm, 2001）。

以上のように、ドイツの労使関係システムは産業立地移転および労働側の譲歩交渉を通じて、その意義を変えつつある。それは、ドイツのみならず他の欧州諸国にも生じていることである。この変化をある論者は、「社会的コーポラティズムから競争的コーポラティズム（Wettbewerbskorporatismus）へ」と

表現している（Rhodes, 1998）。労使関係システムの機能は、労使間の利害対立を調整するための舞台としての役割を次第に失い、代わって強まるヨーロッパおよび世界における競争への適応戦略を実施するための手段になりつつある。そこではもはや交渉の余地はなく、置かれている外部状況に自分を適合させるだけである。

新しい競争的状況への労使関係の適応の分かりやすい事例が、ドイツにおける賃金の変化である。図3-3が示すように、ドイツは、EU27か国の中で、2000年から2008年までの間に実質賃金が低下した唯一の国である。それに対応して、2000年から2006年の間に労働コストの上昇はEU内で最低であり、相対的に競争力が改善された（Schröder, 2007）。

実際EUの発展と挑戦は、通貨同盟の結成によってより広範で構造的な影響を労使関係に与えるようになっている。欧州中央銀行（ECB）は、一方で統一的な名目金利を定める。それは同時に、地域ごとにインフレの傾向が異なる状況のもとで、実質金利の相違を生む。その際、各国政府から独立した欧州

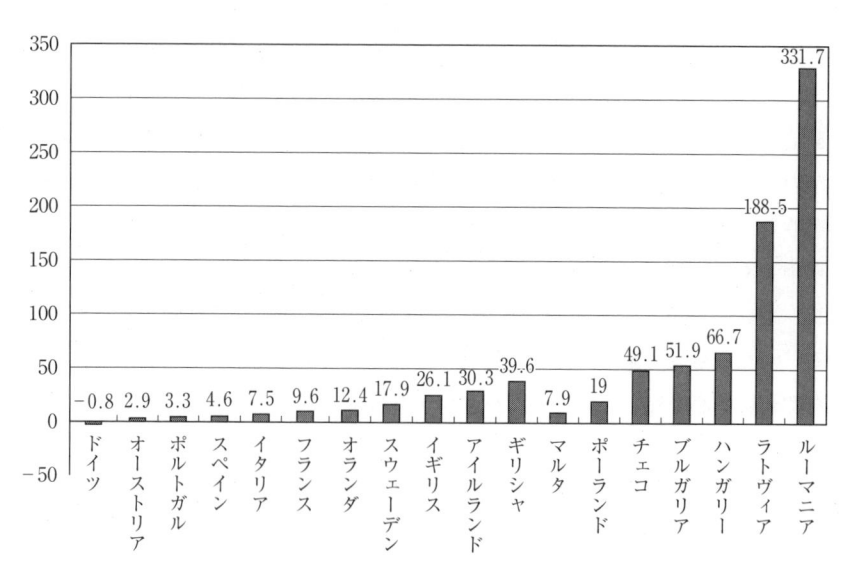

図3-3　2000-2008年における実質賃金の成長率（%）
出所：Schulten（2008）：475.

中央銀行は、貨幣価値の安定という使命に従って、高インフレ傾向の地域の利子率を必要な高さに設定しなければならない（Siegel, 2004: 122）。しかしそれは、例えばドイツのようなインフレ傾向が弱い地域にとっては高すぎる利子率を意味する。より高い実質金利は、一方で、金融投資か、それとも現物投資かの選択におけるより大きな機会費用を意味し、他方で借り入れによる投資の場合には、高い利子率は高い収益を要求する。双方の事情とも、賃金交渉における労働組合の立場を弱める圧力になる。さらに、経済通貨同盟加盟国の統合が進むことは、財市場と資本市場における競争圧力を基本的に高める。そのことは他面で、経済通貨同盟加盟国の競争力を高めることになる。たとえそれだけで競争力の上昇という事実を説明できないにしても、この競争力の上昇の少なくとも一部は労働コストの低下によることは明らかである。

以上の第3節の検討を通じて次のことがいえる。第1に、低賃金国へのEUの拡大および新加盟国への生産移転の誘因は、ドイツの労使関係における緊張を高めた。その影響は、とくに賃金協約制度に生じている。それにより横断的賃金協約が果たす役割は弱まりつつあるが、しかし基本的役割は依然として安定している。第2に、通貨同盟の実現により賃金に対する圧力は高まっている。通貨同盟は通貨が景気変動に適合することを妨げ、ドイツにとっては高実質利子率という傾向を帯びる。産業立地をめぐる競争および通貨同盟は、ドイツの労使関係を競争力の強化という方向へ誘導しつつある。

4. 行動レベルにおける挑戦

前節においては、欧州統合が労使関係の構造に及ぼす変化をみた。本節では、労働組合にとっての変化した状況に対応した、また各国レベルにおいて失われた行動の可能性を補うための、欧州レベルにおける行動の可能性を論じる。そのためには、マクロレベルとミクロレベルにおいて分析される必要がある。こうして本節は、一方で欧州レベルの機構および労働組合連合の中央組織を取り上げ、他方で欧州多国籍企業レベルの分析を行う。

一見すると、欧州レベルでは強力な労働組合組織、すなわち欧州労連

(ETUC) が存在する。欧州労連は36か国6,000万人の組合員を擁する82の各国労組で構成され、全産業にまたがる唯一の社会的パートナーとして欧州委員会に認められた労働組合組織である。この欧州労連の内部には産業分野別に、例えば金属産業の労働組合の連合体という形で、国境を越えた12の連合体 (EIF) が組織されている。

しかし、その外観とは異なって欧州労連の実際の影響力は小さい。欧州労連は財政的にはEUの援助を受けるとともに、他方では各加盟国の労働組合団体の連合体に過ぎず、労働組合とその上部団体との関係における各国の特殊事情が欧州レベルに持ち込まれ、欧州労連の実際の影響力に否定的な影響を与えているからである。ドイツとの関係でいえば、労働組合のナショナル・センターであるドイツ労働総同盟 (DGB) が欧州労連に加盟しているが、それは張り子の虎であって、各加盟産業別労働組合に対して弱い立場にある。ドイツでは、すべて産業別労働組合がそれぞれの立場で活動しており、ドイツ労働総同盟はその連合体に過ぎないのである。

また、欧州レベルの賃金協定に関する労使交渉は未だ存在しないが、それは労働組合側の組織的弱点というよりも、以下の2つの理由による。第1に、対応する法的枠組みが欠けている。第2に、欧州の経営者側には交渉に応じる用意がない (Traxler, 2007)。経営者側には、ビジネス・ヨーロッパという横断的な団体が存在するが、ビジネス・ヨーロッパは、拘束的な集団的協約に関する交渉を原則として拒否し、特に賃金に関する交渉は強く拒否している。しかもビジネス・ヨーロッパは産業部門別下部組織をもたない。したがって労働組合の連合体は、有効な交渉パートナーを欠いている (Falkner, 2003: 39)。さらに、ビジネス・ヨーロッパの決定手続も防衛的である。すなわち、交渉に応じる前に交渉すること自体についてあらかじめ構成団体の80％の賛成が必要であり、交渉結果の受け入れには全員一致の賛成が必要であるとされているのである。第2節で説明した社会的対話の場合と同様に、総じて経営者側は拒否的な姿勢を取っている。ビジネス・ヨーロッパの前身のUNICEは「法の影」ならびに欧州委員会による立法化という脅威をちらつかせることによって、集団的交渉の範囲内で社会政策に関する合法的かつ拘束的な協定を強要すること

ができた。欧州理事会は21世紀に入ってからはこのような圧力をかけず、強い拘束力を伴わない、緩い規制形態を好むようになった。その結果、労使間の任意の社会的対話は、拘束力を伴わない文書（共同宣言、ガイドライン、行動指針、等）を提出するに過ぎないことになった。

　欧州レベルにおける賃金交渉は困難であるが、労働組合側はヨーロッパ内での賃金調整のためのイニシアチブを発揮した。第3節において説明した競争関係にある国民的労使関係システム間の調整は、相互引下げ競争によってヨーロッパにおけるすべての国の賃金の下方スパイラルを引起す危険を孕んでいる。賃金政策によって実現された国民的競争優位は、特に欧州通貨同盟域内においては見いだされないことはないし、また相応の対策もとられている。

　このような下降スパイラルを避けるために、すでに1998年にドイツとベネルクス諸国の労働組合はドールン・イニシアチブ（Doorn-Initiative）に基づいて協定を結び、共通の賃金決定ルール（Lohnformel）を提案した。これは、賃金上昇率は生産性上昇率とインフレーション率の合計であるべきであるというもので、「分配中立的な」賃金ルールと特徴づけることができる。この賃金決定ルールは繊維産業労働組合連合会（ETUF-TCL）のようなヨーロッパの他の労働組合からも一般的な賃金政策上の指針として支持されている。2000年には欧州労連も同様に一般的な賃金決定ルールとして支持した。欧州レベルにおける賃金政策上の調整の試みは、労働組合間の国境横断的な協力によって支えられている。ドイツの金属産業労組もこのような近隣諸国の労働組合との協力を歓迎している（Traxler, 2003）。

　賃金政策上の調整の試みは2つの基本的な問題を含み、拘束力と制裁措置に欠け、各国において実施されることも多くなく、実際の効果は小さい。第1の問題は、例えばドイツの金属労組ですら最近数年間においては賃金交渉において上記の賃金決定ルールを貫徹できないでいることをみれば明らかである（Erne, 2008: 102）。第2の問題は、賃金協約の分権化と適用率の低下である。しかし、欧州規模の賃金政策上の調整はさほど成果を上げないとしても、この試みは相互の協議や情報交換を通じて欧州の労働者および労働組合の一体性を構築していく重要な契機にはなろう。

社会的対話は現時点においては前述したような状態であり、欧州レベルにおける労働組合の効果的な政策のためにはわずかな手がかりしか与えないが、労働組合はEU諸機関に対するロビー活動で成果を上げる可能性がある。これは、例えば元域内市場担当官フリッツ・ボルケシュタインの欧州サービス指針をめぐる対立のなかで労働組合が一定の成果を上げた例にみられる。

　ドイツの労働組合の将来にとって問題を含むEU指針および指針案の他の例は、事業譲渡指針（Übernahmerichtlinie）および欧州会社（SE: Societas Europaea）命令である。労働組合は欧州域内の他国への事業譲渡に関して雇用喪失と労働条件の低下を懸念しているが、事業譲渡指針は、事業譲渡が最大限円滑に行われ、事業譲渡に対する妨害措置はできるだけ抑制されるように定めている。また欧州会社命令は、株式会社に関する欧州独自の企業形態を導入するという1970年に始まった過程を完了させると同時に、企業レベルにおける共同決定に関する諸規定を定めている。ドイツの労働組合は、これらの規定が欧州の会社の中に変形して導入されることによってドイツの共同決定ルールが回避されることを懸念している。

　ただし、いずれの事例でも最悪のシナリオは回避できる。欧州会社（SE）の事例では独立した指針があり、欧州労使協議会（EWC）の場合と同様に、欧州企業の共同決定の形成に関する「労働者の参加に関する協定」のための交渉が予定されており、欧州企業の交渉が合意に達しなかった場合には最高度の参加を伴った共同決定規定によるという代替案（Fallback-Option）が適用される。この代替案によって現行の共同決定規定を下回ることは回避される。事業譲渡指針の原案も例外と特別規定により緩和された。それにもかかわらず、労働組合の政策に対して欧州委員会から賛成が少ないことは事実である。

　欧州委員会のこのような厳しい態度に直面して、労働組合は欧州政治に対する影響力行使を今のところ欧州議会に集中させている。サービス指針をめぐる対立の範囲内で、議会はとくに欧州労連の働きかけのもとで原案を大幅に和らげた。サービス指針の場合、欧州議会における立法過程に対する労働組合の影響力はその動員力にかかっている。この労働組合の動員に関しては、当初のサービス指針案の恩恵を受ける国の労働組合の参加があったことは特徴的であ

る（Gajewska, 2009）。労働組合にとって敵対的であると受け止められたEU提案が労働者の国際連帯を強めることがある。このような取り組みや働きかけに労働組合がどこまで成功を収めるかが、欧州レベルにおける労働組合の影響力にとって重要な鍵になる。

　以上とは異なって、労働組合の影響力がまったく及ばないのは、欧州司法裁判所と欧州中央銀行である。欧州中央銀行は、通貨政策によって労使関係システムに影響を及ぼすが、諸条約には欧州中央銀行が政治的性格を有する介入をしない旨が明記されている。それに対し司法裁判所の独立性は、2007年から2008年にかけて労使関係領域に関する一連の判決が下されたときにその機能が示された。それらの判決は、欧州における労使関係システムを継続的に弱める可能性をもっている。リュフェルト事件においては、欧州司法裁判所はニーダーザクセン州のいわゆる賃金協約遵守法（Tariftreuegesetz）、すなわち当該現地において標準的な労働協約賃金を支払っている事業者のみが州の公共事業に入札する資格があるという賃金協約遵守法を違法と判示した。賃金協約遵守法は欧州域内における賃金ダンピングを阻止しようとするものであり、また公共事業に関してのみ適用可能のものであった。欧州司法裁判所が同遵守法を違法であると判断した理由は、ただ法定の、または一般的拘束力を宣言された最低賃金のみが適用されるべきであって、他の規制は、たとえそれが州内および欧州内外国人に平等に適用され、したがって差別的適用ではないとしても、EU法とは合致しないということであった。

　直接にドイツにかかわる事件ではなく、スウェーデンおよびフィンランドで発生し、それらの国の法律の適用が問題となり、この点でさらに一歩を進めたものとして、ラヴァル事件とバイキング事件がある。この2つの事件は、外国の使用者がその国の（外国人）労働者を雇って請負事業をするに当たり、現地スウェーデンおよびフィンランドの労働組合が、現地における規定と賃率に従うように求め、したがって当該国の標準を下回って働かせることに反対してストライキを行なった事件である。この場合、直接には当該ストライキの是非が争われた。この事件に関して欧州司法裁判所は、労働組合のストライキはEU域内における資本およびサービスの自由な往来を妨げ、あるいはそれを弱

めることになるので、このような労働組合の行動は EU 法とは両立しないと判断した。また、国家および労働組合は一定の最低基準、例えば当該国の最低賃金の支払いの遵守を求め、また規制することができるにとどまるとした。

バイキング事件およびラヴァル事件の判決は、ストライキ権の保障という基本思想に反する点でも、また、欧州司法裁判所は管轄権限なしに 4 つの基本的自由を指摘することによって EU に介入し、当該国で団結の自由を保障する各国憲法は 4 つの基本的自由に劣ると宣言する点でも問題である。それゆえにこの判決は厳しい批判を浴びた。批判の内容は、欧州司法裁判所に対する厳格な政治的統制を求める意見から、判決に対する市民的不服従を呼びかけるものまで多様である。

以上、要するに、EU 機関および労働組合との社会的対話のレベルでは、今のところ労働組合がその主張を実現する可能性は乏しいといえる。労働組合の可能性に対する制約はかなり広範におよび、それだけ大きな改革が必要とされているといえる。この点では EU 側も、使用者団体に対して拘束力をもって交渉に応じることを義務づけることが必要であり、労使関係システムを欧州司法裁判所の介入ないし攻撃から守るためには、4 つの基本的な権利と並んで欧州規模の労働協約のための法的枠組みを定めること、また EU 内における同レベルの目標として条約によって社会的領域における諸原則を定めるべきである（Höpner, 2009）。しかし EU の将来について、このような政治的意思および統一的な政治的見解の出現は当分期待できそうにない。

この関連で、欧州司法裁判所判決を含めて欧州の法律のあり方をめぐるさまざまな対立が、労働組合相互の交流を深め欧州規模の連帯の新しいきっかけになったことは見落とされてはならない。サービス指針の枠内で新規加盟国の労働組合も抗議行動に参加した。ラヴァル事件ではスウェーデンとラトヴィアの労働組合が、将来同様な事件の発生を防ぐための協定に合意できるように協力して働きかけた（Gajewska, 2009）。このような形の国を超えた協力が、欧州規模の労働組合と労働者の持続的な連帯を生み出すかどうかは今後の問題であるが、しかしこのような協力の発展が、賃金調整の場合と同様に、重要であるといえよう。

第3章 ドイツの労使関係制度に対する欧州統合の影響　*79*

　国を越えた労働組合政策の展開のために重要なもう1つの手がかりは欧州労使協議会（EWC）であろう。たしかにそれはドイツの観点からすれば不十分なものにみえる。なぜならば、欧州労使協議会の権限は弱く、ドイツの従業員代表（経営協議会、事業所委員会ともいう）の権限とは比較にならないからである。この点、欧州労使協議会制に関する楽観論者は、確固たる法的地位をもったドイツの従業員代表を基準とするのは行き過ぎていると考えている。ただし彼らの見解によれば、欧州労使協議会は、そのさらなる発展のための出発点となるものであって、到達点ではない。

　調査によれば、このような展望は一定程度事実に合致していることがわかる（Kotthoff, 2006）。たしかに各欧州労使協議会のなかではかなりの違いがある。労使協議会の実態調査によれば、労使協議会は一方の労使で共同に運営しているケースから、他方で単なるシンボルに過ぎないケースまで多様である。労使共同で運営している場合には、労使協議会は指針の予定する行動の可能性を上回って行動し、話合いに基づいて共同で運営される傾向にあったが、これに対してシンボル的な労使協議会の場合には、労使協議会は内部に困難を抱え停滞していた。労使協議会の有用性を評価する場合、企業の多国籍な構造もまた重要な役割を果たしている。例えば外国多国籍企業のドイツ支店の従業員にとって労使協議会は有益な情報供給源となっているが、それはドイツの従業員代表が外国企業の上層部の情報にほとんど接することがないからである。反対に、ドイツ企業の外国支店における企業利益の代表は、ドイツの従業員代表が本社所在地においてもっている特別な共同決定権と資源の恩恵にあずかることができる。

　欧州労使協議会を通じた行動の可能性を広げるチャンスは、欧州GMの従業員代表である欧州雇用者フォーラム（EEF）の事例にみられる。この事例は、欧州統合の拡大と産業立地競争の挑戦が欧州規模の従業員代表制の展開を促進することを示している。欧州各地に工場を点在させている欧州GMは、コンツェルン内の各工場間における生産計画の獲得をめぐる競争を定期的にしかけ、その都度、対応する工場労働者の譲歩を得ようとしてきた。これは当初には成功したが、欧州GMの欧州従業員代表はその後、各工場間で互いに

情報交換、協議および調整を行う機関を設け、それによって少なくとも立地間競争をくい止めてきた。この事例は、欧州労使協議会と欧州規模の労働組合との連携がもたらす可能性を示している。欧州 GM が 2004 年に欧州全体で 1 万 2,000 人規模の人員削減を行うという計画を発表してから、欧州の金属労組、GM の従業員代表および各国労働組合は共同で欧州規模の行動日を組織し、それには全工場から 5 万人の労働者が参加した。同時にこれらの団体は議論を通じて協力関係を強め、欧州規模における調整のためのグループを設立した。このグループの働きにより、すでに 2001 年に欧州 GM 経営陣と GM の欧州労使協議会の間で締結されていた協定を補充する第 2 次基本協定が交渉され、労働側が欧州 GM の再建を工場閉鎖なしに工場間で痛み分けする方向にリードした。

　それゆえに、欧州規模の労働組合連合と各国労働組合の支援の有無は、欧州労使協議会の成果にとって重要な決定要因である。そこで欧州労連は、欧州労使協議会活動の調整を通じて部門レベルの連携強化をはかり、個別欧州労使協議会の立場を改善すべく努めている（Pulignano, 2008）。しかし、欧州 GM の事例は問題点も示している。すなわち一方で、欧州規模の利益代表の構築と産業立地の調整は手間のかかる作業であり、それに対する反動も覚悟しなければならない。他方で、国境を越えた連帯は今のところ何よりも利益を十分考慮した結果であり、「越境地域間協力への関与は当たりまえのことと考えられてはならない」（Bernaciak, 2008: 4）。また多くの場合、欧州労使協議会は利益代表の有効な組織とはなりえていないことも忘れてはならない。このことは、欧州規模の賃金調整の場合や EU の措置に対抗する連帯の新しい形態の進展と同様に、国境を越えた労働者のアイデンティティの問題性を改めて示している。欧州労使協議会の将来と成果は、その法的枠組みをさらに形成することができるかどうかとともに、優れて競争的な環境のなかで国を越えた連帯をどの程度発展させ強めることができるかにかかっている。

　以上を要約すると、以下のようにいえる。行動力を伴う当事者構造の構築に当たって重要なことであるが、社会的対話は 21 世紀になって以後、1990 年代までの到達点よりも後退しているようにみえる。欧州政治に対して労働組合は

ロビー活動をする立場にあり、それはサービス指針の場合にみられるように、組合の影響をおよぼす上で成果を上げた。しかし、欧州の労働政策および社会政策形成に対する欧州司法裁判所の役割が高まりつつあるなか、労働組合はそれに対しては有効に対応できてはいない。賃金政策に関する組合の調整および企業レベルでの欧州労使協議会の展開により、特に国境を越えた問題に直面して、各国の労働組合および欧州レベルの利益代表に、行動の可能性が広がる余地がある。

5. 結　　論

　本章は、欧州統合が労使関係システムにいかなる影響を及ぼすかというテーマを論じた。そこで多様な形態の影響を及ぼす可能性が検討された。

　1つの可能性は、労使関係システムに対する欧州政治の直接の影響である。本章の検討によれば、このような直接の影響は重要ではない。なぜならば、そのような影響力行使はEUの権限外だからである。

　もっとも、ドイツについてだけではないが、欧州司法裁判所の判例を通じた各国の労使関係に対する間接的な影響は看過されるべきではない。ラヴァル事件にみられるように、4つの基本的自由の貫徹をめざす判例を通じて、根底的な労働組合の権利（当該事件ではストライキ権）が侵害された。組合側からみれば問題のある判例の増加によって、労働組合は欧州の制度システムの形成および政治的方向付けにより強く影響を及ぼそうとするようになった。

　欧州統合の影響は、本章の検討によれば、どちらかといえば構造的な性格の問題であり、間接的な影響である。本章においては2つの影響作用が詳しく検討された。第1に、特に低賃金地域である新規加盟国へのEU拡大から生じる影響である。このEU拡大によって欧州の不均質性が強まり、4つの経済的自由が同時に保証されることにより、域内で企業活動の立地選択および移転の可能性が大きく広がった。そのため企業レベルにおいて、生産移転を避けるためか、または現在の産業立地確保のための妥協を引き出そうとする労働側に対して「譲歩交渉」への強い圧力が働いている。このような方法によって交渉され

た賃金協約からの逸脱が増加し、交渉が分権化することによって、企業横断的産業別あるいは部門別の賃金交渉システムに重大な影響が現れた。

　第2の間接的な影響は、経済通貨同盟の設立によって生じた。EUの東方拡大および工場移転がテーマになることから生じたこの影響は、しばしばセンセーショナルであり、激しい対立や紛争の対象になった。新しいマクロ経済的文脈の影響とそれがドイツの賃金実務に及ぼした圧力は、どちらかといえば静かに進行している性格の問題である。結局のところ、2つの構造的な影響は、企業レベルおよび賃金レベルにおける労働条件の決定において競争という至上命令を強化したのである。これをドイツの労働組合は基本的に受け入れたが、個別の工場閉鎖の事案については繰り返し激しい紛争が生まれた。

　国内の労使関係に対する他の形態の影響は、欧州レベルの労使関係問題を調整するための制度構築によって可能である。しかし、この構築は欧州統合の流れのなかでは極めて遅れている。特に経営側は、欧州レベルの集団交渉に消極的である。同時に、ドイツの労働組合は交渉の権限を欧州レベルに移すことについては、限定的に容認するにとどまっている。もっとも、近年はこれに応じる姿勢が強まる兆しもある。しかし2009年時点では、欧州規模の規制や交渉は副次的なものであり、国内制度の代替物とは評価されていない。欧州レベルにおいて行動力を強めるための重要な手がかりは欧州労使協議会であり、また欧州労組間の協調と協力である。この2つは将来、欧州の労働者および労働組合のアイデンティティを強めるかもしれないが、現時点ではやっとその萌芽が認められるに過ぎない。

[翻訳　藤内和公]

参照文献

Ahlers Elke, Öz, Fikret, Ziegler, Astrid (2007) *Standortverlagerung in Deutschland-einige empirische und politische Befunde*, edition der Hans-Böckler-Stiftung 194, Düsseldorf: Hans-Böckler-Stiftung.

Bernaciak, Magdalena (2008) "Labour cooperation or labour conflict in the enlarged EU? Trade union responses to the rise of the automotive industry in Central-Eastern Europe," ETUI-REHS Working Paper 2008.6, Brüssel: ETUI.

Bieler, Andreas (2006) *The struggle for a social Europe. Trade unions and EMU in times of global restructuring*, Manchester: Manchester University Press.

Bispinck, Reinhard, Schulten, Thorsten (2005) "Deutschland vor dem tarifpolitischen Systemwechsel?," in: *WSI-Mitteilungen*, 58 (8), 466-472.

Blanke, Thomas, Hoffmann, Jürgen (2006) "Auf dem Weg zu einem Europäischen Sozialmodell?," in: *Kritische Justiz*, 39 (2), 134-150.

Bluhm, Katharina (2001): "Exporting or Abandoning the 'German Model'?: Labour Policies of German Manufacturing Firms in Central Europe," in: *European Journal of Industrial Relations*, 7 (2), 153-173.

Deutscher Industrie-und Handelskammertag (DIHK) (2008) *Ergebnisse einer DIHK-Umfrage bei den Industrie-und Handelskammern Frühjahr*, DIHK: Berlin.

Erne, Roland (2008) *European Unions. Labor's quest for a transnational democracy*, Ithaca: Cornell University Press.

Falkner, Gerda (2003) "Social Dialogues at European Level: Past and Future," in: Keller, Berndt, Platzer, Hans-Wolfgang (Hg.): *Industrial Relations and European Integration*, Aldershot: Ashgate.

Gajewska, Katarzyna (2009) *Transnational Labour Solidarity. Mechanisms of commitment to cooperation within the European trade union movement*, London: Routledge.

Haipeter, Thomas (2009) *Tarifabweichungen und Flächentarifverträge. Eine Analyse der Regulierungspraxis in der Metall-und Elektroindustrie:* Wiesbaden: VS.

Hoffmann, Jürgen (2006) "The relevance of the exit option: the challenge for European trade unions of post-Fordism, internationalisation of the economy and financial market capitalism," in: *Transfer*, 12 (4), 609-620.

Höpner, Martin (2009) "Integration durch Usurpation-Thesen zur Radikalisierung der Binnenmarktintegration," in: *WSI-Mitteilungen*, 62 (8), 407-415.

Jürgens, Ulrich, Krzywdzinski, Martin (2009a) "Changing East-West Division of Labour in the European Automotive Industry," in: *European Urban and Regional Studies*, No.1, Vol.16, 27-42.

Jürgens, Ulrich, Krzywdzinski, Martin (2009b) *Verlagerung nach Mittelosteuropa und Wandel der Arbeitsmodelle in der Automobilindustrie*, Arbeitsheft 57 der Otto-Brenner-Stiftung, Frankfurt am Main: Otto-Brenner-Stiftung.

Kädtler, Jürgen, Hertle, Hans-Hermann (1997) *Sozialpartnerschaft und Industriepolitik: Strukturwandel im Organisationsbereich der IG Chemie-Papier-Keramik*, Opladen: Westdeutscher Verlag.

Keller, Berndt (2006) "The Political Economy of Employment Relations in the European Union," in: Lewin, David (Hg.): *Contemporary Issues in Employment Relations*, Champaign: Labor and Employment Relations Association.

Kotthoff, Hermann (2006) *Lehrjahre des Europäischen Betriebsrats: zehn Jahre transnationale Arbeitnehmervertretung*, Berlin: Edition Sigma.

Massa-Wirth, Heiko, Seifert, Hartmut (2005) "German pacts for employment and competitiveness. Concessionary bargaining as a reaction to globalisation and European integration," in: *Transfer*, 1/2005, 26-44.

Pulignano, Valeria (2008) "The Role of European Works Councils in the Internationalization of the Labour Movement," in: Blanpain, Roger (Hg.): *Challenges of European Employment Relations*, Bulletin of Comparative Labour Relations, 67, Alphen aan den Rijn: Kluwer Law International.

Rhodes, Martin (1998) "Globalisation, Labour Markets and Welfare States: A future of 'Competitive Corporatism' ?," in: Rhodes, Martin, Meny, Yves (Hg.): *The future of European Welfare*: A new social contract, Hampshire: Macmillan Press, 178-203.

Schröder, Christoph (2007) Industrielle Arbeitskosten im internationalen Vergleich, in: IW-Trends, 34 (4), 3-20.

Traxler (2003) "European Monetary Union and Collective Bargaining," in: Keller, Berndt, Platzer, Hans-Wolfgang (Hg.): *Industrial Relations and European Integration*, Aldershot: Ashgate.

Traxler (2007) "The Role of Collective Bargaining In The European Social Model," in: Jacobi, Otto, Jepsen, Maria, Keller, Berndt, Weiss, Manfred (Hg.): *Social Embedding and the Integration of Markets-An Opportunity for Transnationale Trade Union Action or an Impossible Taks*, Edition der Hans-Böckler-Stiftung 195, Düsseldorf: Hans-Böckler-Stiftung.

第4章 中東欧諸国における地域格差とキャッチアップの現状

田口雅弘

1. はじめに

　2004年の体制移行諸国を中心とした10か国のEU加盟、そして2007年のブルガリア、ルーマニアの加盟によって、EUは15か国から27か国へと拡大した。これにより、EUの人口は31%増加し約5億人の市場が出現した。また、EUの組織や運営にも大きな変更が加わった。一方で、名目GDPは地域経済圏としては世界最大であるものの、国の数が1.8倍と2倍近くに増えたにもかかわらず、名目GDPの拡大は7.5%増にすぎない。つまり、EUは多くの人口を抱える比較的貧しい国を沢山抱え込む結果となったのである。さらに人口が多く経済的に格差の大きいトルコやウクライナがEU加盟を控えていることを考えれば、体制移行諸国を加盟させたことがどのような帰結をもたらしたかを分析することは、EUという地域経済圏をどこまで拡大すべきなのかを論じる上で極めて重要である。もちろん、EUは経済原理だけで動いているわけではなく、加盟交渉ではしばしば政治的課題が優先される。しかしながら、EU加盟5周年を迎えた中東欧諸国の動向を確認しておくことは、上記の議論を行う上で有意義であろう。

　本章では、まずEUの東方拡大の軌跡を概観する。次に、ポーランド、チェコ、ハンガリーがEUに加盟した後のEUにおける経済的位置を確認する。とりわけ、EU内における経済格差と、加盟後のキャッチアップの現状を分析する。続いてポーランドを例に、EU加盟によってもたらされたメリット、デメリットを、ポーランドの欧州統合委員会（Urząd Komitetu Integracji Europejskiej: UKIE）の報告書を中心に分析する。さらに、地域格差問題と

キャッチアップの問題をとくに取り上げて分析する。

2. EU 東方拡大プロセス

(1) PHARE から欧州協定へ

1989 年の東欧革命に EC は素早く反応し、1989 年 10 月には EC とポーランドが、つづいてチェコ、ハンガリーが連合協定（EC と第三国間で通商やその他の諸政策分野についての協力を定めた協定）に向けての非公式交渉開始した。そして、同年 12 月にはポーランド、ハンガリーを対象とした経済援助プログラム PHARE（Poland and Hungary Action for Restructuring of the Economy）が決定された（このプログラムはのちに他の東欧諸国、バルト諸国にも拡大された）。これにより、法整備、行財政制度整備、国営企業民営化、民間企業育成、金融制度構築、インフラ整備（EU 基準への引き上げを目指す）、農業などの分野にわたり、新しく設立された欧州復興開発銀行から融資が開始された。

1991 年 2 月には、ポーランド、チェコ・スロヴァキア、ハンガリーによる移行諸国同士の連携を図るためのヴィシェグラード協力が発足した。1991 年 3 月末にはシェンゲン協定加盟国とポーランドがビザの廃止で合意、これは 4 月初旬から発効した。同年 12 月には、ポーランド、チェコ・スロヴァキア、ハンガリーが、欧州協定（欧州統合プロセスへのコミットメントを前提とした連合協定）に調印、1994 年 2 月に発効した（ハンガリー：1994 年 2 月、チェコ：1995 年 2 月発効、スロヴァキア：1995 年 2 月発効）。さらに、欧州連合条約（マーストリヒト条約）が調印された翌月の 1992 年 3 月から移行協定（欧州協定発効までの移行期間に関する協定で主に通商分野の取り決め）が発効し、ポーランドと EU との貿易自由化が実質上開始された。1992 年 12 月にはポーランド、チェコ・スロヴァキア、ハンガリー間で中欧自由貿易協定（CEFTA）調印され、翌年 3 月に発効した（この時点でチェコ・スロヴァキアはチェコとスロヴァキアに分離）。1993 年 11 月には、ポーランド・EFTA 自由貿易協定発効した。

（2） コペンハーゲン基準から加盟申請へ

　1993年6月に新EUの欧州理事会はコペンハーゲン基準を発表した。コペンハーゲン基準は、中東欧諸国がEUに加盟するための条件を示したもので、その内容は、①政治的基準：民主主義、法の支配、人権の尊重、マイノリティの保護を保証する制度の安定性、②経済的基準：機能する市場経済の存在と、EC（EU）内の競争圧力と市場の諸力に耐えうる能力、③EC（EU）加盟国としての義務を受け入れEC（EU）の権利と義務を国内法に導入する能力、を加盟の前提条件とするというものであった。そして、そのためにはEC（EU）の既存法体系であるアキ・コミュノテール（*acquis communautaire*）の受容が求められた。つまり加盟の条件は、これまで西欧が築いてきた価値・法体系に、加盟申請国が制度的にすべて適合させることが加盟を認める基準となるということであった。この諸条件が加盟申請諸国への政治的、イデオロギー的圧力となることはなかったが、アキ・コミュノテールの受容は制度的、技術的に膨大な作業であり、実際にこの基準を満たしたとして加盟が認められるまでに約10年を要することになる。

　1994年4月には、まずハンガリーが、そしてそれに続いてポーランドがEU加盟申請を行った（スロヴァキア—1995年、チェコ—1996年）。その翌年の1995年、オーストリア、フィンランド、スウェーデンの中立諸国がEUに加盟した。冷戦終結から5年が経過していた。

　NATOの東方拡大は、EU加盟に先行して行われた。1994年1月に旧ワルシャワ条約機構諸国がNATOと共同行動をとる能力を養うことを目的とした「平和のためのパートナーシップ（PfP）」が発足。同年7月に、ポーランドはこれに調印した。1999年3月にポーランド、チェコ、ハンガリーはNATOに加盟した。しかしながら、加盟調印直後にNATOがコソヴォを空爆。体制転換直後は中立国を目指していたポーランドにとっては、苦い出発となった。

　ポーランドは、EUとの関係強化と並行して、1995年7月には世界貿易機関（WTO）に加盟、また1996年7月には、経済協力開発機構（OECD）に加盟した。

（3）「アジェンダ2000」からEU加盟へ

　1997年7月、欧州委員会は「アジェンダ2000」を発表した。この報告書は、EU拡大に対処するために、EU加盟申請諸国への加盟前支援措置、共通農業政策（CAP）および構造政策の改革、新たな財政の枠組み作りを行うことを目的としている。これによって、中東欧諸国におけるアキ・コミュノテールの本格的導入、ポーランド、チェコ、ハンガリー、スロヴェニア、エストニアの5か国（およびキプロス）を先行させた交渉開始準備の支援が始まった。そしてそれは、予算の肥大化を伴わない形で進めることが提起された。EU予算の中では、農業関連の予算が多くの部分を占める。農業政策の見直しも重要であった。仮に中東欧諸国がEUに加盟したとすると、EUの領域は約20%拡大するが、農地だけでみると50%拡大することになる。農業分野で競争力をもった中東欧諸国のEU加盟は、共通農業政策に重大な影響を及ぼすことは必至であった。

　1997年12月、ルクセンブルク欧州理事会は、上記6か国との加盟交渉開始を決定した。そして翌1998年3月末から、2002年加盟を目標に交渉が開始された。また、「アジェンダ2000」に続いて発表された「加盟のためのパートナーシップ」では、経済改革、産業構造改革、国内市場、司法、農業などの個別項目を設定し、加盟まで解決しなければならない課題を明確にした。しかしその後、EUをめぐって新たな状況が生まれた。1999年3月から6月のコソボ紛争をきっかけに欧州安全保障の見直しが行われ、南欧を含んだEU東方拡大構想が持ち上がってきた。同年12月のヘルシンキ欧州委員会は、これまでの6か国に加えスロヴァキア、リトアニア、ラトヴィア、ブルガリア、ルーマニア、マルタとの加盟交渉開始を決定した。そして、加盟に必要な措置を講じる用意があるすべての国と交渉を開始することが決定された。

　2001年2月、EU拡大を前提に、EUの意思決定手続の効率化、機構改革を目指すニース条約が調印された（2003年2月発効）。2002年12月、コペンハーゲン欧州理事会は、ポーランドをはじめとする10か国が2004年5月1日にEU加盟することを承認した。

　2004年5月、ポーランド、チェコ、スロヴァキア、ハンガリー、リトアニ

ア、エストニア、ラトヴィア、スロヴェニア、キプロス、マルタがEUに加盟し、EUは25か国となった。さらに、2007年にはブルガリア、ルーマニアが加盟し、EUは27か国となった。

2007年には、2004年加盟諸国（キプロスを除く）に対し、シェンゲン協定が陸路および海路で、また翌2008年には空路で実施に移された。

3. 中東欧諸国のEUにおける経済的位置

次に、加盟を果たした体制移行諸国のEUにおける経済的位置を確認しよう。

表4-1は、新EU加盟国12か国の名目GDP、実質GDP成長率、人口、1人当たりGDP、消費者物価上昇率を、EU15と比較したものである。冒頭にも述べたように、新規加盟諸国は旧加盟諸国に匹敵する数を有しながら、そ

表 4-1 新EU加盟国経済の概要

		名目GDP		実質GDP成長率		人口			1人当たりGDP (PPP) 07年 (EU27=100)	消費者物価上昇率	
		07年 (10億米ドル)	EU27内構成比 (%)	05-07年平均 (%)	07年 (%)	07年 (百万)	EU27内構成比 (%)	増加率 05-07年平均 (%)		07年 (%)	コア
EU27		16.795	100.0	2.6	2.9	495.1	100.0	0.4	100	2.3	1.9
EU15		15.620	93.0	2.4	2.6	332.6	67.2	0.5	111	2.1	n.a.
New EU12		1.175	7.0	5.7	6.0	103.3	20.9	▲0.1	n.a.	n.a.	n.a.
	ポーランド	420	2.5	5.4	6.5	38.1	7.7	▲0.1	55	2.6	1.3
	チェコ	176	1.0	6.4	6.5	10.3	2.1	0.1	81	3.0	1.6
	ルーマニア	167	1.0	6.0	6.0	21.6	4.4	▲0.2	40	4.9	3.8
	ハンガリー	135	0.8	3.1	1.3	10.1	2.0	▲0.1	63	7.9	5.4
	スロヴァキア	75	0.4	8.5	10.4	5.4	1.1	0.1	69	1.9	1.2
	スロヴェニア	46	0.3	5.3	6.1	2.0	0.4	0.4	91	3.8	2.7
	ブルガリア	43	0.3	6.2	6.2	7.7	1.6	▲0.5	38	7.6	6.5
	リトアニア	37	0.2	8.1	8.8	3.4	0.7	▲0.5	60	5.8	3.0
	ラトヴィア	27	0.2	11.0	10.3	2.3	0.5	▲0.6	58	10.1	8.0
	キプロス	21	0.1	4.1	4.4	0.8	0.2	1.6	92	2.2	1.5
	エストニア	21	0.1	9.5	7.1	1.3	0.3	▲0.2	72	6.7	6.1
	マルタ	7	0.0	3.5	3.8	0.4	0.1	0.4	78	0.7	0.5

注：消費者物価上昇率のコアはエネルギー、食品、タバコ、アルコールを除く。
出所：日本格付研究所（2008）

の経済規模はポーランドがEU経済（GDP）全体の2.5%、チェコ、ルーマニアがそれぞれ1%あまりで、その他の諸国は1%にも満たない。金額ベースでも、ドイツ、イギリス、フランス、イタリアの4か国で10兆ドル強に達するのに比較し、経済規模の大きい新規加盟4か国（ポーランド、チェコ、ルーマニア、ハンガリー）を合わせても9,000億ドルにすぎず、上位4か国合計の10分の1以下である。一方で、ポーランドやルーマニアは人口が比較的多く、EU全体に占める新EU加盟国12か国の人口は21%に上る。その結果、1人当たりのGDPは低くなり、EU27を100とすると、スロヴェニア（91ポイント）、チェコ（81ポイント）が比較的高いものの、ポーランド（55ポイント）、ルーマニア（40ポイント）と、平均の半分程度である。

他方、実質GDP成長率をみると、EU15が2.6%（2007年）の低成長であるのに対し、新規加盟諸国は軒並み持続的に高い成長率を示している（表4-2参照）[1]。したがって、格差は徐々に縮小されつつあるといえる。図4-1にみ

表4-2　新規加盟諸国のGDP実質成長率

国　名	実質GDP成長率（%）				
	1995年	1998年	2001年	2004年	2007年
EU27平均	-	2.9	2.0	2.5	2.9
EU15平均	-	2.9	2.1	2.3	2.6
エストニア	2.7	5.4	7.7	8.3	7.1
キプロス	8.0	5.0	4.0	4.2	4.4
スロヴァキア	7.7	4.4	3.4	5.2	10.4
スロヴェニア	5.4	3.6	3.1	4.4	6.1
チェコ	-	-0.8	2.5	4.5	6.5
ハンガリー	3.1	4.8	4.1	4.8	1.3
ポーランド	7.2	5.0	1.2	5.3	6.5
マルタ	-	-	-1.6	0.6	3.8
ラトヴィア	0.0	4.7	8.0	8.7	10.3
リトアニア	0.0	7.5	6.6	7.3	8.8
ブルガリア	0.0	4.0	4.1	6.6	6.2
ルーマニア	7.2	-4.3	5.7	8.5	6.0

出所：Eurostat, 2006-2008 より抜粋。

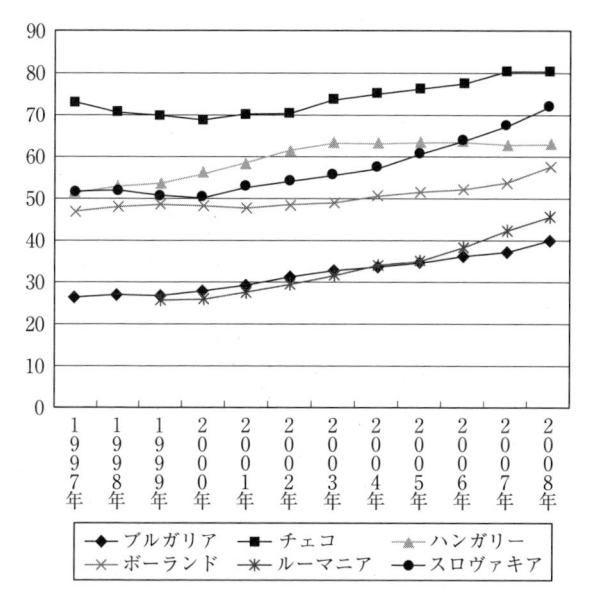

第 4 章　中東欧諸国における地域格差とキャッチアップの現状　91

図4-1　1人当たりGDPの変遷（1997〜2008年）（EU27＝100）
出所：Eurostatのデータを基礎に筆者作成。

られるとおり、EU27 を 100 とした場合の移行諸国のレベルは、それぞれ 10 年間で 10 ポイントから 20 ポイント上昇しており、また、相互の格差も 50 ポイントから 40 ポイントに縮小している。

これらの傾向をまとめたのが図 4-2 である。この図の横軸は EU27 か国の 1 人当たり GDP の平均を 100 とした場合の国別格差、縦軸は 2003 年の実質 GDP を 100 とした場合の 2008 年の実質 GDP 成長を示している。また、円の大きさは、実質 GDP の規模を示している（2008 年）。

図 4-2 をみると、EU の中でも GDP の規模の大きいドイツ（DE）、フランス（FR）、イギリス（UK）、イタリア（IT）は、1 人当たりの GDP が 100 ポイントから 115 ポイント、2008 年現在の成長が 105 ポイントから 112 ポイントのところに集まって、これらの諸国を中心に 1 つのグループを形成している。一方、小粒の円である（経済規模が小さい）移行諸国のポーランド（PL）、チェコ（CZ）、エストニア（EE）、ラトヴィア（LV）、リトアニア（LT）、スロヴァキア（SK）、ルーマニア（RO）、ブルガリア（BG）は、1 人当たりの

92 第 1 部 EU 統合の経験

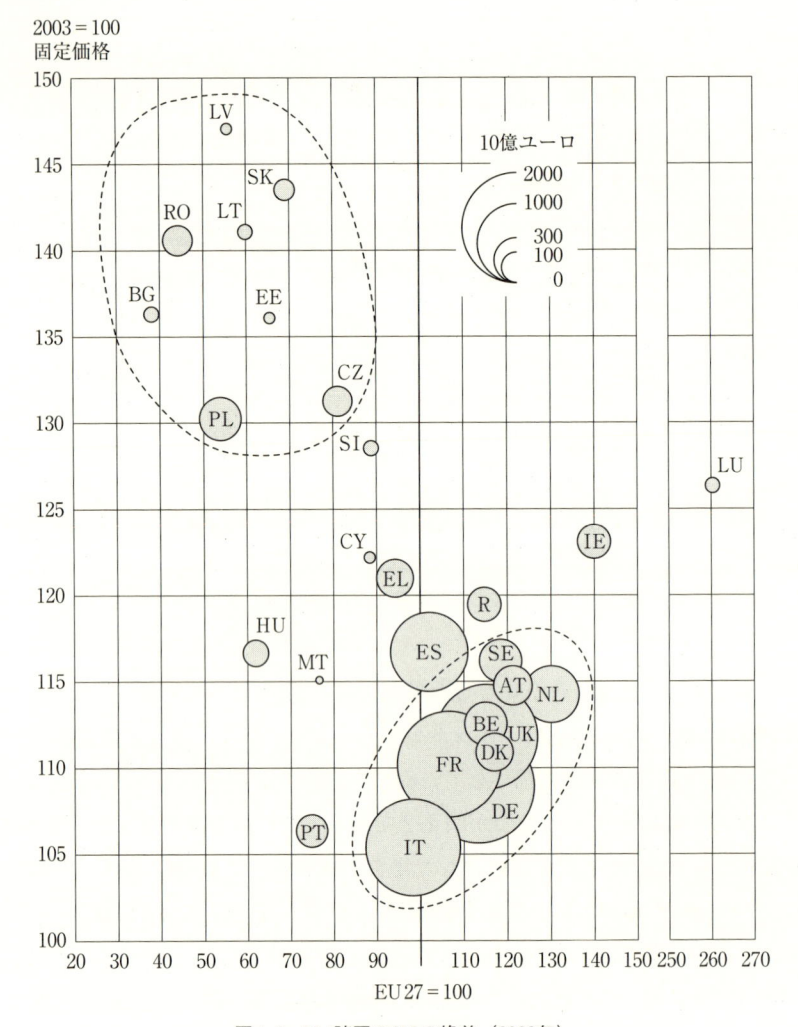

図 4-2 EU 諸国の GDP の格差（2008 年）
出所：*Polska w Unii Europejskiej*（2009）: 61.

　GDP が低位の 38 ポイントから 81 ポイントに、そして 2008 年現在の成長が 130 ポイントから 147 ポイントと高いところに集まっていて、もう 1 つのグループを形成している。移行諸国の中ではハンガリーが、GDP 成長が伸び悩んで下方に位置しているのが特徴的である。これは、2000 年代初頭の内需拡

表 4-3　キャッチアップに必要な期間

25 年または 50 年で EU 平均に到達するのに必要な実質 GDP の成長率		
	25 年（%）	50 年（%）
ブルガリア	6.2	3.0
チェコ	2.2	1.1
エストニア	4.1	2.0
ハンガリー	2.9	1.4
ラトヴィア	5.3	2.6
リトアニア	5.1	2.5
ポーランド	4.0	2.0
ルーマニア	5.5	2.7
スロヴァキア	3.1	1.5
スロヴェニア	1.3	0.7
ギリシャ	1.4	0.7
ポルトガル	1.4	0.7
スペイン	0.9	0.4

注：EU の成長率を 2%と仮定。2004 年時点のシミュレーション。
出所：WDI（http://go.worldbank.org/6HAYAHG8H0）.

大・景気刺激策で膨らんだ財政赤字を縮小するため、2006 年から引き締め政策に転じたことが、景気後退・成長鈍化につながったためである。

このように東方拡大によって、EU は大きな経済格差を地域経済圏の中に抱え込む結果となったが、新規加盟諸国は速いテンポでキャッチアップを図っており、トレンドとしては収斂の方向に向かいつつある。ただし、例えばブルガリアが 25 年で EU 平均に到達するには、年平均 6.2%の成長を維持する必要があり、実際には格差の解消には相当の年月が必要といえよう。

4．EU 加盟の評価（ポーランドの場合）

こうした格差は長期にわたって解消されないものの、移行諸国にとって EU 加盟は成長を加速するチャンスである。加盟以前には、旧 EU 諸国側に移行諸国を取り込むことに対する懸念があった一方、移行諸国側には加盟によって EU に貴重な資源・資金と人材が流れるのではないかという EU 懐疑論が存在

した。2004年にEU加盟した諸国は、加盟後5年間をどのように評価しているのであろうか。ポーランドの欧州統合委員会（Urząd Komitetu Integracji Europejskiej: UKIE）が2008年6月に発表した「ポーランドEU加盟の4年間　欧州連合加盟による社会・経済的利益とコストのバランスシート　（2004年5月1日～2008年5月1日）」（UKIE, 2008）、および「ポーランドEU加盟の5年間」（UKIE, 2009）を手がかりに、EU加盟の成果と問題点を考えていきたい。「ポーランドEU加盟の4年間」の冒頭（UKIE, 2008, 9-22）には、ポーランドがEUに加盟してから4年間の成果がまとめられている。内容は次の通りである。

　EU加盟に対する8割近い国民の評価　ポーランド人の78%は、ポーランドのEU加盟を支持している。69%の市民は、今後10年から20年の間は、ポーランドはEU加盟によって利益を得ると考えている。

　6%を超える高い成長率と失業率低下　2007年5月から2008年5月の期間に、加盟についてはじめての中・長期的効果がみえた。具体的には、経済成長が2007年末には6.5%を記録した。これで、6%を超える高度成長は2年連続になる。同時に、失業率低下と個人の可処分所得増加傾向がみられ、その結果消費も年間で5.2%伸びた。

　失業率半減、外資3倍増により給与上昇　2003年は、失業率がまだ20%の水準にあった。企業セクターの平均給与は537ユーロの水準にあった。また、FDIの流入は37億ユーロであった。EUに加盟してからおよそ4年後の2007年末には、これらの指標はそれぞれ、失業率は11.4%、給与は850ユーロを記録した。またFDIは3倍以上になり、128億ユーロになった。このことは、EU加盟4年足らずでポーランドの失業が半分になり、ユーロ換算でみた名目給与が58%上昇したことを表している[2]。

　構造基金の貢献　中・長期の加盟による効果は、ポーランド向け加盟前支援基金、構造基金による支援の強化とその利用とも密接に関連している。2007年におけるEU予算からのポーランド向け支出は80億ユーロを超えており、それはポーランドのGDPの2%以上に相当する。これらの基金により、例えばポーランド農業の近代化、輸送インフラの開発などが進展した。EU加盟以

来、EU 予算からの資金流入は分担金を上回っており、2007年末で52億ユーロに達している。

労働移民（海外出稼ぎ）の影響による国内給与水準上昇と海外からの所得移転　ポーランド市民の「古い」加盟国への労働移民は、経済成長にとって重要な要因であることが明らかになった。労働市場の開放は、間接的に失業率低下に寄与し、またポーランド国内の給与引き上げ圧力にもなった。結果的に、ポーランド国内の雇用者は、最も高い技能をもったスタッフが転職して海外に出てしまうことを恐れ賃上げせざるをえなかった。ポーランドの経済状態にとって重要な意味を持ったのは、海外で雇用されたポーランド人による所得移転だった。ポーランド国立銀行（NBP）の試算によると、この所得移転は2007年だけで200億ズウォティに達した。これは、EU 加盟直前の1年間に流入した FDI の総額を超える。

給与水準上昇による消費活性化とエネルギー・食糧高騰によるインフレ傾向　給与水準上昇は、より高い消費水準の達成と力強い経済発展に波及した。同時に、実需の拡大はインフレ圧力を強めた。インフレは、2006年に1％、2007年に2.5％、2008年第1四半期には4.1％を記録した。しかしながら、グローバルな性格をもつ現象（例えば、エネルギー・食糧価格の高騰）と、ポーランドの EU 加盟と直接関係のない国内的環境の問題がインフレの背景にある点は特記しておくべきである。

FDI の雇用創出効果と良好な投資環境　活発で持続的な FDI 流入は、EU 加盟の間接的な効果である。2007年には、FDI は128億ユーロ近くに達した。2004年までは国営企業民営化と関連した FDI が主流であったが、それ以降はこうした FDI はわずかである。推定では、FDI によってポーランドで創出された雇用は約120万人である。また FDI の貢献により、ポーランドは液晶ディスプレー、家電製品製造の拠点となり、また自動車の主要な輸出国になった。さらに、研究開発センターや物流センターの建設にも FDI が向けられ始めた。熟練度の高い労働力の存在は、こうした投資の誘因となった。同時にまた、EU 加盟後のポーランドが外国人投資家にとって魅力を増した理由は、投資リスクが大幅に低下したことだろう。つまり、ビジネス環境はより安定的に

なり、透明性が高まったことである。その結果、投資家が長期的展望をもって事業を計画できるようになった。

農業近代化と農業構造変革　この4年間を観察すると、ポーランドのEU加盟は、明らかに農村の変化を促進した。農村の近代化と農業構造の変革過程を促進した。また、農村地域の振興にも貢献した。CAPの機能と活動は生産体制の安定化をもたらし、投資活動の資金を提供して、農村のイメージと機能を変化させた。2007年および2008年前期の農産物価格上昇は、生産財価格の上昇分を補填できた。農業分野の好景気とEU予算および国内予算からの支援は、2007年のポーランド農民の所得を13.7%引き上げた（他方、EU27では平均5.4%の上昇であった）。この効果は、かつてEU加盟にもっとも懐疑的であった農民自身が、もっとも良く認識している。

インフレ高進や経常収支大幅赤字の回避　2004年から2006年の間、エストニア、リトアニア、およびラトビアでは、平均経済成長率7.5%を達成したが、急速な成長の代償として、高い消費と賃金の上昇（2007年に平均で24%以上）とともに、急激なインフレと危険なほど大きい経常収支赤字が襲った。賃金の上昇は、まず労働コストの上昇を引き起こし、それがこれらの諸国の国際競争力を低下させた。一方ポーランドは、バルト諸国が経験したような、「新」加盟国にとって避けがたいと認識されていたインフレや賃金上昇、経常収支の大幅赤字を避けることができた。

ポーランド観光経済の将来性　今のところ、旅行者数十数パーセントの増加という楽観的な予測は実現しなかったが（2007年は6%増）、2007年11月に発行された国別ブランド評価「Country Brand Index（CBI）」で、ポーランドが初めてリストアップされたにもかかわらずRising Star部門（メジャーな訪問先になりつつある国）で8位にランクインした。シェンゲン協定への参加は、ポーランド観光の魅力を高める上で「心理的」刺激になるといえる。

100万人の労働移民　2007年5月から2008年5月の間、ポーランド人移民は主にイギリス、ドイツ、およびアイルランドに向かっていた。しかし、2008年に入るとブリテン諸島へのポーランド移民の増加ペースは明らかに鈍化した。2007年に、EU加盟以降の合法的なポーランド人労働移民総数は約

90万人から110万人に達した。2007年後半には、移民の増加数は鈍化している。

労働移民の帰国傾向　世論調査によると、海外で働いているポーランド人は、次第に母国に戻りたがる傾向を示している。一方で、労働移民に関心をもっていない人びとの割合は2003年の53%から2007年の76.3%に上昇した。観測では、ポーランドに戻る計画をしているイギリスとアイルランドに滞在するポーランド人は、2008年には2007年の2倍に達するとみられる。帰国を希望する移民の3分の2は、ポーランドに戻って仕事を始めるか続けたいと考えている。3分の1ほどは、学業を再開したいと考えている。また、4分の1は起業したいと考えている[3]。

ターゲット・アーナーズと頭脳循環　ポーランド人移民の多くは、いわゆる「ターゲット・アーナーズ（target earners）」と呼ばれる人びとで、将来ポーランドに帰ることを前提として稼ぐ目的で外国に出ているか、または若く高等教育を受けており、グローバル・コスモポリタンとして統合された欧州の中でよりよい生活と可能性を求めて移動している者たちである。専門家または高い熟練度をもつ人びとの移民、とりわけ医療関係者の移民は、移民に関する議論の中でもっとも議論を呼んだ。現状をみると、頭脳流出（brain drain）というよりむしろ頭脳循環（brain circulation）であるという多くの指摘がある。今のところ、医療関係者の大量移民はみられない。しかしながら彼らの移民は、とりわけ地方や特に専門医の少ない分野などでは深刻な影響が出る。

シェンゲン協定発効による利益　ポーランドのEU加盟4年におけるもっとも大きな出来事の1つは、2007年12月のポーランドのシェンゲン圏参入である。これは、単に一般ポーランド市民の生活にとってだけでなく、経済にとってもこの協定が有益である。隣接EU4か国との国境で待ち行列がなくなり、域内商品流通がスムーズになって、ジャスト・イン・タイムの配送が可能となった。

運輸・交通インフラ投資と不十分な予算執行　ポーランドのEU加盟は、運輸・交通インフラの発展にも決定的な影響があった。2004年から2006年（加盟直前の時期を含み、予算執行は2008年12月31日まで）に、結束基金、運輸・交通セクター作業プログラム、地域振興統合プログラムからポーランド

の運輸・交通セクターに共同融資される予定額は約48億ユーロにのぼる。結束基金と地域振興統合プログラムからの資金は、実際には全額が消化されない（支出は予算の約70%から80%）。この支出水準は満足いくものではない。

高速道路建設と協同一貫輸送問題　EU加盟以降（加盟直前の融資も含む）、EU基金から融資された大規模な道路整備投資は、幹線高速道路、準高速道路の建設に集中投資された。プロジェクトの大部分は、未だ建設中である。EU資金から共同で支出される運輸・交通プロジェクト（2007～2013年に予定された計画も含む）の問題点は、トラック・鉄道などそれぞれ別々のシステムをもった異なる輸送・交通手段を繋ぐ協同一貫輸送に関する投資が少ないことである。

都市間および隣国とのインフラ接続への需要　ポーランドのEU加盟4年間で、ポーランド中・東部地域とドイツおよび「古い」EU加盟諸国とのインフラ接続への需要が高まった。同時にまた、リトアニア国境からワルシャワ、ヴロツワフを通ってチェコに抜けるトランジット輸送の需要も高まっている。さらにまた、大都市圏とその郊外を結ぶインフラ、ポーランド主要都市間を繋ぐインフラ整備への需要が高まっている。

EUの制度・意思決定システムへの統合　ポーランドのEU加盟はまた、ポーランドのEU制度および意思決定システムへの参加でもある。2007年以降の経験をみると、ポーランドはEU自身の態勢、意思決定に積極的に影響を与え、またポーランドの利益およびポーランド歴代政権の対欧州政策における優先項目がそれと極力合致するよう努めている。それは、成功裏の終わったリスボン条約の交渉、UEの東の隣人たちとの関係強化など、根本的な意義をもっている問題への対処であり、また華やかではないが、経済の機能、企業家の活動、「一般市民」にとって重大の意味のあるEUにおける法整備に向けた日々の活動である。

非EU諸国と比較した地位向上　ポーランドのEU加盟によって、ポーランドの地位は非EU諸国に比較して強化された。ロシアによるポーランドの牛肉輸入禁止の問題解決に際して、EU諸国およびEU機関が歩調を合わせてこの解決にあたったことは、連帯の原則の証である。

さらなる EU 拡大におけるポーランドの役割　ポーランドの EU 加盟によって、ポーランドはさらなる EU の大政策継続において、新たなそして現実的な役割を担うことになった。それは、この分野の主要な EU 文書作成に関わるということにとどまらず、トルコとクロアチアとの加盟交渉のペースと内容、および東ヨーロッパ諸国、とりわけウクライナの欧州に対する切なる期待をサポートする役割を担っているということである。こうした立場にあることから、EU 加盟を求める諸国からポーランドはポジティブにみられるようになった。また、拡大政策を支持する EU のパートナーとのより緊密な協力関係を構築することができた。ポーランドで体制転換が成功し現時点で加盟の利益がコストを上回っていることは、加盟を望む多くの諸国にとって改革の道を進むべきであるという重要な論拠になっている。

司法での積極的な役割　ポーランドは EU 司法機関との協力、なかんずく欧州司法裁判所との協力を通じて、EU 法の適用に際して疑問や対立が起こったとき、積極的に EU の利益を守るということを証明した。

EU 職員ポスト枠の充足と国内キャリア育成　ポーランド人により占められる EU 職員ポストの数、およびポーランドに割り当てられたポストの充足率で進展がみられた。2007 年 4 月のデータによると、欧州委員会ではポーランド人に割り当てられたポストの 75％が充足されている。もっとも不満が残るのは、欧州委員会において局長級、部長級の登用がポーランド人採用枠のそれぞれ 44％、32％にとどまっていることである。しかしながら、その他の EU 機関ではポーランド人の採用が順調に伸びており、2005 年 11 月との比較では、約 90％増加した（955〜1,791 人）。一方で、EU 機関におけるポーランド人雇用枠の充足は、政府行政機関からの経験を積んだ職員の流出というネガティブな結果も生み出した。こうした流出の背景にあるのは、EU 機関での仕事を目指してキャリアを積むという自然なプロセスは別として、国内における公務員としての法的身分の不安定性、ポーランドの行政機関における給与の低さなどである。

以上のように、ポーランドの欧州統合委員会の報告書では、ポーランドの EU 加盟はおおむね肯定的に評価されている。EU 加盟によってポーランドの資本が EU 中心部に流出したり、優秀な労働力が経済成長にマイナスの影響を

及ぼすほど流出する事態は起こらなかった。とりわけ、加盟懐疑派が一番心配した農業部門において結果的には成長が一番大きかったことは、加盟を肯定的に評価する大きな要因となっている。しかしながら、EU 加盟によってポーランド経済が抱えてきた構造的問題が解決された訳ではない。近年の成長は、引き続く FDI の流入、海外出稼ぎ労働の効果によることが大きい。今回の世界経済危機で、FDI の流入が減少し、海外出稼ぎ労働者の帰国が相次ぎ、GDP 成長率が大きく落ち込むと同時に失業率が再び増加に転じた。また、国レベルでは EU 内でのキャッチアップが進んでいるものの、成長の主要な要因が FDI であれば、当然 FDI が集中する地域の成長率が高まり、FDI の投下されない地域との地域格差は拡大する。次節では、特にこの問題を取り上げ、現状を分析したい。

5. EU 東方拡大プロセスにおける地域格差問題とキャッチアップ

　EU においては、格差を是正するためのさまざまな地域政策がとられている。EU における地域政策は、「地域政策（Regional Policy）」、「構造政策（Structural Policy）」、「結束政策（Cohesion Policy）」などの名称で表現されている。具体的には、欧州連合（EU）は、深化と拡大を通じた統合を強力に推進する上で、加盟国間・地域間の経済・社会的不均衡の是正および不均衡拡大予防を重要課題と位置づけ、この問題解決に財政的支援を実施するものである。同政策への予算支出は、EU の総予算の 3 分の 1 を占めている（表 4-4）。

　これらの政策の中で、結束政策は地域間格差を是正する上で重要な役割を果たしている。結束政策は、「単一欧州議定書」（1988）では、地域間経済格差の縮小や市場統合に伴って生じる経済的・社会的不均衡の是正を「経済的・社会的結束」（第 3 部第 5 編）と定義されている。またアムステルダム条約では、「経済的・社会的結束」を「諸地域の発展段階における格差や最も恵まれない地域の後進性を軽減すること」（第 158 条）と定義し、経済的・社会的結束にさらに地域的結束という概念を加えている。もう少し具体的にいえば、欧州統合の大きな目的は経済・社会的格差、地域間格差の是正であり、それを

表 4-4　2007〜2013 年の EU 予算

目　的	単位：10 億ユーロ（2004 年価格）	%
1a.　成長と雇用拡大に向けた競争力強化	72.1	8.4
1b.　成長と雇用拡大に向けた結束	307.6	35.7
2.　資源の確保と管理	371.2	43.1
うち：市場関連支出	293.1	34.0
3.　市民生活、自由、治安と司法（EU 連帯基金を除く）	10.3	1.2
4.　グローバルパートナーとしての EU（欧州開発基金を除く）	50.0	5.8
5.　行政関連支出総額	50.3	5.8
6.　補償（ブルガリア／ルーマニア）	0.8	0.1
合　　計	862.4	
EU27 の GNI に占める割合（%）	1.045%	

出所：European Commission, (2005).

結束政策によって政策的、予算的に是正、予防しようというものである。とりわけ、2004 年における旧社会主義諸国の EU 加盟を中心とした EU の東方拡大、2007 年のブルガリア、ルーマニア EU 加盟で、大きな域内経済格差が生じた。これらの諸国の州や県が自主的に企画するプログラムに助成を行い、これらの地域をいかに成長させ、雇用を拡大し、持続的成長に向けて技術革新を行う力を植え付けていくかは大きな課題となっている。2007-2013 年結束政策のプログラムでは、格差是正（convergence）、地域の競争力と雇用（regional competitiveness and employment）、欧州地域協力（European territorial cooperation）が柱となっていて、そこに結束基金、欧州地域開発基金（ERDF）、欧州社会基金（ESF）、欧州農業指導保証基金（EAGGF）、漁業指導基金（FIFG）などがつぎ込まれる。

　これをポーランドの側からみてみよう。図 4-3 に示したとおり、EU からポーランドへの財政支出は一貫して増加し、2007 年には 80 億ユーロを超えている。これからポーランドの負担金を差し引いても、収支は 52 億ユーロである。2007 年の対ポーランド FDI が 128 億ユーロであることと比較すれば、EU からポーランドへの財政支出がいかに大きいかがわかる。

102 第1部　EU統合の経験

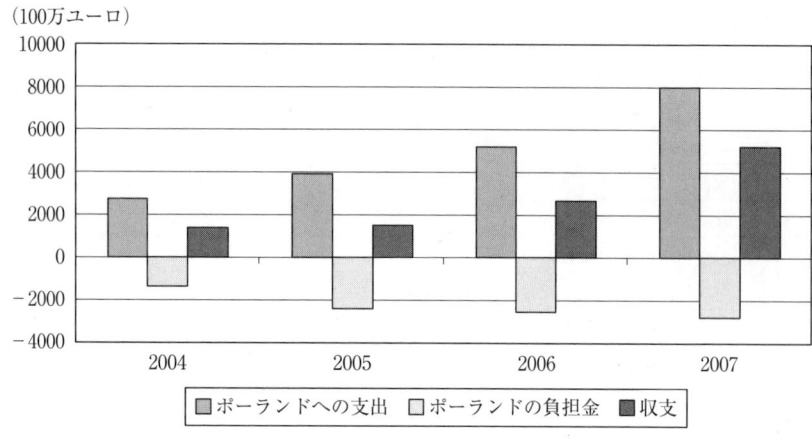

図4-3　ポーランド・ＥＵ間の資金の流れ　2004〜2007年
出所：ＵＫＩＥ（2008）

　こうした政策も手伝って、上記でみてきたとおり、EU諸国間の経済格差は縮小する方向にあり、「加盟国間・地域間の経済・社会的不均衡の是正および不均衡拡大予防」という目的は国単位のレベル（NUTS2）では達成の方向に向かっているといえよう。しかしながら地域レベル（県レベル）でみてみると、また違った現状がみえてくる。そこで次にポーランドを例に、県レベルでの地域格差の拡大をFDIの動向から分析してみたい。
　新興諸国の経済成長の基本的な要素となるFDIは、EU新規加盟諸国の中では特にポーランドに集中している（図4-4参照）。ポーランドへのFDIは、2006年に150億ユーロでピークに達し（GDPの5.5%）、2007年にも128億ユーロを記録した。立地条件がヨーロッパの経済の中心であるベルリンに近く、労働力も豊富なことから、市場の成長が頭打ちになったハンガリーなどから資本が移転するケースもみられるようになった。またEU加盟以降のポーランドは、投資環境が安定し、外国投資家にそのことが高く評価された。2003年におけるEU15からのFDIはポーランドが受け入れたFDI全体の74.1%であった。2007年は約85%にのぼる。
　このFDIは、ポーランド経済の主要な原動力である。図4-5は、2000年から2008年のポーランドへのFDI流入とGDP成長率の変化を示したものであ

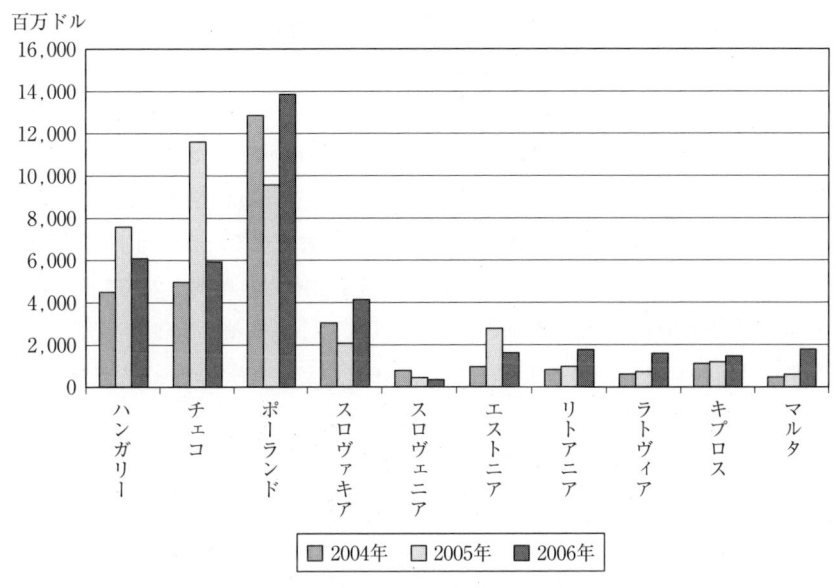

第4章 中東欧諸国における地域格差とキャッチアップの現状 103

図4-4 EU新規加盟国への海外直接投資（2004～2006年）
出所：UKIE（2008）

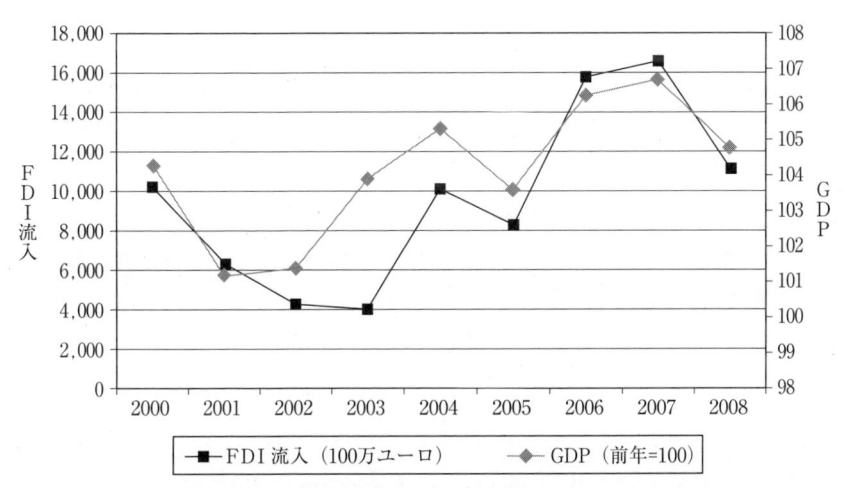

図4-5 ポーランドへのFDI流入とGDP成長率の変化（2000～2008年）
出所：Ryohei Nakamura, Masahiro Taguchi（2009）

る。このグラフからも明らかなように、FDIの動向とGDP成長率はほぼ一致する。まさに、新興市場に典型的なパターンとなっている。

しかしながら、FDIは首都ワルシャワ（金融等）やポーランド南西部の特別経済指定地区（Specjalna Strefa Ekonomiczna: SSE）に集中しており、国全体の成長率は押し上げているものの（したがってEU内格差の是正には貢献しているものの）、国内の地域格差はむしろ拡大させている。図4-4、図4-5は、県別のGDP格差の広がりを示している。横軸は、県別1人当たりGDPの全国平均を100として、県別の格差を示している。縦軸は2000年（図4-4）および2003年（図4-5）を基準として、GDPがどのくらい成長したかを示している。円の大きさは、その県のGDPの規模を示している。

図4-6（EUに加盟した2004年）をみると、ザホドニエポモージェ県を除いて貧しい県も豊かな県も2000年から2004年のGDP成長が121ポイントから128ポイントの範囲に入っている。すなわち、貧しい県もそれなりに成長していることがわかる。しかし、図4-7（2006年）をみると、県が縦および横に散らばってきている。まず、2000年から2004年のGDP成長が121ポイントから128ポイントの範囲に収まっていたのが、2003年から2006年のGDP成長は119ポイントから131ポイントの範囲に拡がっている。また、格差も2004年に70ポイントから152ポイントの範囲に収まっていたのが、2006年には68ポイントから160ポイントの範囲に拡がっている。特に首都ワルシャワのあるマゾフシェ県が突出している。このことは、FDIが集中する首都の成長が高まり、国内の経済格差が拡大したことを示している。実際に、2008年5月の首都ワルシャワの失業率は2.4％で、事実上人手不足の状態であったが、FDIが入ってこない同じマゾフシェ県シドウォビェツ郡（Szydłowiec）では、失業率が30.8％に達した[4]。また、現在人口が増加しているのはワルシャワ市だけであり、他の主要都市ではむしろ人口の減少がみられる。生産分野のFDIが集中しているドルニィシロンスク県の成長率も高く、これらを集積効果として評価できないわけではないが、地域レベルでの格差是正という観点からみれば明らかに逆行しているといえる。

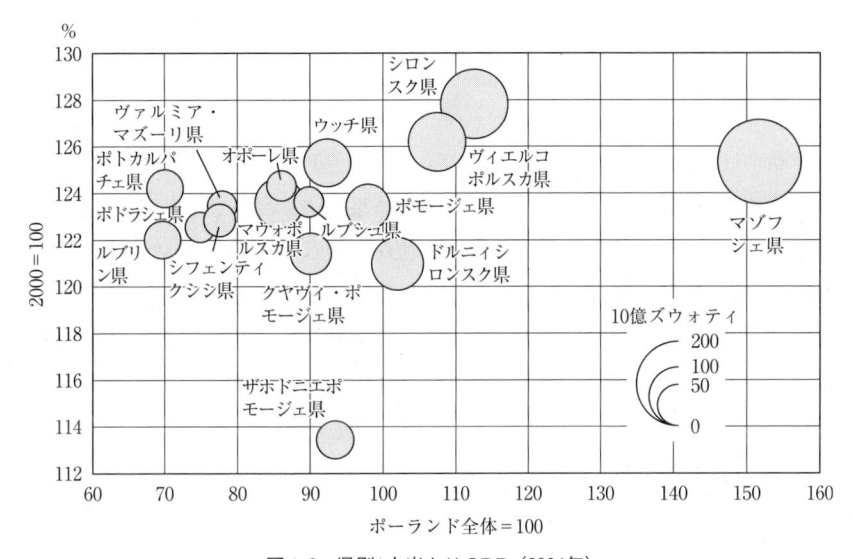

第4章　中東欧諸国における地域格差とキャッチアップの現状　105

図4-6　県別1人当たりGDP（2004年）
出所：Główny Urząd Statystyczny（2007）：17.

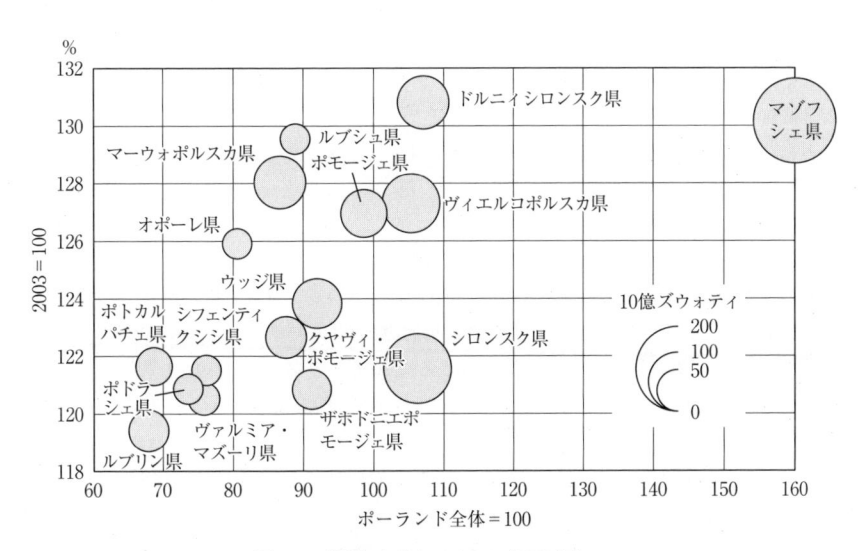

図4-7　県別1人当たりGDP（2006年）
出所：Główny Urząd Statystyczny（2009）：17.

6. 結　　論

　本章では、中東欧諸国の EU 加盟プロセスを整理し、EU 加盟後の現状をとりわけ格差の問題を中心に分析した。その結果、国レベルではキャッチアップが進み、EU 域内格差是正の方向が確認されたものの、国内ではむしろ格差が拡大している現状が明らかになった。こうした、国レベルでのキャッチアップと地域レベルでの格差拡大問題をどのように調整していくのかは、今後の大きな課題である。当面は EU の結束基金などを活用しながら、これまで FDI が流入しなかった地域での FDI 誘致や地域活性化を模索していくと同時に、高速道路建設などを軸に、全国のインフラを整備していくことが重要であろう。

注
1) OECD の予測によると、2008 年の経済危機で落ち込んだ GDP 成長率は、2009 年にはユーロ圏全体でマイナス 1.2％であるのに対し、ポーランドは＋0.4％（欧州委員会予測は＋1.0％）と底堅さを示している（OECD　http://www.oecd.org/dataoecd/36/35/43117806.pdf）。一方で、バルト諸国などは 2008 年以降の世界経済危機の影響を受けて経済が大きく落ち込んでおり、移行諸国の中でも明暗を分けた。
2) 　登録失業者数は 2008 年 10 月に 8.8 まで低下したものの、その後の経済危機で 2009 年 3 月には 11.2 にまで上昇した（GUS　http://www.stat.gov.pl/gus/5840_677_PLK_HTML.htm）。全国 50 の郡では、失業率が 20 を超えた。大企業は当面生産調整で乗り切っているものの、中小企業のリストラが進行したため。
3) 　2008 年秋以降の世界経済危機により、イギリス、アイルランドをはじめとする諸国を離れる海外出稼ぎ労働者は増加している。例えばアイルランド最大の職業紹介会社の調査では、2008 年 12 月から 2009 年 12 月の間に毎週約 2,000 人のポーランド人がアイルランドを離れ、最終的にはアイルランドに在住する約 20 万人のポーランド人のうち 3 分の 1 がこの 1 年で出国（帰国）すると予測している（Urząd Komitetu Integracji Europejskiej (2009) "5 lata Polski w Unii Europejskiej", 263-264.）。
4) 　Urząd Komitetu Integracji Europejskiej (UKIE) (2009) "5 lata Polski w Unii Europejskiej", 254-255.

参照文献

European Commission (2005) "EU Financial Perspectives 2007-2013". Presidency conclusions of 19 December 2005.

Eurostat. (http://epp.eurostat.ec.europa.eu/)

GUS (2009a) *Polska w Unii Europejskiej*. Warszawa.

GUS (2009b) *Regiony Polski 2008*, Warszawa.

Ryohei Nakamura, Masahiro Taguchi (2009) "Agglomeration and Institutional Effects on Dynamics in Regional Disparities: Experience from Poland and Japan". Paper for the 49th European Congress of the Regional Science Association International. 25th-29th August 2009, Łódź, Poland.

UKIE (Urząd Komitetu Integracji Europejskiej) (2008) "4 lata członkostwa Polski w UE. Bilans korzyści i kosztów społeczno-gospodarczych związanych z członkostwem w Unii Europejskiej. 1 maja 2004 r. — 1 maja 2008 r."

UKIE (Urząd Komitetu Integracji Europejskiej) (2009) "5 lata Polski w Unii Europejskiej".

田口雅弘 (2008a)「ポーランド欧州統合委員会評価レポート『ポーランドEU加盟の4年間』(要約とコメント　前半)」『岡山大学経済学会雑誌』第40巻第2号、49-60.

田口雅弘 (2008b)「ポーランド欧州統合委員会評価レポート『ポーランドEU加盟の4年間』(要約とコメント　後半)」『岡山大学経済学会雑誌』第40巻第3号、83-90.

日本格付研究所 (2008)「中東欧　新EU加盟国の経済発展の持続性か『Sovereign Report』(日本格付研究所：JCR)、6月.

第5章　EUとスイス

石田聡子

1. はじめに

　EUの拡大・深化が進む中、スイスはヨーロッパにおいて数少ないEU非加盟国の1つである。しかしながら、EUとスイスは地理的にも経済的にも深く結びついており、国境地域ではバーゼルやジュネーヴを中心に国境を越えて経済圏が形成されている。それゆえEUは、EU域内における統合の進展とともに、域外であるスイスとの関係についても連携を強化していく必要がある。

　EUでは、域内における調和のとれた発展を目的として地域政策を実施している。格差是正と経済的・社会的結束の強化を目指すEUの地域政策は、EU域内だけでなく隣接する域外地域も対象としている。本章の対象であるEU・スイス国境地域で実施されている共同体イニシアチブInterregプログラムは、そのようなEU地域政策の1つである。この地域は、ヨーロッパの中でも経済的に発展している地域であり、地域間における経済的格差の問題は存在しない。EU・スイス国境地域における越境地域間協力の促進は、両地域が対等な立場で協力し地域間統合を進めることによって、越境地域の発展を目指すものである。

　本章では、EU域内・域外の境界であるスイス国境地域における越境地域間関係の進化を説明し、EU・スイス間の実質的な統合の現状を明らかにする。EU・スイス関係については、1950年から1990年代のヨーロッパ統合とスイスの対応を研究したGstöhl（2002）があり、EUとスイスの越境地域間協力およびInterregプログラムの研究としては、フランス・スイス国境地域を対象にした清水・石田（2006、2007）、イタリア・スイス国境地域を対象にした

石田（2007）、ドイツ・オーストリア・スイス・リヒテンシュタイン国境地域を対象にした石田（2008）、フランス・ドイツ・スイス国境地域を対象にした伊藤（2003、2008）、八木・若森（2006）、丹沢（2006、2007）、スイスの対EU政策としてInterregを取り上げ、スイス側の視点から分析を行った石田（2009）がある。本章では、石田（2009）を基に、EU・スイス関係、およびEU地域政策としてのInterregプログラムと越境地域間協力に焦点を当てる。

以下では、まずヨーロッパにおける統合の進展とEU（EEC, EC）・スイス関係について概観する（第2節）。次に、共同体イニシアチブの1つとして実施されてきたInterregプログラムの内容を紹介することによって、EU・スイス国境地域における越境地域間協力の実態を示す（第3節）。そして最後に、今後のEU・スイス関係について展望する（第4節）。

2. EU・スイス間関係

ヨーロッパにおける統合の試みが開始されたのは、第2次世界大戦が終結した直後のことであった。1952年にベルギー、オランダ、ルクセンブルク、西ドイツ（当時）、フランス、イタリアの6か国によって欧州石炭鉄鋼共同体（ECSC）が設立された後、1958年には同6か国によって欧州経済共同体（EEC）と欧州原子力共同体（EURATOM）が設立された。1967年には、これらEEC、ECSC、EURATOMが統合されて欧州共同体（EC）となり、1993年にECに代わって発足したEUは、中東欧への拡大を経て、2009年現在27か国が加盟する共同体へと成長した。

他方、域内における経済統合および共同市場の形成を目的として設立されたEECに対抗し、1960年にはイギリスが中心となって自由貿易圏の形成を目的とする欧州自由貿易連合（EFTA）を設立した。EFTAの原加盟国は、イギリス、デンマーク、ノルウェー、スウェーデン、オーストリア、スイス、ポルトガルの7か国である。市場規模からみると、隣接するドイツ・フランス・イタリアを主要な貿易相手国とするスイスにとっては、EFTAよりもEEC市場の方が重要であった（図5-1）。しかしながら、緩やかな経済的協力関係を

110　第1部　EU統合の経験

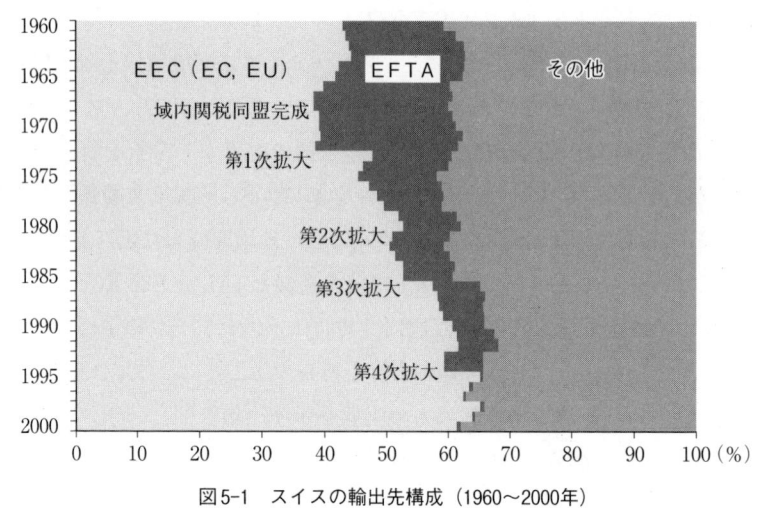

図5-1　スイスの輸出先構成（1960〜2000年）
出所：http://www.bfs.admin.ch/bfs/portal/fr/index.htmlおよびSFSO、1969, 1971, 1974, 1979, 1988, 1991, 1996, 2002, 2003の各年版より作成。

望んでいたスイスではEEC加盟に対する抵抗が大きく、1960年にEFTAが設立されると同時にEFTAに加盟した。ただし、スイスは対EEC関係も重視しており、1961年にはスイス連邦政府の外務省および経済省によって統合局を設置し、EECの統合政策およびスイスの対EEC政策に関する調査、調整、情報提供などの業務を開始したのである。

　EEC、次いでEFTAが設立されたことにより、ヨーロッパでは2大貿易ブロックが出現することになった。当初6か国でスタートしたEECは、1973年の第1次拡大（イギリス、アイルランド、デンマーク加盟）、1981年の第2次拡大（ギリシャ加盟）、1986年の第3次拡大（スペイン、ポルトガル加盟）、1995年の第4次拡大（オーストリア、スウェーデン、フィンランド加盟）、そして2004年、2007年の第5次拡大で中東欧12か国が加わったことにより、EUは27か国が加盟する共同体に成長した。一方EFTAは、当初のメンバー7か国に加えて、1961年にフィンランド、1970年にアイスランド、1990年にリヒテンシュタインの3か国が加盟したものの、1973年にはイギリスとデンマーク、1986年にはポルトガルがECに加盟してEFTAを脱退し、1995年

にはオーストリア、スウェーデン、フィンランドが EU に加盟して EFTA を脱退した。このため、2009 年現在の EFTA 加盟国は、スイス、ノルウェー、アイスランド、リヒテンシュタインの 4 か国のみとなっている。

　EC の拡大、そして EFTA 加盟国の減少により、EFTA 側にとっては EEC 市場の魅力が増すこととなった。さらに、EEC 域内で関税同盟が結成されたことにより、非加盟国の輸出業者は打撃を被った。関税同盟の結成によって EEC 域内の関税は段階的に引き下げられ、1968 年 7 月からは完全に撤廃された。同時期、EEC 域内での輸入数量規制も撤廃された。これに対して、EEC 域外からの輸入品に対しては対外共通関税が適用されることとなり、非加盟国からの対 EEC 輸出は関税障壁に阻まれることとなったのである。

　この状況を改善するべく、1972 年には EEC と EFTA の間で自由貿易協定に関する協議が開始され、翌年 1 月 1 日、EC の第 1 次拡大と同時に EEC-EFTA 間での自由貿易協定が発効した。この EEC-EFTA 自由貿易協定により、EEC-EFTA 間では工業製品を対象として関税および輸入数量規制が撤廃された。

　EC 域内では、1985 年に欧州委員会が提出した域内市場完成白書および 1987 年に発効した単一欧州議定書によって 1992 年末の単一市場完成に向けた具体的な対応が提示されたことにより、域内市場統合の流れが加速した。そして同時期、EC 域内市場の EFTA への拡大についても協議が開始された。1984 年 4 月にルクセンブルクで開催された閣僚会議では、EC・EFTA 双方の自由貿易の拡大および経済協力関係の促進を目指して、欧州経済空間（EES：European Economic Space）の設立について合意がなされた（ルクセンブルク宣言）。その後、EES は欧州経済領域（EEA：European Economic Area）と名称を変え、EC および EFTA 諸国をカバーする単一市場の創設に向けて協議が重ねられた。1990 年 6 月に始められた交渉は 1991 年 10 月に合意に至り、1992 年 5 月に EC および EFTA 加盟諸国によって EEA 条約が調印された。

　EEA 条約は、EC と EFTA 双方の自由貿易の拡大および経済協力関係の促進を目指すものである。特定の分野を対象とする政治的制約を伴わない自由貿易協定とは異なり、EEA は、域内市場における 4 つの移動の自由（人、モノ、

サービス、資本）を保証するとともに、関連分野（競争政策、社会政策、消費者保護、環境保護、教育など）についても規定を設けている。ただし、EEAには、共通農業政策のような EC の共通政策や関税同盟などは含まれておらず、EFTA 加盟国側にとって EEA への参加は、多少の義務が課されるものの、EC に加盟せずとも EC 単一市場へのアクセスが可能となる方法であった。

スイス国内では、EEA 条約案はまずスイス連邦議会において審議され承認された後、国民投票によって EEA 参加の可否が問われた。スイス連邦政府は、国民投票に向けて作成した法案解説書の中で、経済的利益と現在の繁栄を守るためにもスイスはヨーロッパにおいて孤立すべきではないとの見解を示していた（Conseil fédérale suisse, 1992）。対 EC 政策として EEA への参加が必要であると考えていたスイス連邦政府は、法案解説書の中で EEA と EC 加盟は別の問題であると明言することで、EEA 加盟の問題が国民の間で抵抗の根強い EC 加盟の問題と混同され否決されてしまうことを避けようとしていたのである。

1992 年 12 月に実施されたスイスの EEA 加盟を問う国民投票の投票率は 78.7% であり、EEA 加盟問題に対するスイス国民の関心の高さを示した。結果は、投票者総数では賛成 49.7%、反対 50.3% という僅差であったが、賛成多数となったのはスイス 26 州のうち国境および都市部の 8 州（ジュネーヴ州、フリブール州、ジュラ州、ヌシャテル州、ヴォー州、ヴァレー州、バーゼル・シュタット準州、バーゼル・ラントシャフト準州）のみであり、スイスの EEA 加盟は否決された。原因は、有権者の多くが EEA 加盟と EC 加盟の問題を結び付けて考えていたことにあった（田口、1993）。したがって、EEA 加盟の否決は EC 加盟の拒否でもあった。この国民投票によってスイスが EEA 条約の批准に失敗したため、EEA 条約はスイスを除く EC・EFTA18 か国によって 1994 年 1 月に発効した。

国民投票によって EEA 条約の批准に失敗したスイスでは、より政治的に譲歩が求められる EC 加盟について国民投票で承認を得ることが困難であることは明らかであった。このためスイス連邦政府は、すでに 1992 年 5 月に行っていた EC への加盟申請を取り下げはしなかったものの、1993 年 1 月には、加

盟交渉の開始を当面凍結すると発表したのである。その後スイスでは、1997年と2001年の2回、EU加盟交渉の開始を求める国民発議があったが、いずれも国民投票において反対多数という結果に終わり、2009年現在も加盟交渉は開始されていない。

　スイスの国民投票によるEEA条約否決以降、EUとスイスは、スイスのEU加盟とは別の方法によって相互の接近を試みている。1つはEU・スイス間の2国間協定による国家レベルでの関係強化であり、分野別に協定を締結することによって制度的調和を図り、段階的に統合を実現していく方法である。

　EU—スイス間の2国間協定については、1993年2月にスイス連邦政府よりEUに対して交渉開始の提案がなされ、1994年12月にEU・スイス両政府間で交渉が開始された。この第1次2国間協定では、陸上輸送、航空輸送、人の移動の自由、研究協力、特定農産物市場の自由化、技術的障壁の撤廃、公共調達部門の7分野が対象となっており、長い協議期間を経て2002年6月に協定が発効した。第1次2国間協定の7項目の取り決め内容は、表5-1の通りである。

　第1次2国間協定では7分野が一括して締結されたが、第2次2国間協定では、対象となる9項目についてそれぞれ個別に交渉が進められた。2001年7月に脱税などの不正対策、農産物加工食品市場の自由化、環境保護協力、統計の調和の4協定について交渉が始められ、2002年6月には預金利子課税の調和、メディア部門協力、シェンゲン・ダブリン条約加盟、教育・職業訓練協力、年金二重課税問題の解決の5協定について交渉が開始された。これら9つの各協定は個別に締結、発効しており、2009年現在までに不正対策、教育・職業訓練教育の2協定を除く7協定が発効している。第2次2国間協定の9協定の内容は、表5-2の通りである。

3. InterregプログラムによるEU・スイス間の越境地域間協力

　EUとスイスが接近を図っているもう1つの試みは、地域レベルでの国境を越える関係強化である。EUにとって、EU非加盟国であるスイスとの国境は、EUの域内と域外の境界でもある。それゆえ、EU加盟諸国とスイスの国境を

表 5-1　EU－スイス第 1 次 2 国間協定

	項　目	内　容	協定発効
1	陸上輸送	環境に配慮しつつアルプスを通過する貨物輸送の効率化を実現する方法として、大型貨物車両税の導入と重量規制の引き上げ（28tから40tへ）を定めた。また、相互の鉄道網を接続することによって利便性を高め、旅客・貨物輸送について段階的に市場開放を実現する。	2002年6月
2	航空輸送	EUとスイスの間で航空輸送市場を自由化することにより、それぞれの空港への乗り入れや投資などに対する規制や差別を撤廃する。	
3	人の移動の自由	12年の移行期間を設けて段階的に差別や割当を廃止し、労働市場の開放を進める。職業に関わる資格の相互認証や社会保障制度の調整を行うことにより、人の移動の自由化を促進する。	
4	研究	EU加盟国の研究者と同様に、スイスの研究者もEUの研究・技術開発プログラムに参加することができるようにする。	
5	農産物市場の自由化	特定の農産物（チーズ、肉類、野菜、果物、園芸植物）を対象に、量的規制の緩和や関税の撤廃・削減、相互認証による非関税障壁の抑制に取り組むことにより、相互の農産物貿易の促進を目指す。	
6	技術的障壁	工業製品を対象とする製品規格の相互認証制度を確立することにより、製品の流通が容易に行われるようにする。	
7	公共調達	EUおよびスイスでの政府調達部門について、世界貿易機構（WTO）の政府調達協定の規定（公共調達における無差別待遇、手続きの透明性、入札や落札の決定に対して苦情申し立てなどの法的措置を行う権利）を、地方自治体や特定の民間公益事業部門（水道、エネルギー、都市交通、通信）にも適用する。	

出所：Integration Office DFA/DEA（2002a）より作成。

挟んで隣接している地域における越境地域間協力を促進することは、相互の協力関係構築および連携強化を通してEUとスイスとの実質的な統合を実現していく方法である。

　ヨーロッパにおける国境を越えた地域間での協力関係の構築は、ヨーロッパ統合の流れと並行して進展している。越境地域間協力としては、地方自治体間の越境協力を目的として設立された最初の組織として、EEC発足と同年の1958年にドイツ・オランダ国境地域で設立されたエウレギオ（Euregio）がよく知られている（渡辺、1999）。その後、ヨーロッパ各地の国境地域でエウレギオのような地方自治体による越境協力組織が創設され、特にECの国境地域支援政策としてInterregプログラムが開始された1990年以降、EC（EU）の

表 5-2　EU－スイス第２次２国間協定

	項　目	内　容	協定発効
1	預金利子課税	EUの預金利子課税システム（EU加盟国間での預金利子課税の調和）にスイスも参加する。この協定により、スイスの銀行に預けられたEU加盟国居住者の預金に対して、その預金利子に源泉徴収税を課すことが定められた。徴収された税収の75％が、預金者の本国へ納税される。	2005年7月
2	不正対策	脱税や密輸、補助金や公共調達に関わる不正行為などの犯罪に対する取り締まりについて、相互の協力および情報交換を強化する。	承認手続中
3	農産物加工食品	関税の廃止された工業製品と価格補償を受けている農産物との中間に位置付けられる農産物加工食品（チョコレート、菓子類、スープ、インスタントコーヒーなど）について、自由貿易の促進を目指しつつ、原料となる農産物価格の高いスイスに配慮し、価格補償の見直し、関税や輸出補助金の引き下げまたは廃止を行う。	2005年3月
4	環境保護	環境に関する情報の収集、分析を行っている欧州環境機構の活動にスイスも参加することで、目的を共有し、環境政策における相互協力を強化する。	2006年4月
5	メディア	映像産業の促進および映像製作者の技術向上を目的としたEUのメディア・プログラム（MEDIA Plus, MEDIA Training Programmes）にスイスも参加する。	2006年4月
6	統計	統計データの収集、集計方法の調和を図ることにより、さまざまな分野での統計データの比較を可能にする。	2007年1月
7	シェンゲン・ダブリン条約	シェンゲン条約に加盟することで域内での国境管理が撤廃される。これにより人の移動が促進されることから、域内では国境を越えて犯罪に関する情報の共有（シェンゲン情報システムへの参加）や司法・警察面での協力が強化される。また、ダブリン条約に加盟することにより、難民申請に関わる手続きの簡素化、効率化を図る。	2008年12月
8	教育・職業訓練	EUの実施する教育、職業訓練プログラムへのスイスの正式な参加を目指す。	協議中
9	年金二重課税	スイスとEUとの間には年金二重課税に関する協定が無かったため、EU域内での退職者がスイスに居住した場合、年金が受給者の元の居住地（年金受給地）で税金を源泉徴収された後、現居住地でも所得税が課税されるという二重課税の問題があった。この問題を解決するため、協定によりスイス側では退職後移住者の年金所得には所得税を課さないことを決定した。	2005年5月

出所：Integration Office DFA/DEA（2002b）より作成。

域内の国境地域において自治体間の越境協力組織が数多く設立されている。

　EU加盟諸国とスイスの国境地域においても、経済的に結びつきの強い地域を中心に13の越境協力組織が活動しているが（表5-3）、越境協力組織はInterregプログラムが開始される以前から存在していた。しかし、従来の越境地域間協力は、バーゼルやジュネーヴといった都市を中心に歴史的にも国

表 5-3 スイス国境地域で活動する越境協力組織

国境地域	名称	設立年	対象地域
I/CH	レジオ・インスブリカ (Regio Insubrica)	1995	【CH】ティチーノ州、【I】コモ県、ヴァレーゼ県、ヴェルバーノ＝クジオ＝オッソラ県
I/CH	レジオ・センピオーネ (Regio Sempione)	1996	【CH】ヴァレー州の一部（東部）、【I】ヴェルバーノ＝クジオ＝オッソラ県の一部（北部）
F/CH	ヴァレー＝ヴァッレ・ダオスタ会議 (Conseil Valais-Vallée d'Aosta)	1990	【CH】ヴァレー州、【I】ヴァッレ・ダオスタ特別自治州
F/CH	レマン湖会議 (Conseil du Léman)	1987	【CH】ジュネーヴ州、ヴォー州、ヴァレー州、【F】アン県、オート・サヴォワ県
F/CH	フランス・ジュネーヴ地域委員会 (CRFG)	1973	【CH】ジュネーヴ州、【F】アン県、オート・サヴォワ県
F/CH	フランス・ヴォー・ジュネーヴ越境地域間関係発展協会 (AGEDRI)	1985	【CH】ジュネーヴ州、ヴォー州、【F】アン県、オート・サヴォワ県
F/CH	ジュラ横断会議 (CTJ)	1985	【CH】ヴォー州、ヌシャテル州、ジュラ州、ベルン州、【F】ドゥー県、ジュラ県、オート・サオーヌ県、ベルフォール県
F/I/CH	モンブラン協議会 (Espace Mont-Blanc)	1991	【CH】ヴァレー州の一部（西部）、【F】オート・サヴォワ県の一部（東部）、サヴォワ県の一部（東部）、【I】ヴァッレ・ダオスタ特別自治州の一部（西部）
D/F/CH	フランス・ドイツ・スイス上ライン会議 (Conférence franco-germano-suisse du Rhin Supérieur)	1975	【CH】バーゼル州、アールガウ州、ジュラ州、ソロトゥルン州、【D】カールスルーエ郡、カールスルーエ市、ラシュタット郡、バーデン・バーデン市、オルテナウ郡、エメンディンゲン郡、フライブルク市、ブライスガウ・ホッホシュヴァルツヴァルト郡、レーラッハ郡、ヴァルツフート郡、ゲルメスハイム郡、ズートリッヒェ・ヴァインシュトラーセ郡、ランダウ市、ズートヴェストファルツ郡、【F】オ・ラン県、バ・ラン県
D/F/CH	レギオ・トリレーナ (Regio TriRhena)	1995	【CH】バーゼル州、アールガウ州、ジュラ州、ソロトゥルン州、【D】エメンディンゲン郡、フライブルク市、ブライスガウ・ホッホシュヴァルツヴァルト郡、レーラッハ郡、ヴァルツフート郡、【F】オ・ラン県
D/F/CH	ライン川上流域協議会 (Oberrheinrat)	1989	【CH】バーゼル州、アールガウ州、ジュラ州、ソロトゥルン州、【D】カールスルーエ郡、カールスルーエ市、ラシュタット郡、バーデン・バーデン市、オルテナウ郡、エメンディンゲン郡、フライブルク市、ブライスガウ・ホッホシュヴァルツヴァルト郡、レーラッハ郡、ヴァルツフート郡、ゲルメスハイム郡、ズートリッヒェ・ヴァインシュトラーセ郡、ランダウ市、ズートヴェストファルツ郡、【F】オ・ラン県、バ・ラン県
D/CH	高地ライン委員会 (Hochrheinkommission)	1997	【CH】バーゼル州、アールガウ州、チューリッヒ州、シャフハウゼン州、トゥールガウ州、【D】レーラッハ郡、ヴァルツフート郡、コンスタンツ郡
D/A/CH/FL	国際ボーデン湖会議 (IBK)	1972	【CH】シャフハウゼン州、トゥールガウ州、チューリッヒ州、ザンクト・ガレン州、アッペンツェル州、【D】コンスタンツ郡、ジグマリンゲン郡、ボーデンゼー郡、ラーフェンスブルク郡、リンダウ郡、オーバーアルゴイ郡、ケンプテン市、【A】フォアアールベルク州、【FL】リヒテンシュタイン全域

注：CH：スイス；D：ドイツ；F：フランス；I：イタリア；A：オーストリア；FL：リヒテンシュタイン
出所：http://www.eda.admin.ch/eda/en/home/topics/scoop/sccom/scoorg.html, http://www.crfginfo.org/, http://www.regioinsubrica.org/www/welcome.html, http://www.conseilduleman.org/, http://www.agedri.org/, http://www.conference-rhin-sup.org/, http://www.regiotrirhena.org/, http://www.oberrheinkonferenz.org/, http://www.espace-mont-blanc.com/, http://www.bodenseekonferenz.org/, http://www.hochrhein.org/cms/website.php?id=/index/hrk.htm より作成（2009年5月現在）。

境を越えて強い経済的関係を有してきた地域に集中しており、越境協力組織によって各地域別に越境協力を進めていた。その後、EU の地域政策として Interreg が開始され、EU 諸国とスイスの国境を接しているすべての地域がプログラムの対象地域となると（図 5-2）、それまで国境を挟んで相互の関係が希薄であった国境地域においても越境協力活動が開始され、すべての国境地域において越境協力事業が実施されるようになったのである。

　1990 年から 1993 年にかけて実施された Interreg I では、スイスの国境州 16 州のうち 14 州が I Interreg プログラムに参加していた。しかし、Interreg I 期にはスイス連邦政府からの支援が得られなかったため、スイス側は州政府を中心に自治体レベルでの参加であった。規定により EU 非加盟国であるスイス側は構造基金からの支援を受けられないことから、Interreg I 期でのスイス側のプログラムへの貢献は資金的にも活動的にも低調なものにとどまり、Interreg I 期での越境協力事業は主に EU 側地域によって進められていたのである。

　1992 年の国民投票で EEA 加盟が否決された後、スイス連邦政府は、統合政策の 1 つとして国境地域での越境地域間協力の強化を重視するようになった。スイス連邦政府は、1994 年に開始された Interreg II から正式にプログラムの実施に参加するようになり、構造基金からの支援を受けられないスイス側地域に対して、構造基金に代わる資金支援を行うようになったのである。Interreg II 期での隣接越境地域間協力プログラムである Interreg IIA（1994～1999 年）ではプログラムの対象地域が拡大し、スイス 26 州（準州を含む）のうち 19 州がプログラム対象地域となった。これにより、EU とスイスの全国境地域において越境地域間協力が行われることになったのである。

　次に、2006 年末にプログラム期間が終了した Interreg IIIA（各事業に対する構造基金からの支援は 2008 年末に終了）について、EU・スイス国境地域を対象として実施された 4 プログラムにおける越境地域間協力活動の実施状況を紹介することにする。

118　第1部　EU統合の経験

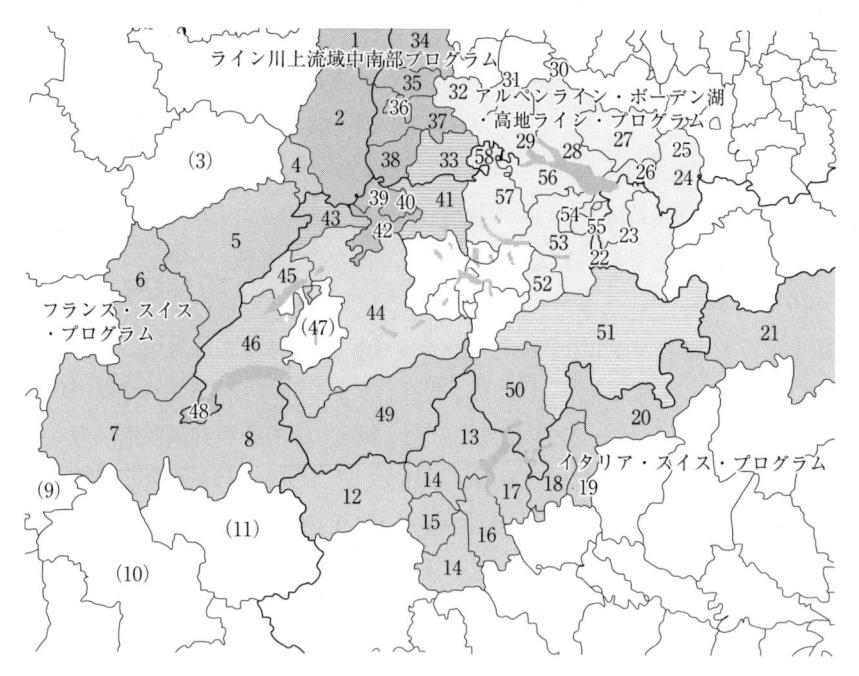

注1：【フランス】1：オ・ラン県；2：バ・ラン県（ストラスブール市、ストラスブール・コンパーニュ郡、モルセム郡、セレスタ・エルスタン郡）；3：オート・サオーヌ県；4：ベルフォール県；5：ドゥー県；6：ジュラ県；7：アン県；8：オート・サヴォワ県；9：ローヌ県；10：イゼール県；11：サヴォワ県
【イタリア】12：ヴァッレ・ダオスタ特別自治州；13：ヴェルバーノ＝クジオ＝オッソラ県；14：ヴェルチェッリ県；15：ビエッラ県；16：ノヴァーラ県；17：ヴァレーゼ県；18：コモ県；19：レッコ県；20：ソンドリオ県；21：ボルツァーノ自治県
【リヒテンシュタイン】22：リヒテンシュタイン全域
【オーストリア】23：フォアアールベルク州
【ドイツ】24：オーバーアルゴイ郡；25：ケンプテン市；26：リンダウ郡；27：ラーフェンスブルク郡；28：ボーデンゼー郡；29：コンスタンツ郡；30：ジグマリンゲン郡；31：トゥットリンゲン郡；32：シュヴァルツヴァルト・バール郡；33：ヴァルツフート郡；34：オルテナウ郡；35：エメンディンゲン郡；36：フライブルク市；37：ブライスガウ・ホッホシュヴァルツヴァルト郡；38：レーラッハ郡
【スイス】39：バーゼル・シュタット準州；40：バーゼル・ラントシャフト準州；41：アールガウ州；42：ゾロトゥルン州；43：ジュラ州；44：ベルン州；45：ヌシャテル州；46：ヴォー州；47：フリブール州；48：ジュネーヴ州；49：ヴァレー州；50：ティチーノ州；51：グラウビュンデン州；52：グラールス州；53：ザンクト・ガレン州；54：アッペンツェル・アウサーローデン準州；55：アッペンツェル・インナーローデン準州；56：トゥールガウ州；57：チューリッヒ州；58：シャフハウゼン州

注2：括弧付き番号は、InterregⅢA対象地域ではないが隣接地域としてプログラムへの参加が認められていた地域。

図5-2　InterregⅢAプログラムの対象地域
出所：http://www.Interreg.ch/ir3gre_e.html に加筆（2009年2月現在）。

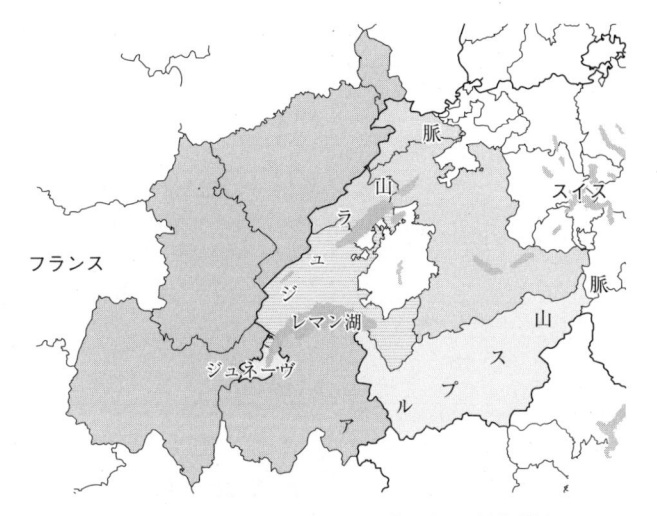

図5-3　フランス・スイス・プログラム対象地域
出所：http://www.Interreg.ch/images/francom_f.gifに加筆（2008年12月現在）。

（1）Interreg IIIA フランス・スイス・プログラム

　フランス・スイス・プログラムの対象地域は、ジュネーヴ盆地を中心にレマン湖周辺に広がる地域と、ジュラ山脈をはさんでフランス側とスイス側が接している山岳地域に分けられる（図5-3）。レマン地域には都市圏が形成されており、その中心都市であるジュネーヴには人口が集中し、近隣地域からの越境通勤者も多い。この地域への人口の集中と都市化の進展は交通渋滞や公害の発生といった問題を引き起こしており、その対策が課題となっている。他方、ジュラ地域では、ジュラ山脈が障害となって地域内外を結ぶ輸送ルートの整備が遅れており、このことが地域の発展を阻む原因となっている。
　Interreg IIIA フランス・スイス・プログラムで設定された主要目標・テーマ、実施事業件数および主な事業例は表5-4の通りである。Interreg IIIAで実施された事業内容をみると、レマン地域では、ジュネーヴを中心にこれまでに構築されてきた越境地域空間および越境関係をより発展させるための活動が行われており、地域整備や交通網の整備など都市圏の再開発や都市の抱える問題の改善に関わる事業が多い。なお、これらジュネーヴ都市圏の地域

表 5-4　Interreg ⅢA フランス・スイス・プログラム事業

主要目標		件	Interreg ⅢA フランス・スイス・プログラムの代表的な事業
テーマ			
1 地域整備のための越境協力事業の発展		20	
	1.1 地域整備における越境協力の促進	6	ジュネーヴ都市圏整備事業の検討、黄金の長方形（ジュネーヴおよびフランス側ジェクス地方）開発計画、EU・スイス2国間協定フォローのための統計整備
	1.2 日常生活における越境協力の促進	6	
	1.3 地域における輸送・コミュニケーション・システムの統合	8	ジュラ地域のスイス・フランス直通ルート計画の検討
2 自然・文化・観光資源および歴史的遺産の活用による地域の魅力強化		47	
	2.1 自然資源の保護と活用	13	洪水被害の防止（気象レーダー・システムの設置）
	2.2 観光事業の強化・発展	13	地域の優良産品を紹介するインターネットサイトの開設、ジュラ地域の観光情報を提供するオーディオ・ガイドの作成
	2.3 文化・歴史的遺産・レジャー分野での協力の支援	18	ドキュメンタリー映画の制作、映画上映イベントの開催
	2.4 農林業の強化と産業としての永続化	3	ジュラ地域産木材の原産地統制名称（AOC）認証の取得
3 雇用・職能訓練分野での交流促進と経済環境改善		28	
	3.1 経済的環境の適応と発展	3	
	3.2 高等教育・研究・技術移転に関する事業の支援	13	粉体圧縮成形によるマイクロ部品製作の研究、麻薬捜査への科学的貢献
	3.3 職能訓練および雇用分野での協力事業の支援	12	時計産業における技術者の育成および技術向上のための研修・資格認定
計		95	

出所：http://interreg3afch.org/projets.php より作成（2008年12月現在）。

開発・整備に関する事業は、越境協力組織であるフランス・ジュネーヴ地域委員会（CRFG）によって策定されたものである。

　ジュラ地域では、文化・レジャー、観光、自然保護の分野での協力事業が多く、観光情報を提供する事業や山岳地域ならではのスポーツ・レジャーのイベント事業が多く実施された。ジュラ地域では、山脈が障害となってフランス側とスイス側の交流が希薄であったが、Interregプログラムによって越境協力事業が実施されるようになり、相互の交流・連携が開始された。この地域では、スイス側の活動を支援する越境協力組織として、ジュラ横断会議（CTJ）の果たした役割が大きい。CTJは、Interregプログラムの実施において、スイス側のプログラム管理機関となっていたほか、多くの事業でスイス側の事業代表者を務めていたのである。

（2）Interreg IIIA イタリア・スイス・プログラム

　イタリア・スイス・プログラムの対象地域は、南北間ではアルプスの主峰が連なる山岳地域と比較的平坦な丘陵・湖畔地域という地形的相違があり（図5-4）、東西ではイタリア語・フランス語・ドイツ語の各言語圏が併存している。山岳地域では、イタリア・スイスの国境付近を貫くアルプス山脈によって産業や地

図5-4　イタリア・スイス・プログラム対象地域
出所：http://www.Interreg.ch/images/itsui_i.gifに加筆（2008年12月現在）。

表 5-5 Interreg IIIA イタリア・スイス・プログラム事業

主要目標 / テーマ			件	Interreg IIIA イタリア・スイス・プログラムの代表的な事業
1 地域経済の安定的・持続的発展			103	
	1.1	農村地域の発展の支援	25	
	1.2	地域の生産システム間の協力の発展	21	大学間高速情報通信システムの構築、企業設立支援ネットワークの構築
	1.3	観光事業の統合の発展	57	アルプス地域での公共交通機関の統合に関する研究、多様な観光コースの共同企画、グロン・サン・ベルナール峠入口の2地域での観光情報センター設置、国境を越える自転車専用区域のための自転車観光情報システムの整備、点在する山岳観光地の統合と発展、観光鉄道路線の維持
2 自然・文化資産の保護・管理についての協力			79	
	2.1	環境資源の有効利用	29	
	2.2	地方自治体の芸術・文化遺産・建築物の有効利用	41	歴史・科学博物館間ネットワークの構築、災害時における芸術・文化遺産の保護の研究、地域の視聴覚ライブラリーの整備
	2.3	インフラストラクチャー・輸送システムの統合と改善	9	スイス・ロカルノ―イタリア・ミラノ間の水路を利用して観光地を連結するルート整備の検討
3 文化的・社会的・制度的業務における協力の強化			39	
	3.1	人的資源のコーディネーションの発展	18	インターネットを利用した職業情報の提供
	3.2	地域住民における国境をなくす	21	地域の定期刊行物の越境情報交換協力、オンライン2言語（イタリア語・ドイツ語）教育辞典の作成、若手研究者発掘のためのコンクール開催
計			221	

出所：http://www.Interreg-italiasvizzera.it/ より作成（2008年12月現在）。

域間交流の発展が阻まれてきたが、他方ではその景観や自然環境を活かした観光業が重要な産業となっている。アルプス南側の丘陵地域では製造業が発展しており、湖畔地域では観光業も盛んである。特に、スイス側ティチーノ州には国境近くにロカルノやルガノといったリゾート地があり、地形的に人の移動が容易であることから、イタリア側からティチーノ州への越境通勤者も多い。

　Interreg IIIAイタリア・スイス・プログラムで設定された主要目標・テーマ、実施事業件数および主な事業例は表5-5の通りである。イタリア・スイス国境地域を対象に実施された事業では観光関連事業が最も多く、イタリア側とスイス側の隣接する観光地を連結し、観光地としての魅力を高めようとする試みが多くなされた。イタリア・スイス国境地域においては、Interregプログラムが開始された当初は両国境地域が別々に事業活動を進めることも多かったのであり（LRDP, 2003）、越境協力の経験が浅い同地域においては、Interregの展開とともに越境協力活動を徐々に発展させている状況である。しかしながら、地理的要因から地域間の交流が乏しかった同地域にとっては、Interregプログラムは越境協力事業を開始する大きな原動力となったのである。

（3）Interreg IIIAアルペンライン・ボーデン湖・高地ライン・プログラム

　アルペンライン・ボーデン湖・高地ライン・プログラム（以下、ボーデン湖プログラム）の対象地域ではライン川やボーデン湖が国境を形成しており（図5-5）、国境を挟んで各国が共有しているそれら自然環境の保護が隣接地域の共通の課題となっている。この地域は、産業や言語など同質な特徴を有している地域である。しかし、この地域の国境付近には強力な都市圏が形成されていないことから、産業における越境連携や国境を越える労働力の移動は相対的に低調である。

　Interreg IIIA ボーデン湖プログラムで設定された主要目標・テーマ、実施事業件数および主な事業例は表5-6の通りである。ボーデン湖周辺の国境地域で実施された事業では、自然・環境保護関連の事業が最も多く、また、地域の経済・産業振興や観光促進、農業支援事業も多い。ただし、事業の活動内容としては、会議や見本市、イベントの開催といった特定の期間を対象に実施された事業や、事業の実施可能性について検討するにとどまった事業が多く、今

124 第 1 部　EU 統合の経験

図 5-5　ボーデン湖プログラム対象地域
出所：http://www.Interreg.ch/images/bodenh_d.jpg に加筆（2008年12月現在）。

後はより具体的な成果が期待できる越境協力事業の展開が望まれる。

（4）Interreg IIIA ライン川上流域中南部プログラム

　フランス・ドイツ・スイスの 3 か国が国境を接している地域は、西側のヴォージュ山脈と東側のシュヴァルツヴァルト（黒い森）、南側のジュラ山脈に囲まれている低地（ライン地溝帯）であり、ライン川が自然国境となっている（図 5-6）。この地域は、ブルーバナナと呼ばれるヨーロッパの中でも経済的に発展している地域に属している。特に、スイス北西部は、フランス側やドイツ側地域と比較して 1 人当たり GDP が高く、失業率が低い。それゆえ越境通勤者の受け入れ地となっている。主要な産業は製造業であるが、この地域には大学や研究機関、製薬関連企業が多かったことから、現在ではバイオバレーと呼ばれるライフサイエンス関連産業の一大集積地として発展している。

　フランス・ドイツ・スイス国境地域は、早くから越境連携の試みが行われて

表 5-6 Interreg IIIA ボーデン湖プログラム事業

主要目標 ／ テーマ		件（うちスイス側参加）	Interreg IIIA ボーデン湖プログラムの代表的な事業
1 経済発展		50(33)	
	1.1 ロケーション・マネジメント（経済・産業面での地域の魅力を強化）	17(12)	
	1.2 中小企業支援	7(3)	
	1.3 サービス・観光業	21(14)	地域の地理データの統合、越境バス構想（公共交通機関の利用促進）、ボーデン湖周辺の観光企画展・イベントの開催、山岳エリアのハイキング観光コースの整備、スポーツ・イベントの開催準備（環境に配慮した開催方法の検討）
	1.4 農林業	5(4)	地域産品の販売促進（経営者向けコンサルティング・センター開設）、品質と環境に配慮した野菜・果物生産の支援
2 環境と空間開発		35(26)	
	2.1 環境および自然の保護	21(17)	
	2.2 地域開発	8(6)	住民活動ネットワークの支援、共同空間開発（地理情報・データの収集・提供）、景観維持のための農業建築物の管理
	2.3 技術的インフラストラクチャー	6(3)	
3 社会的・文化的発展		37(29)	
	3.1 教育・研究開発	7(5)	ボーデン湖についての教材作成、企業実習生の越境交換実習
	3.2 健康・社会福祉	15(11)	児童・生徒の肥満防止
	3.3 文化・スポーツ	5(3)	
	3.4 地域のネットワークと意識の形成	10(10)	
計		122(88)	

出所：http://Interreg.org より作成（2008 年 12 月現在）。

きた地域である。ヨーロッパの中でも越境連携の活動が最も活発な地域の1つであり、1963年に設立されたスイス側組織のレギオ・バジリエンシス、1965年に設立されたフランス側組織のレギオ・デュ・オ・ラン、1985年に設立されたドイツ側組織のフライブルク・レギオ協会といった各国側の地域別組織のほか、地域全体としての越境地域連携組織や州・県レベルでの協議会、国レベルの政府間委員会が組織されている。これらの組織はInterregライン川上流域中南部プログラムの管理・運営に直接参加することはなかったが、各組織のメンバーとInterregプログラムの決定・管理・監督支援機関のメンバーは重複していたのであり、間接的にInterregプログラムの管理・運営に関与していた。

図5-6 ライン川上流地域中南部プログラム対象地域
出所：http://www.Interreg.ch/images/oberrh_d.gifに加筆（2008年12月現在）。

　Interreg IIIAライン川上流域中南部プログラムで設定された主要目標・テーマ、実施事業件数および主な事業例は表5-7の通りである。工業の発展しているフランス・ドイツ・スイス国境地域では、大気や地下水などの環境への負荷に対する配慮として、環境保護に関する事業が多く実施された。ライン川上流域中南部プログラムで実施された事業の特徴は、他の3プログラムと比較して事業1件あたりの予算規模が大きいことである。すなわち、ライン川上流域中南部プログラムでは戦略的かつ計画的に事業計画が行われ、採択された事業に対しては集中的に予算が割り当てられていたのであり、これまでの越境協力の経験を生かした効率的なプログラム運営が行われているといえる。

表 5-7　Interreg IIIA ライン川上流域中南部プログラム事業例

主要目標 / テーマ		件（うちスイス側参加）	Interreg IIIA ライン川上流域中南部プログラムの代表的な事業
1 住民サービスや制度面での越境協力		19(10)	
	1.1 地域住民の結びつき強化、相互理解の深化	10(9)	越境地域住民交流事業への支援、女性労働者の越境就労支援
	1.2 越境地域間の結束強化、安全・健康分野での越境協力の発展	5(0)	
	1.3 政治・行政レベルでの協力	4(1)	
2 地域の持続的かつバランスのとれた発展		23(10)	
	2.1 国境を越える輸送機関の発展	7(1)	
	2.2 都市および農村の地域開発	3(2)	バーゼル都市圏の越境空間開発構想の精緻化
	2.3 環境の保護	13(7)	大気汚染に関する情報・評価システムの構築および情報提供
3 経済および人的資源の統合		32(18)	
	3.1 経済協力	7(4)	中小企業向けコンサルテーション・ネットワークの構築、再生可能エネルギーの促進（情報提供）
	3.2 労働市場の統合	15(6)	3か国共通の土木・建築・環境学修了資格取得コースの創設、EUCOR（越境大学間連携）の支援
	3.3 研究・科学技術の発展	10(8)	バイオバレー（ライン川上流域におけるライフサイエンス・クラスター）の構築・発展のためのネットワーク構築・拡充事業
4 国境を越える観光と文化の促進		17(7)	
	4.1 国境を越える観光の発展	7(2)	Regio Trirhena 観光促進（保養地としての知名度向上）
	4.2 地域の文化および文化財に対する理解と再評価	10(5)	
計		91(45)	

出所：http://sites.region-alsace.fr/Interreg/DE/Projets/interreg+3.htm より作成（2008年12月現在）。

4. EU・スイス関係の将来

　1992年の国民投票でEEAへの参加を否決して以降、2009年現在に至るまでスイスのEU加盟交渉の開始は凍結されたままとなっている。しかし、EU拡大およびヨーロッパにおける統合が進展している中で、EUとスイスの関係強化は双方にとって重要な課題である。スイス国内でのEU加盟問題が進展しない中、EUにとって、当面EUへの加盟が望めないスイスとの関係を強化し実質的な統合を進める手段は、2国間協定の締結による制度面での調和と、地域間協力を促進することによって地域レベルからの関係強化を図ることである。

　2国間協定は、EUとスイスの政府間の協議によって制度面での双方の調整を行うものであり、EUとスイスの中央政府主導で進められる国家レベルからの統合政策である。ただし、協定の発効にはEU加盟各国とスイス国民による承認が必要であり、協定に関わる政府間での交渉期間も含めて、協定発効までには長い時間を要することになる。それゆえ、2国間協定の対象分野をさらに拡大し、新たな分野についての協定を締結していくことは、容易には進展しないと思われる。

　EU地域政策の1つであるInterregプログラムの実施は、EUの地域間協力促進プログラムにスイス側地域の参加とスイス連邦政府からの資金的支援を引き出すことに成功しており、EU側とスイス側の双方の協力によって地域レベルからの協力関係の進展に貢献するものである。EUやスイス連邦政府が資金支援を行うことによって越境地域間協力事業を促進するInterregプログラムは、特にフランス・スイス国境ジュラ地域やイタリア・スイス国境地域のように国境を越える地域間関係が希薄であった地域において、潜在的な越境協力事業を掘り起こし、地域間の協力関係を構築し、国境を越えて地域レベルからの統合を実現する手段として重要な役割を果たしている。そして、Interregプログラムによる越境協力事業は、地域統合を促進するとともに、国境を越えた地域整備や産業振興を進める手段ともなっている。

　以上のように、当面のEU・スイス間関係は、地域レベルでの関係強化を通

して進展していくと考えられる。そして、地域間協力事業の発展については、地域の越境協力組織の貢献が注目に値する。例えば、Interreg ライン川上流域中南部プログラムでは、既存の越境組織が管理・決定機関に深く関与し、プログラムの管理・運営を効率的に進める役割を果たしている。また、フランス・スイス Interreg プログラムでは、CRFG がレマン地域の重要な地域開発・整備事業を策定し Interreg 事業として実施していた。このように、大規模な越境協力事業を進める上で中心的役割を担う越境協力組織の存在は重要である。今後の越境協力の実施をより効果的なものとするためには、上記２つのプログラムのように、越境協力組織のもつ経験とネットワークを積極的に活用していくことが必要であると思われる。

参照文献

Consel fédérale suisse (1992) *Votation populaire du 6 décembre 1992, Explications du Consel fédéral.*

Gstöhl, S. (2002) *Reluctant Europeans Norway, Sweden and Switzerland in the Process of Integration*, Lynne Rienner Publishers.

Integration Office DFA/DEA (2002a) *The Seven Bilateral Agreements between Switzerland and the European Union of 1999, Report on the Agreements and Companion Measures, with Explanations.*

Integration Office DFA/DEA (2002b) *Bilateral negotiations II Switzerland-European Union.*

SFSO (Swiss Federal Statistical Office) *Statistishces Jahrbuch der Schweiz*, Birkhäuser Verlag, 1969, 1971, 1974, 1979, 1988.

SFSO (Swiss Federal Statistical Office) *Statistishces Jahrbuch der Schweiz*, Neue Züricher Zeitung, 1991, 1996, 2002, 2003.

石田聡子 (2007)「イタリア・スイス国境地域における Interreg―EU 域内・域外協力のガバナンス―」『岡山大学経済学会雑誌』第 39 巻第 1 号、岡山大学経済学会、1-21.

石田聡子 (2008)「スイス国境地域における越境地域間協力―Interreg ボーデン湖プログラムの事例―」『北東アジア経済研究』第 6 号、岡山大学大学院社会文化科学研究科、59-79.

石田聡子 (2009)『スイスの対 EU 政策―統合政策としての Interreg プログラム―』岡山大学大学院文化科学研究科、博士学位請求論文.

伊藤貴啓 (2003)「バーゼル国境地域における越境地域連携の展開とその構造」『地理学報告』（愛知教育大学）第 97 号、22-46.

伊藤貴啓（2008）「バーゼル都市圏と越境地域連携」、手塚章・呉羽正昭編『ヨーロッパ統合時代のアルザスとロレーヌ』二宮書店、90-107.

清水耕一、石田聡子（2006）「フランス・スイス国境地域における Interreg」『岡山大学経済学会誌』第 38 巻 第 2 号、23-46.

清水耕一、石田聡子（2007）「スイス国境地域における越境地域間協力」、若森章孝・八木紀一郎・清水耕一・長尾伸一編著『EU 経済統合の地域的次元―クロスボーダー・コーペレーションの最前線―』ミネルヴァ書房、105-125.

田口晃（1993）「スイスは何故ヨーロッパ統合に消極的か――九九二年一二月六日の国民投票をめぐって―」、日本政治学会編『年報政治学 EC 統合とヨーロッパ政治』日本政治学会、137-152.

丹沢安治（2006）「EU における国境を越えた地域経済ガバナンス―ライン河上流地域におけるバイオ産業集積の地平―」『国境を越える地域経済ガバナンス・EU 諸地域の先行例を中心とした比較研究（平成 14 年度～平成 17 年度科学研究費補助金（基礎研究（A）研究成果報告書、課題番号：14252007））、257-272.

丹沢安治（2007）「ライン河上流地域における国境を越えたバイオ産業集積の展開」、若森章孝、八木紀一郎、清水耕一、長尾伸一編著『EU 経済統合の地域的次元―クロスボーダー・コーペレーションの最前線―』ミネルヴァ書房、126-145.

八木紀一郎、若森章孝（2006）「上部ライン地域における越境地域協力―豊かなコア地域における地域協力」『国境を越える地域経済ガバナンス・EU 諸地域の先行例を中心とした比較研究（平成 14 年度～平成 17 年度科学研究費補助金（基盤研究（A））研究成果報告書、課題番号：14252007）』、243-256.

第2部

中国からみた東アジアと日中関係

第6章　東アジアにおける地域統合
―中日平和と独仏和解に関する比較研究―

黄　鳳志

1. はじめに

　中日両国は東アジアにおける重要な国であるため、中日関係が良好に保たれることは、両国相互の利益となるであろうし、東アジア地域の平和と繁栄に重要な意味をもつ。中日の戦略的互恵関係の構築の初期に、独仏和解に関して比較研究をすることは、我々にとって啓発的なことであることは明らかである。中日関係は、ヨーロッパの独仏和解を参考にすることで、東アジア地域における中日の協力と協調という奇跡を期待できる。というのは中日平和と独仏和解には、3つの共通点があるからである。1つ目は、ヨーロッパにおける独仏の役柄と両国関係の発展の経緯がアジアにおける中日のそれらに似ているため、独仏和解の経験を中日の戦略的互恵関係構築の参考とすることができることである。2つ目は、戦後、独・仏・中・日の4国が友好的かつ平和的な段階へと進むための好ましい環境要因を挙げることができる。それは、4国が世界の平和と発展から恩恵を受けるという時代の傾向に影響されたと同時に、4国が国内の強い平和的な力に支えられたことである。3つ目は、ドイツと日本が戦争発動国から正常国へと戻り、それぞれがヨーロッパとアジアの経済大国になったことである。

　もちろん、戦後60年間における、中日の平和的友好関係と独仏の和解は、アジアとヨーロッパの異なる地政における明らかな違いをも表している。独仏は相互の歴史的憎悪を乗り越えて真の和解へと発展し、独仏のパートナーシップをもってEECからEUへという新局面を築き、ヨーロッパ協力の礎を成し遂げた。独仏の和解によりもたらされたヨーロッパ諸国の連合という輝かしい

第6章 東アジアにおける地域統合―中日平和と独仏和解に関する比較研究― 133

成功と比べ、中日間の平和的友好関係は、東アジアにおけるアメリカの影響により明らかに妨げられ、また制限された。独仏和解はアメリカの支持を得たが、中日ともに平和的協力についてそうした幸運に恵まれなかった。戦争歴史問題、両国の世界における地位の承認問題や両国の利益と政治的信頼の構築といった多くの問題が、中日両国を混乱させている。つまりすべてのこうした問題の解決が独仏和解の進展よりも遅れをとっているのである。独仏和解によってヨーロッパ連合が実現されたが、中日は戦略的互恵関係を築くという共通認識を得ただけである。

　中日が独仏和解のように、北東アジア諸国の平和的協力の例になれるかどうかということは重要な問題である。中日の根本的な問題点は、戦略的協力の共通認識と目標の欠如によるものであり、また双方の政治的信頼の欠如と戦略的な猜忌からくるものである。独仏和解を参考にしつつ、中日の戦略的互恵に関する中日関係の進展のために中日の戦略的協力の共通認識を確立し、「平和、協力と相互利益」という新しい外交政策を制定して推進する必要がある。中日両国の歴史問題と民間対立という苦境からの脱出は、中日両国の政治家たちにより決定されるが、それは彼らが両国の戦略的協力と互恵の目標と枠組みを確立するという見識と意向をもっているかどうかにかかっている。中日両国は、将来の共通の進路を正視し、地域的な共同体を確立することにより和解を推進する必要がある。

　中日の戦略的互恵関係を確立する条件はある程度、準備されている。中日友好平和条約の締結から30年間にわたる双方の努力により、中日の戦略的互恵関係の堅固な経済的な基礎が確立し、中日の「互恵、互利、互補、共同発展」という経済および貿易関係はすでに確立している。政治的基礎をみれば、両国政府は、中日の友好的な協力が両国の根本的な利益にプラスの作用をもつということを認識し、先の両政府により合意されたコンセンサスを守り、互いを脅かすことのない協力的なパートナーとなることである。中日両国間は、幅広い共通の利益を通じて、競合するライバルを凌駕する可能性を分かちもち、互いに協力するパートナーをなる。なぜなら、両国の協力による共通の利益は、両国間の悪意に満ちた競争による深刻な結果よりはるかにすばらしいものである

さて、中日の戦略的な互恵関係確立の可能性には、さまざまな困難と問題があり、それは独仏が経験しなかったことである。北東アジアにおける中日の地域政治の矛盾が両国の戦略的関係の悪化を引き起こす可能性がある。さらに、アメリカの北東アジアにおける同盟戦略によりもたらされる影響が、中日が戦略的に接近する障害となる。両国の利益の競合、歴史問題における対立と両国民間の互いに対する悪感情は、中日の戦略的互恵関係の確立を制約する。しかしながら中日の戦略的互恵関係を確立するための提案として、中日両国が独仏間のような新しい和解モデルを構築し、平和的友好関係を実現できる能力をもつことをあげることができる。中日両国は、さまざまな問題と困難を克服し、中日間の平和的かつ友好的なモードを構築する可能性をもつ運命にある。

　戦後、中日は紆余曲折しながら平和発展への道のりを歩いてきた。しかしながら中日関係が独仏和解の知恵を参考にしながら、東アジアにおける中日の平和と協力関係を創出するという奇跡をもたらすことができるか否かについては、人々の間で諸説まちまちである。本章は中日平和と独仏和解を比較研究し、中日間の戦略的な互恵関係において直面するさまざまな問題を探求するものである。

2. 中日平和と独仏和解の共通性

　長い間、かつての戦争の悪夢が中日関係の発展に覆い被さっていた。20世紀の中頃、日本は、アジアにおけるナンバーワンの工業国家となって以来、2度にわたり対中戦争を引き起こし、中国は日本の東アジア拡張政策による被害国となった。第2次世界大戦後、中日間における戦争から平和に至るまでの道程は紆余曲折の波乱に満ちたものであった。中国と日本は東アジアにおける重要な2国家であり、両国の協力関係への願望と行動は全東アジアにおける協力関係のすべてに対して大きな影響を与える。

　中日関係の進展が難航している時、"独仏和解のケース"が中日の学者に注目され、それは、検討に価すべき価値がある問題と認識されてきた。戦後、独

仏の和解がヨーロッパに協力と繁栄をもたらしたという成功事例は我々の中日関係の研究にとっても、参考となるであろう。

　まず注目すべき点は、独仏と中日の、ヨーロッパとアジアにおける役割と双方の関係の発展経緯は比較的類似していることである。

　独仏はヨーロッパにおいて領土が隣接し、経済、軍事、政治面での強国であり、両国の戦争と平和はヨーロッパ全地域の平和と繁栄に重要な影響力を及ぼす。ここ百数十年間に、独仏間には、支配権の拡大と政情不安の影響を受け3回の戦争があった。その1つはドイツがヨーロッパの政治大国となるために起こした独仏戦争であった。残り2つの戦争はいずれも世界大戦級のものであった。しかし、戦争では依然として、ヨーロッパの政情不安を解決することはできず、帝王の覇権野心と欲望による、極端な民族主義の熱狂が、両国ないしはヨーロッパ全地域にもたらしたものは、流血と破壊の人的大災害であった。その後独仏両国は、1世紀余りの血生臭い戦争を経た後、生存と発展の道は和解以外ないと認識した。

　中日は東北アジアに位置し、大海を挟み相対する地勢にある2つの政治大国であり、ここ百数十年間に、中日の間でも2つの戦争があった。1つは日本が東アジアにおける政治大国となるために起こした戦争であり、もう1つは、アジア太平洋地区全域におよぶ戦争であった。近代日本が東アジアにおける国際秩序を担おうとした役割はドイツとよく似ており、二度にわたる対中侵略戦争の目的は東アジアでの覇権樹立であった。また、戦争の結末はドイツがヨーロッパで引き起こした悲劇を再現するものであった。この戦争により中日両国およびアジア太平洋の多くの国家に生命と財産に関わる大きな損失をもたらしたが、日本は結果としては、拡張の原点に戻らなくなくてはならず、アジア太平洋の普通の国になった。中日戦争の引き起した悲劇は、中日両国の多くの人々に、独仏和解を見習い、両国は永久平和と協力の道を歩くべきだという認識をもたらすこととなった。

　さらに、戦後の独仏和解と中日平和への活動は、世界の平和と発展の時代的潮流に貢献し、また4か国の国内平和への大きな推進力となった。

　戦後、米ソの冷戦が始まると同時に、世界各国における平和活動勢力も迅

速に発展し、ファシズムや軍国主義勢力は糾弾され、憎まれ、平和、協力、互恵への道が多くの国家や国民の支持を得るようになった。「人びとの戦争に対する恐怖や平和に対する期待および生命の重視、これらすべてが理性的な思考と同情心をもって狭隘な民族主義を乗り越えた」(胡庆亮、2005：46)。

　以下独仏和解の背景と条件を分析する。第1に、アメリカは冷戦におけるソ連への抑制のために、以前からヨーロッパ各国の協力を積極的に進め、冷戦に対応するためにドイツに肩入れし、ドイツ問題の解決をアメリカの対ヨーロッパ政策と全世界戦略の軌道に組み入れた。このことに、フランスは関与できなかった。アメリカの前国務長官アチソンはドイツ問題が解決できない限り、ヨーロッパ統合問題は実現できず、また、フランスがドイツ問題においてアメリカと歩調を合わせない場合は、ヨーロッパの統合はさらに遠のくと考えた。したがって、アメリカは西ヨーロッパ各国のとる積極的な行動を強力に支持激励し、相互援助の承認をした。すなわち、フランスを支持激励し、主導的な立場をとり、仏独の和解を図った(解红丽、2005)。アメリカの対ドイツ政策によって、フランスは戦後初期の"ドイツ弱体化政策"を改変し、改めて独仏関係を熟視しようとした。第2に、独仏の経済発展レベル、社会制度および意識形態は比較的近いものがあり、両国の協力移行に対する政治的障害はない。民族文化の視点からみると、独仏は同じキリスト教の文化圏に属し、かつ、ドイツが分割されたことにより、フランスのドイツに対する脅威も軽減した。「ドイツはもう既に、覇権を唱える強大で恐れられる国には戻れない」(戴高、2005：94)。第3に、西ヨーロッパ諸国は、ドイツが戦争に対する反省の下に、他国との間で、経済や政治上の協力関係を結ぶことを承諾した。西ヨーロッパには協力に関するコンセンサスがあり、多くの政治家のすべてが、協力はヨーロッパの前途と希望であると認識している。「1946年、イギリス保守党のチャーチル、フランス社会党のブルム、キリスト教民主党のベルギー人スパーク、イタリア人デーガスペリがチューリッヒに集まり、チャーチルが躊躇することなく、"ヨーロッパ合衆国"構想を語った。この情熱がヨーロッパ連合の成立を主張する世論運動を引き起こした。1948年、ハーグで開催されたヨーロッパ連合の支持者大会でヨーロッパ連合設立の要望が表明された」。

「1948年4月16日、アメリカでヨーロッパ経済協力組織が成立し、この任務はアメリカの援助を分配することにあり、ヨーロッパ人はこれ以降協力への道を歩み始めた」（徳尼兹・他、2005：571）。第4に、フランスとドイツは、米ソ冷戦の両極が対抗する最前線に位置し、米ソ両超大国による東西からの威圧の下での生存の危機感が独仏和解への重要な原動力となった。西ヨーロッパ諸国の協力のキーポイントは独仏和解であり、西ドイツの首相アデナウアーとフランスの大統領ドゴールの両指導者は、時代の流れに乗り、仏独両国間の100年あまりの敵対関係の終結と仏独両国の和解と相互信頼の方針を示すことで、大きな貢献をなした。アデナウアーは独仏両国が報復の悪循環から脱却し、新たな関係を構築することにより、独仏両国とヨーロッパに明るい未来が切り開かれると考えていた。アデナウアーの独仏和解思想はドイツ連邦とフランスの和解政策の基本的方針であり、アデナウアー政権の執政期間およびその後の政府もその思想に従い実践してきた。

　一方戦後の中日の平和への道程は紆余曲折に富んだ非常に困難なものであった。

　中国の内戦勃発と1949年中国共産党の勝利以降、アメリカは"中国と連合して日本を抑制する"政策から"日本と連合して中国を抑制する"政策に転換した。また、日本もアメリカに占領されたため、"アメリカに追随する"外交政策を採った。そのため、中日関係は長い間、なすすべもなく難航していた。1970年、中米関係の改善を契機に、中日の指導者はようやくチャンスを掴み、1972年、外交関係を確立し、1978年、「中日平和友好条約」に調印し、両国は平和の道を歩み始めた。中日の国交と関係の正常化は歴史の発展の必然であり、それを推進する原動力は次の3つである。

　第1に、中国と日本は一衣帯水関係にある隣国であり、切るに切れない関係である。グローバル化が進行する時代に、中日両国関係の正常化は両国国家利益の必要条件である。第2に、両国の国交のない時期においても、両国の民間交流は終始続いており、中日の民間貿易と民間文化交流は止むことなく発展しつづけ、両国の関係正常化のための民意の基礎となった。中国政府は1950～60年代、民間交流の拡大推進を実施した。「民間先行、官を促す」とする対日

政策は、中日関係の正常化推進に対して、積極的に作用することとなった。第3に、アメリカによる対中外交政策の衝撃が走った。アメリカ大統領ニクソンの中国訪問と「中米連合声明」の発表は、日本の政界に大きな衝撃を与え、自主外交と中日関係の改善に関して多くの有識者の共通認識となった。田中首相から佐藤首相の時代以降、両国の政治家たちは、共に努力して、中日関係を平和の道へと推進させた。こうして独仏和解と中日平和の過程において、ドイツと日本は共に戦争震源国家から正常国家への回帰を体験した。

　ドイツは近代ヨーロッパにおける3回にわたる大規模な戦争の発祥地であった。第2次世界大戦で負けたドイツは、米、ソ、英、仏に分割占領され、非ファシズム、非軍国主義および民主化のための改造政策を採用し、ナチスの戦犯を裁き、ドイツ連邦を民主的な政治体制として再建し、民主的で平和的な国家に変貌させた。ドイツが立場や観点を徹底的に変え、欧米ファミリーとの従来の対抗状態から欧米ファミリーの一員として参入することが、独仏和解の前提条件であり、また、ドイツのヨーロッパの一員への復帰は、ヨーロッパ諸国が新たにドイツを受け入れる前提でもあった。まさにドイツの民主的国家への変貌の条件下で、ヨーロッパ共同体が生まれ、ヨーロッパ諸国は平和と繁栄の道を歩み始めた。

　日本は近代の東アジアにおける、中日、日露、アジア太平洋戦争の開戦国であり、日本の敗戦後は、アメリカ一国が日本を占領し、政治的な民主化改革を行い、戦犯を裁いた。また、婦人解放と参政権、労働組合の組織権と交渉権の保障、教育の自由化、各種専制制度の撤廃、経済構造の民主化など各項目にわたる改革を推進した（黄凤志、2001）。戦後の日本の新憲法の公布は、日本が既に議会制民主主義国家になったことを表しており、日本は、隣国と一歩一歩友好関係を樹立し、正常な国家の平和への道を歩み、中国およびその他東アジア各国との間で半世紀以上にわたり平和を維持している。

　独仏と中日は、そのヨーロッパとアジアでの地政学上の特別な地位によって、世界平和の維持と地域協力の促進と発展を目的とする重要な歴史的責任を課せられている。現代における世界平和と時代の流れおよび独仏両国の積極的な変化が、独仏和解を推進し、両国に歴史的に展開していた協力関係を押し進

めた。しかし、中日両国の平和への過程では、大きな進展があるものの、中日の協力面では明らかに独仏に遅れをとっている。

3. 中日平和友好と独仏和解の発展の相違

　戦後六十数年間における中日の平和友好と独仏和解には、明らかな違いが認められる。ドイツとフランスは敵対関係を乗り越える体験をした。独仏のパートナーシップがヨーロッパ連合の基礎を築き、両国の和解はヨーロッパ経済共同体からヨーロッパ連合協力への新局面を切り開いた。独仏の和解がヨーロッパ諸国の統合という輝かしい成果を収めたのに対して、中日間の平和友好には明らかな立ち遅れと限界性がみられる。21世紀に入り、中日の平和友好への道はさらに難航しているように思われる。また、中日関係では戦略上の相互不信、相互防衛、エネルギーの争奪、国民感情の相互嫌悪などの現象を呈しており、両国関係はある範囲において、未だに苦境を乗り越えられず、安全な所に落ち着いたとはいえない。独仏の経験を参考にして、中日関係の抱える問題点を反省し、中日の平和友好関係を促進させることは、とりわけ必要と思われる。

（1）　中日関係の進展が独仏関係の発展より遅れている外部環境の要因

　戦後、アメリカはヨーロッパにおける対ソ連抑制戦略の必要性から、かって、西ヨーロッパ連合に大きな力を入れた。すなわち、フランスに対して弱独政策を改めさせ、独仏関係の相互報復の悪循環を断ち切った。結果において、フランスには対独和解政策の選択ができるように仕向けた。しかし、アジアにおける対中日関係に関しては、アメリカはまったく違う政策を採ったため、その影響を受けて中日関係は長い間正常化できなかった。また、中華人民共和国の建国と朝鮮戦争の勃発が中米関係を敵対させる立場に置いた。1950年から1960年代、アメリカの東アジア政策の核心は、①日本を軍事的に占領してコントロールする、②アメリカの外交政策に従うことを日本に要求し、日本をアメリカの東アジアにおける戦略政策に組み入れる、③中国を抑制し、孤立させ

ることであった。このようなアメリカの東アジア政策は、必然的に中日関係を膠着状態にさせ、中米の敵対関係の下で、中日の敵対関係をも生み出すこととなり、中日関係の「敵から友になる」絶好のチャンスが失われた。1970年代までに中米関係は緩和され、ようやく中日国交も回復し、「中日友好条約」の調印がなされ、中日関係は20年間におよぶ正常化の発展時期を迎えた。しかしながら、冷戦後、アメリカは対中政策を変更し、"潜伏型"の対中抑制戦略と日米同盟の新たな定義付けを行い、再び日本をアメリカの対中抑制戦略に組み入れたため、近年、中日関係は敵でも、友でもない苦境におかれることとなった。アメリカの覇権の強い影響力は、中日関係を変貌させるだけではなく、北東アジア全地域の国際関係の根本的な改善と調整化を困難にしている。また、安全保障面の苦境状態はすべての北東アジア諸国を困惑に陥れ、北東アジア地域の安全システムの構築や経済協力の進展を難航させている。

　21世紀初頭、アメリカは今も日本の外交政策に対する決定的な影響力をもつ国家である。冷戦後の、北東アジアの地域政治における1超大国と3強国からなる構造は、アメリカの北東アジアにおける外交政策が、覇権均衡戦略である特徴をもつことを物語っている。覇権均衡戦略とは、覇権国家が実力ある地位と同盟政策によって、「離岸平衡手、海外均衡」の手段を用いて、全世界あるいは地域の範囲内において相対的な均衡勢力の枠組みを作り出し、最終的には覇権国の統治を実現させることを意味する。アメリカが北東アジア地域で覇権均衡勢力戦略を選択し、推進する目的は、米日・米韓同盟政策を通して、北東アジア地域への介入拠点を獲得するところにあり、また同盟国の力を借りて反アメリカ勢力を抑制し、地域内の強国によるアメリカの覇権権益に対する挑戦を防ぎ、さらに北東アジア地域の力を平衡させ、北東アジア地域における影響力を保持するところにある。

　冷戦後、アメリカは全世界の覇権戦略から出発し、強大な総合的国力をよりどころに、米日同盟による北東アジアの連合強化をはかり、かつ、韓国との連合および台湾へのコントロールの補強によって、北東アジア地域での覇権戦略を強く推進している。また、中国の抑制の実現、ロシア復興への防御、ならびに北東アジアにおけるアメリカの主導的な地位を維持するために、一貫した

重要な戦略を採用している。まず第1に、アメリカは自身の強大な実力に頼り、北東アジアにおける主導的地位での戦略的威嚇力を備えようとしている。第2に、米日韓の同盟を強化して、北東アジア地域におけるアメリカの戦略能力比率の高度化を志向している。「ワシントンは東京をアジア太平洋地域の安全に責任を負う積極的保証国に仕立てることに成功したが、これはすでに日本の防衛範囲を超えている。このような転換は北朝鮮に対する威嚇となり、中国に対しても長期的な挑戦となっている」(Twining, 2007: 80)。第3に、中日の歴史と現実の矛盾を利用して、相互的に牽制をさせながら、米日同盟を強化して、中露戦略同盟のパートナー関係に対応し、北東アジア地域における大国の勢力比率を均衡させる枠組みを構築し、「離岸平衡手」の役割を演じながら、北東アジア情勢をコントロールしている。第4は、台湾問題を利用して、日増しに勃興する中国を抑制し、台湾を中国に対峙させる対中政策を実施し、台湾海峡の両岸摩擦から大きな戦略的利益を獲得し、北東アジア地域におけるアメリカの影響力を最大限に発揮している。

　2007年2月、アメリカの有名なシンクタンクである「戦略・国際問題研究センター」は、前国務長官アーミテージとジョセフ・S・ナイの共同主宰執筆になる研究報告(アーミテージ報告II)『米日同盟：アジアの向かうべき正しい方向、2020』(Armitage, Nye, 2007)を発表した。この報告はアメリカのアジア戦略の目標は、主要な自由国による共同統治協力を維持するための均衡的な体制を打ち立てるべきであるとしている。アメリカの北東アジア覇権の均衡政策の核心は米日同盟である。冷戦後、アメリカは米日同盟の強化を通して、北東アジア地域の覇権の優勢や3強国、中日露の戦略的均衡を維持するなど多くの利益を獲得している。これによって、アメリカは北東アジア諸国に対する戦略的な優勢地位を打立て、中露に対して戦略的な威嚇力を増強した。また、日本に対しても強力な約束力とコントロール力が同盟の安定化作用となり、日本と中露との接近を防止した。結果において、日本は完全にアメリカの北東アジアにおける安全戦略の一環に組み入れられた。

　中日関係はアメリカの覇権的な均衡政策の犠牲となっている。アメリカの覇権的な均衡政策の下でのアメリカの北東アジア地域での覇権均衡政策の拡大

は、北東アジア地域の政治勢力の比率を変化させ、同地域の国際関係の整合に混乱を招き、また、安全保障システムを失うに至った。安全保障への不安に対応するため、北東アジア地域諸国は均衡安全保障戦略の受け入れを余儀なくされた。また、この均衡安全保障戦略の推進が新たな安全保障問題を生じさせた。

（2） 中日関係の進展が独仏関係より遅れた第一の内的要因

　独仏両国は、陸上における隣接国である。両国は人口、領土および経済発展のレベルが近似しており、政治制度と意識形態も同じである。独仏両国はドイツが戦争の罪を認め、ファシズム体制を徹底的に否定した上で、相互に接近する政治を選択し、平等のパートナー関係を築いた。かって、ドイツは軍国主義国家として、周辺のすべての国を侵略していた。20世紀前半の30年の間に2回の戦争で敗戦し、自らの侵略行為に対し悲惨な代価を支払うこととなった。第2次世界戦争後、ドイツは平和発展のために、隣国との関係を改善しなければならなず、戦争の責任を認めた。ドイツは戦争責任と侵略の歴史に対する反省を徹底的に行い、隣国に対する戦争責任を認め、これを公開し、和解において採用した主要な措置は、国家としての贖罪とナチス被害者への弁償である。「ドイツの謝罪は独仏両国に存在した遺恨を放棄させ、フランスは以前のドイツに対する"侵略主義"国家という先入観を捨て、ドイツを信頼できる協力パートナーとみなした。他方、ドイツは自らの誠意をもって、フランスとヨーロッパ全地域の人々のドイツに対する懸念を払拭した」（刘作奎、张伟、2008）。戦後、ドイツの歴代大統領と首相は、異なる場合や時期に、ドイツ国民を代表して、反省、謝罪、懺悔を行った。1970年1月25日、西ドイツの元首相ウイリー・ブラントはポーランドを訪問し、ワルシャワのユダヤ人遭難記念碑の前でひざまづき、懺悔すべき多くの人に代わり第2次大戦中のナチス党によって殺害されたユダヤ人に対し沈痛な哀悼を表し、かつ、敬虔にナチス時代のドイツの罪を認めた。1994年、ドイツ議会は法令は「反ナチスと反刑事犯罪法」を制定して、法律上でナチスの再興を規制した。1995年6月、ドイツの前連邦首相コールがブラントに続いて、再びイスラエルのユダヤ地区の武

装蜂起英雄記念碑の前にひざまづき、重ねて国家の謝罪を行った。「ドイツ連邦首相がひざまづいて、ドイツ国民は立ち上がった」。ドイツの懺悔、反省および謝罪は国際社会の承認と尊重を得た。ドイツの謝罪は言葉だけではなく、行動も伴うものであった。例えば、経済的な弁償を実施した。「1953年、西ドイツは『戦争による被害者への弁償法』を制定した。この年の末までに、東・西両ドイツが、ナチスドイツの被害国に対して支払った戦争賠償額は既に824億西独マルクに達した。2000年までのドイツの弁償総額は1500億西独マルクを超えた。(略) 2003年には、ドイツはすでに各国の第2次戦争中の労働者に対し26億ユーロを賠償として支払った」(朱維毅、2008)。

　中日両国は海を挟んで相対しており、人口と国土には大きな差がある。経済発展レベルと政治制度および社会の意識形態も異なり、経済の相違は相互補完で協力が可能であるが、国家の政治制度と社会の意識形態の相違に関しては、それらを友好的な協力関係を深化させるための巨大な推進力には転換させ難い。したがって、両国は共通点をみつけて、互いの利益協力と競争の現状を維持できるに過ぎない。中日間の政治制度の相違は、冷戦思考の延長を引き起こすため、相互の間に戦略的な信頼は立て難く、かつ、共同の価値観を維持しにくいため、歴史問題をめぐる激しい対立と論争が再発生してくる。歴史教科書改訂問題と靖国神社参拝問題をめぐって、日本は周囲の諸国家と政治的な摩擦を起こし、それらの問題は中日関係にも大きな弊害となっている。日本の政府筋は、歴史問題を克服する行動において、国家の贖罪と国家賠償の機会を逸したかのようであり、日本の保守党派も往々にして歴史の負の問題に関する討論を避け"慰安婦"と強制労働者への政府資金の直接賠償を妨げている。日本の国家賠償を"友好援助"と名目を変えても、戦争の被害者の心の傷を癒したり、被害国の憤慨した公衆世論を静めることはできない。他方、グローバル化と情報化の世界において、日本列島の地理的環境にもすでに大きな変化が静かに起こっており、経済的相互依存関係と情報メディアおよびインターネットの透明性や迅速性が、日本と周辺国家との関係を日増しに密接にしている。特に、日本周辺の被害国の経済発展と民族意識の高まりによって、日本の歴史問題に対する態度は周辺の被害国の世論からの監視を受けるようになってきた。

情報化の時空間において、日本列島と周辺の国家の相対的な隔たりはすでに過去のものとなった。21世紀の日本がおかれた地政環境は、まさにドイツに酷似した境遇とみられ、「日本の歴史問題に対する態度によって東アジアの世論が形成されている。日本はドイツのように、周辺国家の世論の圧力を正視すべきである」(于平、張伝文、2007)。

(3) 中日関係の進展が独仏関係より遅れた内的な第2の要因

　独仏間では、両国は経済と文化の発展レベルの近似した歴史を有し、両国ともヨーロッパの発展した国家であり、歴史上、相互間での競争と闘争では互いに勝ったり負けたりした関係を持っている。20世紀前半の2度にわたる戦争おいて、両国とも耐えられない程の損失を招き、いく度となく血と火の洗礼を浴びた。戦後、双方は互いに国家同士が認める同じ基礎の上に立って協力の道を歩いてきた。しかし、中日間には近代以来、経済・政治・文化の発展において一定の差異が存在しており、日強中弱の国力対比関係が形成され、近代の中日関係史において、日本は強者の地位に立ち、中国は劣勢の地位におかれることとなった。日本は第2次世界大戦で敗れたといえども、米ソには敗れたが中国に敗れたのではないとする認識が普遍的に存在している。特に、日本の経済と科学技術は戦後も中国より発達し、その地位を維持し続けており、世界第2の経済大国の地位を誇っている。日中の総合的国力競争において、日本は主導的な地位にある。また、中国の勃興を抑制することは日本の戦略的主導権を維持するのに有利である。しかし、このことにより、中日関係において独仏のように両国和解の民族合意を取り付けるのは困難である。

　近年、中国経済の急激な発展は中日友好関係の推進の危機を引き起こしている。日本をみると、戦後60年間の発展によって、日本は、経済力は高まり、科学技術のレベルも世界トップクラスとなり、軍事潜在力も強大で、民族結束力が高く、理想的な国家になった。冷戦終結後、日本は経済大国から政治大国へ、敗戦国から"普通"国家への実現に向けて歩みはじめた。21世紀の始めには、日本はすでに敗戦国の暗い影から抜け出し、歴史的な強国の地位を回復し、北東アジア地域において経済的最強国になった。日本が正常化国家へ

の戦略目標を確立することによって、強い総合国力の外部への効果を当然に期待しており、したがって、中日関係に大きな影響を与えている。中国は日本に対する認識を新たにする必要性に直面している。つまり、日本は冷戦時期の敗戦国から冷戦後の北東アジア地域あるいは世界的な強国に変貌した。日本の総合国力の上昇による周囲の情勢に対する変化は明らかであり、そうした条件下で、強い隣国である日本と平等かつ協力的なパートナー関係を成功させるには、中国は考え方の転換と心理状態の調整の時間が必要となる。

　日本が正常化への国家戦略を進めている時期に、同時に北東アジア地域において中国が台頭し始めた。中国の総合国力が日増しに高まる状況の下で、北東アジア地域で初めて中日の２強国構造が出現し、日強中弱の国力構造が変化してきた。すなわち、日本は中国の威嚇を憂慮し始めた。すなわち、アジア太平洋地域における戦略的な生存空間、海洋資源および領海境界などの分野で、中国の台頭という威嚇に直面していると感じているのである。昔、日本に踏みにじられていた"東アジアの病める国"が勃興の兆しをますます露わにしていることは、日本国民の意識に衝撃を与えているに違いない。したがって、日本にしてみると、中国の発展は友好へのチャンスでありながらも、威嚇と挑戦をもたらすものでもある。同じ地域に２つの強国が並存すると、往々にして、相手国を弱体化しようとする心理と政策が生じがちであり、政情不安に陥りやすい。北東アジア地域において、中日両国は互いに総合国力の消長の変化に応じて形成される新たな地位認識と試練の過程をまさに今経験している。例え、日米関係がどんなに密接であり特殊なものであるとしても、日本は地縁政治の現実すなわち勃興する中国との対面から逃避することはできない。

（４）　中日関係の進展が独仏関係より遅れた内的な第３の要因

　独仏両国の国力の相違はわずかで、冷戦中、比較的順調に戦略的協力関係が育ち、独仏協力を中心とする欧州連合の発展的戦略目標との共通認識が確立され、堅固な戦略的利益基盤が築かれた。冷戦の終結後、独仏関係が欧州連合発展の紐帯となり、安定的持続的な発展の新局面が現れた。中日両国は近代以来、終始日強中弱の状況が続いていた。冷戦時期にはアメリカが日本を支配

し、日本は経済発展に専念しつつも、アメリカの外交戦略のルートに組みこまれていたため、中国と日本はただアメリカの黙認の下で、ソ連の威嚇に対抗する戦略的利益と共通認識をまとめる他なかった。冷戦後、中国の発展は日本の実力にしだいに近づき、両強並立の構造が日を追って現れ、中日の政治的協力基盤はソ連崩壊後、崩れつつあり、共同の戦略利益を欠き、戦略的不信と安全不安という苦境に陥っている。小泉政府の時期に、歴史問題と現実的な利益紛争が起こり、中日関係は大きく後退し、中日の指導者間の交渉も閉ざされ、民間の対立意識が高まり、相互に憎悪し合う様相を呈してきた。

　2006年9月、小泉の首相退任以来、中日関係悪化の情勢は抑制され、苦境に陥っていた中日関係の修復が始まった。2006年10月、中日関係修復路線上に、日本の安倍首相による中国への「氷を砕く旅」が出現した。この安倍による訪中の最大の効果は、中日両国が同意した新たな基本枠組みの構築、つまり、「共同戦略利益の互恵関係の構築」である。2007年4月、中国の首相温家宝による日本への「氷を融かす旅」によって、両国の指導者による相互訪問が実現され、中日の戦略的な互恵関係の実質が確認され、中日関係に新たな良き始まりの時代を迎えて、人々の中日関係の未来に対する確信を高めた。2007年12月、日本の前首相福田による中国への「春を迎える旅」は、中日国交の正常化35年記念の中日関係の改善と今後の発展にとって満足できる足跡を残した。2008年5月、中国の国家主席胡錦濤による「訪日の旅」は、中日関係の良き相互活動の発展をもたらし、小泉政権期の冷えきった中日関係を和らげることとなった。胡錦濤が訪日の際、中日両国の指導者は中日間の第4番目の政治公文書「中日の戦略互恵関係の全面的推進に関する共同声明」に署名した。この声明は以前の3つの政治文書、すなわち、1972年の中日国交正常化の「中日共同声明」、1978年締結の「中日平和友好条約」、1998年の江沢民前主席の訪日時に発表された「中日共同宣言」とともに、中日関係の基本原則をさらに充実、強化させ、中日関係の政治基盤を固め、中日関係の未来の青写真を描き、両国の平和共存・永世友好・互恵協力・共同発展の実現目標を確定した。両国の声明には「歴史を正しく認識した上で、未来に向かう」ことを基本とし、「両国の協力パートナーシップのために、互いに威嚇をしない」、また、

「相互に相手の平和発展を支持する」ことを確認し、友好協力を強化し、互恵関係を実現し、同時に、時代の流れに応じて、人類が直面する挑戦に協力して対応し、地域と世界の平和、発展および繁栄のために必要な貢献をすることが盛りこまれている（杨振亜、2008）。

　中日関係は小泉内閣の「氷河期」を乗り越えた。しかし、この近年に出現した良き相互活動状態を強固にし、発展させるには、戦略的互恵目標の貫徹と確実な実行が必要である。中日の戦略的目標の実現はまだ多くの困難と挑戦が存在する。中日関係と独仏関係との相違点は、中日関係には共同の戦略協力の基盤が欠けており、また、政治的な相互信頼が欠落していることである。戦略的信頼は両国の協力と互恵のための重要前提条件であり、中日の間の最大の問題はまさしく十分な戦略的信頼が欠けていることである。現在の中日関係は当時の独仏関係よりはるかに複雑であり、両国関係の政治的基盤、民衆の感情および世論の雰囲気は脆弱なものであり、両国の過去・現在・未来の各領域のすべてにまだ克服されていない垣根が存在し、一朝一夕にして完全に政治的な信頼を達成することは期待できない。

　中日戦略における相互信頼の欠如の原因は互いの共同戦略利益の基礎が脆弱なためである。双方の共同戦略利益の追求と基礎の構築は、中日の戦略的互恵目標の実現に対して非常に重要である。

　独仏和解が直面した問題と中日友好の直面した問題には多くの相違がある。中日両国とも自国の戦略追求と未来発展への青写真をもっており、中国は21世紀の始めに、国家発展の戦略目標として平和の推進と平和的な統一を掲げたが、日本は中国の勃興と統一に合意できるであろうか。これに対して、日本にはいくつかの選択肢がある。それは合意、反対あるいは折衷である。日本が、もし、強大な中国を見たくないということであれば、陰に陽に対中国弱体化政策を推進し、海峡両岸の統一を妨げ、"中国威嚇論"を宣伝するであろう。反対に、日本が世界的な政治大国になりたいと考え、"普通国家"を戦略目標として、これを実施する過程においては、中国もまたいろいろな手段を用いて反対するであろう。中日両国が決着がつかない戦略利益の闘争をすれば、共同の戦略利益の基盤を築くことは困難であり、戦略的な互恵目標の構築も多くの制

約に直面する。筆者は、目下のところ、中日両国は互いに国家の戦略的な意図に関して懸念を抱いており、戦略的な互恵は中日が向かうべき未来の戦略協力関係への一種の過渡的手段であり、中国の発展潜在力を完全に出し切った後でも、平和外交政策を実行し続け、かつ、日本もまたアメリカとの連合による対中国抑制政策の意図を放棄し、両国相互の威嚇感を取り除き、共同の戦略利益の基盤を確立かつ拡張することで、中日もやっと独仏のように誠意ある地域協力推進を真似ることができると思っている。したがって、中日の共同の戦略利益の基盤の構築は長く、繁雑な道程である。それゆえ、中日の戦略的な相互信任と互恵関係の確立は、言うは易し行うは難しで、歴史問題、領海紛争、政界の変化、世論の変動およびいろいろな非常事態の発生などの影響を非常に受けやすいであろう。

4. 中日の平和友好関係の発展に関する思考

　中日の北東アジアにおける平和友好は、両国の国家安全、経済繁栄および全北東アジア地域の平和と安定に対して重大な意義をもっている。中日が独仏を見習い、北東アジア地域諸国に平和の典範を樹立できるかどうかのキーポイントは、両国の、共同の国家利益の実現しようとする戦略的な計画、視野および気迫にある。当面の急務は、両国が戦略面での相互信任を高めながら、戦略的な互恵関係を推進させることである。「中日両国はアジアならびに世界において重要な国家であり、互いが相手の発展を客観的に認め、正しく対処すべきである。互いはウィン・ウィンの協力パートナーとみなされ、ゼロサム競争の相手ではない。相手の平和発展を相互に支持し、相手の発展はチャンスであり、威嚇ではない。相手の重大な関心事と核心的な利益を相互に尊重し合い、話し合い協議による紛争解決を堅持する」（胡錦涛、2008）。

　構築主義論理の視角からみると、中国と日本は21世紀を迎え、中日の戦略的な互恵関係進展の実現において、まず、互いに戦略面での相互信頼を強めるべきである。相互間のこの新たな発展の認識は双方の地位に変化を与えることとなり、中日双方は北東アジア地域における相手の権利、利益と地位につい

て、客観的で公正な同一認識を共有し、懸念を取り除き、思考転換して、全力で協力する必要がある。中日問題の深層の問題点は、政治面の相互信頼の欠如と相互の戦略上の猜疑にある。中日双方の究極の見方は、相手方を21世紀における競争相手とみるかあるいは協力パートナーとみるかの問題である。もし、中日両国の戦略的な思考に関して、相手を敵とみれば敵になり、友人とみれば味方になるだろう。中日両国の地位認知の前提は、双方による積極的な和解であり、過去の憎しみを克服し、安全保障上の苦境の泥沼から抜け出すことによって、両国は互いに相手方を戦略上の敵とみず、真のパートナーシップが築かれる。中日両国間の真の平和協力は北東アジアおよび太平洋地域に平和と繁栄の新局面をもたらす。

　独仏和解の経験が我々に伝えていることは、中日の戦略的な互恵関係の推進には、中日の経済と政治における協力に関する共同認識を確立し、「平和、協力および互恵」の外交政策を制定し推進しなければならないということである。中日関係の苦境から抜け出す一筋の重要な道は、両国と北東アジア地域の安全と繁栄の全体の利益のために、社会制度と意識形態の相違を超え、新たな安全環境を樹立し、共栄、安定および互恵を勝ち取り、中日間の政治和解を実現することである。中日が冷戦思考を捨て、「平和、協力および互恵」の観念を樹立することによって、北東アジア地域の各国は、政治、経済、文化、社会および科学技術などの方面での交流関係を強化し、安全、発展および文化の一体感を増強し、相互依存のパートナーシップを築き、最終的に北東アジアの安全協力共同体樹立の目標を実現することができる。

　独仏和解の経験がさらに我々に伝えていることは、中日の戦略的互恵関係構築は、協力の視野と協力強化の道徳文化の意味を常に強化しながら、両国国民の心に存在する相互嫌悪感情を改めさせ、寛容・闊達および協調的問題解決の雰囲気を作り、両国政府とマスコミによる世論を中日友好協力に誘導する重要な使命を帯びているということである。

　中日が歴史問題の論争と民間の対立感情を乗り越える道は、中日の政治家達に両国の戦略的協力と互恵に向けての目標システムを構築する知恵があるかどうかにかかっている。中日は未来への共同事業に向かう、地域共同体の構築

を通して和解を推進するべきである。中日の戦略的な互恵関係の構築には、地政環境が独仏と明らかな相違があるが、目下、チャンスと挑戦が共存している。しかし、チャンスが挑戦に取って代わるべき絶好の時期である。すなわち、中日の戦略的互恵関係の構築には一定の条件がすでに備わっているといえる。

第1に、1978年、中日友好平和条約を締結して以来、両国は、30年間にわたる共同努力を通して、中日の戦略的互恵関係の構築に関して、堅固な経済的基盤を築き上げた。すなわち、中日両国の互恵、相互利益、相互協力および共同発展の経済貿易関係を形成し、中日関係促進の"経済車輪"の動力強化を推進した。中日両国は重要な経済貿易の協力パートナーであり、2004年、日本はヨーロッパ連合とアメリカに次いで、中国の第3の貿易パートナーになっている。ちなみに、日本の貿易総額の中、対中国の割合は、最高である。1972年、両国の国交が正常化された時期の両国間の貿易額は10億ドルでしかなかったが、2006年の中国の税関の統計によると、中日の貿易額は2,074億ドルに達しており、国交正常化時期の200倍である（呂克倹、2007）。また、2006年末の、中国の対外貿易での中日貿易比率は11.8％を占めている。同様に、日本の対外貿易中の対中貿易の比率は約18％である。日本が中国に投資し設立している合資企業の数は3万7,000社以上に達し、また、中国に投資している日系企業の80％以上の企業が利潤を上げている（呂克倹、2007）。さらに、2007年、日中の貿易額は2,360億ドルに至った（孫文清、裴軍、2008）。中日の経済貿易協力は互恵・相互補完の関係にあり、中日経済貿易協力の著しい進展が、中日両国に経済利益の互恵と相互依存を深化させ、さらに、両国の友好交流と協力を推進し、経済の発展と繁栄を促進させた。

第2に、中日の戦略的な互恵関係構築に向けての政治的基盤が正に形成されつつあり、そのことは、次のような内容に現れている。すなわち、①中日友好協力が両国の根本的な利益にふさわしいと両国の政府は認識するに至った。「中日関係は両国にとって最も重要な2国間関係の1つである。両国はアジア太平洋地域と世界の平和安定およびその発展に重要な影響力をもち、また大きな責任を担っている。長期的な平和友好協力は両国の唯一の選択肢であり、両

国は全面的な戦略的互恵関係を推進し、平和共存・永遠の友好・互恵協力・共同発展等の崇高な目標を実現しようとしている」（中国政府网、2008）。②両国政府は歴史上で締結されたそれぞれの友好条約における共同認識を遵守し、歴史を正視し、未来に向かって、戦略的な互恵関係の新局面の拡大を決心した。③中日双方は相互協力のパートナーであり、相互に威嚇をしないことを確認した。④両国政府は5つの方面にわたる対策を採用し、中日の戦略的互恵関係の発展を推進する旨を表明している。すなわち、政治の相互信頼の増進、人的交流の促進による国民の友好感情の高揚、互恵的な協力の強化、アジア太平洋地域発展に関する共同協力、全世界的な課題解決への共同対応などである。2008年に「中日の戦略的互恵関係の全面的推進に関する共同声明」が発表されたが、これは中日関係の発展を推進する"政治車輪"が始動したことを意味している。2008年9月25日、日本の首相麻生太郎は国連の会議で演説し、日本の外交政策について、中国と韓国は日本にとって「重要なパートナー」であり、日本は中韓両国との「互恵と共益」関係をさらに発展させることに尽力する必要があると強調した。麻生の演説には、日本の新政府が中国との友好協力を継続して発展させたいという願望をもっていることが反映している。中日関係の良好な発展に関して、日本の元首相の安倍晋三と福田康夫は努力を続け、大きな貢献をした。麻生首相は就任に際して、中日関係に関する"良い資産"を受け継いだといえる（夏文輝、2008）。

　第3に、中日両国は広範囲にわたる共同利益を有しており、闘争関係を超越して、相手と協力的なパートナーになれる可能性がある。中日協力のもたらす共同利益は、悪質な対立競争が招いた深刻な結果よりはるかに大きく、中日両国や東アジアおよび全世界にとっても、きわめて重要な影響を及ぼし、また大きな意味をもっている。中日関係の平和友好は両国国民の利益にかなうものであり、また、時代の流れにも沿ったものである。21世紀における中日両国の平和と安全、発展と繁栄、国家イメージ作りと国家の威光高揚、東アジア地域の平和、安定、繁栄および協力などすべてが中日関係と密接な関連がある。確かに、中日両国は外交戦略と国家利益の分野において差異と矛盾を抱えているが、グローバル化時代の相互依存的国際関係の特徴は、中日が対立関係への選

択を抑制し、"協力パートナー"関係の選択を推進するところにある。中日両国が互いに尊重し合う基礎の下で、平等に協議を展開する姿勢を堅持さえすれば、次第に懸念を取り除くことができ、相互の信頼関係も深まっていく。中日の両国民とも「海納百川、好学求新」の気質をもっているので、友好的に共存し、共同して進歩する民族になれるはずである。戦後、日本政府が制定した平和憲法は、中国政府が一貫して実施してきた平和への展開の道、すなわち、改革開放の堅持や独自の平和外交政策への道の維持と呼応して、中日両国の平和共存、協力的な互恵の国内政治制度の保障体系を築いた。

第4に、民間の友好関係は中日の2,000年に及ぶ交流のバックボーンとして貫通しており、両国関係を維持する重要な架け橋でもある。戦後、中日の民間交流はゼロから有へ、小から大へと移り変わり、政府交流と相互補完しながら、旺盛な活力と良好な発展姿勢を終始保持し、中日国交の門を開き、中日国交の正常化の実現と中日友好協力関係の全面的な発展のために、重要な貢献をしてきた。中日関係が衰退している時、「中日友好交流会議」「中日民間人会議」および「中日友好21世紀委員会」等の数十に及ぶ中日民間友好団体の代表たちが2005年4月12日に東京で集会し、「平和と友好隣国への呼びかけ」を発表し、中日両国が「歴史を参考にし、未来志向の精神に基づき、友好的な協議によって、両国および国民が抱える問題、意見の相違および紛争を適切に解決する」呼びかけを行った（张进山、2005）。2006年3月30日、日本の日中友好の7団体の会長団が北京を訪問した。このような会長集団の中国訪問は、中日の民間交流史上空前の出来事で、中国側もこの訪問を重視した。両国の政治関係が硬直状態にある時期でも、中日友好を主張する中国の人々もまた積極的な活動をしていた。2005年5月16日、中国の前中日大使楊振亜は『人民日報』に「民間友好は中日関係発展の原動力」との文章を発表し、「中日の2,000年の交流歴史の経験と教訓から、我々が出すべき結論は、中日というこの重要な隣国同士には友好的な共存しかなく、決して決裂対抗してはならない。"平和は利益をもたらし、衝突は不幸となる"。中日両国の共同利益は対立関係よりはるかに大きい。すなわち、友好的な協力と互恵は両国の根本的な利益にとって、唯一正しい選択である」と述べている（张进山、2005）。中日の

民間交流の発展は、中日の国民間での相互の考えを改善し、互いの信頼感の確立に有益である。

2008年5月12日、中国の四川省で発生した大地震は、日本の企業や日本の民間による迅速な被災地への献金、救援隊と医療隊の派遣などが、中国国民の日本に対する新たな認識をもたらすこととなった。すなわち、「民間交流は中日友好協力構築を推進するための、相互が信頼できる友好ムードの最も理想的な手段である。両国関係の改善には、政府間協力のみならず、さらに民間レベルの交流の深化も必要とし、これらが両国国民の相互理解と相互信頼を増進させることになる」(沈海涛、2005)。有益な民間交流は、中日の民間の隔たりを取り除く効果的な手段であり、中日友好の原動力と中日の戦略的な互恵関係確立の礎石でもある。

（1）中日関係における北東アジア地域の構造的な矛盾

北東アジア地域における中日の戦略的関係には構造的な矛盾と衝突が存在しており、中日両国とも双方に対する一連の猜疑と懸念をもっている。日本の経済力は大きく豊かで、科学技術レベルは最高で、軍事的潜在力が高く、また、民族の団結も強く、実力と理想をもった国家である。冷戦後、日本は経済大国から政治大国へ、敗戦国から"普通"国家への方向に歩みはじめ、今や日本の強い地位の再現は人々が直面しなければならない現実となった。日本の北東アジア地域での強い地位の再現は、中国をして敏感な視線で日本を凝視させ、日本の内外政策に対して厳しい目を注ぐこととなった。日本の正常国家への戦略的邁進と中国の勃興が同時に出現した北東アジアにおいては、中日のそれぞれ異なる軌道に沿った発展事情によって、両国はそれぞれの国際社会での地位と役割のレベルアップを目標としなければならず、北東アジアにおける大国間の関係は構造的な矛盾を生じ、中日の戦略関係は苦境に陥った。中日関係において、日本の強国地位の再現に対する中国の懸念のみならず、日本側にも中国の発展の未来像に対するある種の懸念が生まれた。すなわち、「中国経済の持続的発展は、2015年頃には、日本を追い越し、2050年前後には、アメリカと肩を並べる可能性があり」「そのとき、中国は覇権を

求めるのか。それとも世界の平和と安定に貢献をするのか」などという猜疑心である。日本は、百数十年以来、中国の"先ず強国を！"の政策に困惑し、"中国"への思いと懸念によって、必然的に対中国防衛政策を生み出してきた。例えば、日米軍事同盟、EUによる対中武器輸出の解除に対する反対、"日米濠印の価値観連盟"構想などの外交の影響を受け、中日両国の戦略的な関係は苦境に陥っている。

(2) アメリカの覇権は中日関係に影響を与えている

　冷戦後の国際体制はアメリカ一国による一極主導型となっており、アメリカの東アジア戦略には、日本と連合し、中国を抑制するという"連日抑華"の特徴がある。アメリカは日本との同盟政策を推進して、同盟の枠組みの中で日本に大きな権限を与えている。アメリカの"連日抑華"政策すなわち吸引と分裂政策の下で、日本はアメリカの一極覇権を認め、アメリカが単独で世界秩序を維持する外交政策を支持し、アメリカの主導の下で政治大国への願望を実現しようと熱い希望を寄せている。アメリカの北東アジア安全戦略の重点的防衛対象国は中国であり、日米同盟の矛先もまさしく中国であって、米日の強力な連合が対中戦略おいて優勢な地位を確保している。また、日本はアメリカの立場でみれば「アジアのイギリス」（the UK of Asia – Glosserman. 2003）の役目を務めており、中日戦略関係に苦境をもたらしている。米日同盟は米日中の3国関係の中で日本に「親米疎中」の立場をとらせたため、中国はアメリカによる対中国抑制戦略を傍観していることはできない。このように、日米同盟の存在と日米の軍事一体化が増強される状況下では、中日の平和友好や戦略互恵関係は果たして深くかつ広く発展していくことができるであろうか。人々はこれに対して懸念を抱かざるをえない。仮に、当時のフランスに対して"米独同盟"が存在していたら、独仏和解の実現は可能であっただろうか。

(3) 中日両国の国家利益関係の矛盾

　中日両国はそれぞれ自国の情勢と戦略的利益の牽引によって、両国関係は起伏を繰り返しながら発展してきたが、近年、冷戦時の"戦略的パートナー"

の関係から冷戦後の"競争相手"の関係に向けて変化しつつある。また、国家利益も対抗的要因を作り出し、東アジアの協力関係に次のような悪影響を与えている。①東アジア地域の協力レベル面では、両国には協力互恵の選択が存在しつつも、一方、市場利益の争奪、国家影響力の競争および主導権争いなどの選択も存在している。②両国の領域紛争面では、中日間には東シナの境界の確定、釣魚島の主権帰属紛争、領海主権紛争および資源とエネルギー源の問題などが重なり、両国の利益関係は決着のつき難いレベルに達しており、この問題を改善して"平和、協力、友好の世界"にする必要があり、そのためには、中日双方の大きな共同努力が必要である。③台湾問題もまた中日関係に影響する重要な問題である。日本による「日米安全保障同盟は台湾海峡も包含している」という発言は、中国の不満を招いている。台湾問題は中国の統一にかかわる国家主権の問題であり、この問題は、中日両国の国家安全戦略と国家利益の相違を露わにしている。

(4) "歴史問題"が中日の戦略的互恵関係に与える困惑

　中日友好関係の発展推進の過程において、両国は常に"歴史教科書問題""戦争責任問題""靖国神社参拝"などの問題を抱えている。中日間の歴史問題は国交の正常化の時点で論議されたが、中国国民の日本の侵略戦争に対する記憶は一生忘れられない深い苦痛の思い出であり、これを刺激されると感情的な表現が噴出しやすい。しかし、日本の国民主体はすでに変化しており、戦後生まの国民が日本人口の大多数を占め、国民の負う戦争責任意識は日々弱くなっており、彼らは歴史上の負の遺産を継承したいと思わず、"謝罪外交"と"討伐外交"を嫌悪し、"普通国家"として中国との対等外交を要求し、歴史問題から逃避し、譲歩を望まない。歴史問題について、中日両国は独仏和解の経験に習うべきである。ただ、独仏和解が成功した要因は独仏が中日よりさらに理性的であったわけではなく、共同でEUの構築という共同の協力目標を有していたところにある。中日両国もまた東アジアの協力の下で、友好的な環境を作り、共同して世界金融危機に対する応対政策を深化させ、歴史問題の壁を超え、協力して、中日互恵的な未来を構築しなければならない。

（5）相互嫌悪という"国民感情"が中日の戦略的協力関係構築に与える影響

　国民感情と国民の意思は中日関係の重要な基礎の1つである。21世紀始めの中日関係の不安定な情勢は、中日両国の国民の相互不信を増幅させ、両国国民の国家戦略意図への邪推や、マスコミの誇張と一部の利益集団の煽動が、中日関係において、好ましくない事件を拡大し、相互の国民感情を刺激するという悪循環を形成する。中日両国の民間感情の対立は、直接あるいは間接的に両国の外交政策に影響し、同時に両国関係にも弊害を及ぼす。情報化社会の現在、マスコミは国家関係に対して、重大な影響力をもっている。

　日本のマスコミによる中国に関する報道はプラス面が多いのか、あるいはマイナス面が多いのか、筆者自身は目にしたことがなく、何ともいえない。しかし、中国における大衆とマスコミは日本の保守的言論と活動には往々にして敏感であり、中国に対する批判的報道を反中国的と捉える現象が存在する。中国の過去30年にわたる変革と発展の時代は多くの問題を出現させたが、日本人が中国を論評する際、それらの論評が中国側の了解を必要とする問題もある。中日間の好意的な評論と批判は両国関係を熟成させるが、妖怪化した悪意ある宣伝は両国の関係を傷つけ、中日の民間対立を引き起こす。中日国民感情の問題解決は、両国国民のさらなる交流と客観的かつ公正なマスコミ世論および両国の協力的理解と調整が必要であり、双方ともに極端な民族主義的な言行を厳しく戒める必要がある。

5. 結　　論

　中日の戦略的互恵関係の確立は、中日間において、新たな独仏和解モデルを作り出せる能力があることを証明し、実際に中日の友好関係を実現した。特殊な地政環境、歴史条件および独仏関係の特徴によって出現した独仏和解のようなケースは、東アジアの中日関係においては再現できないが、中日の平和的な友好関係は、両国の根本的な利益に合致し、また、東アジアでの協力の歴史的な流れにも符合し、世界の平和と発展の趨勢に呼応しており、中日両国は各種の困難と問題を克服し、中日友好関係のモデルを作り上げることができる。

2008年から2009年の世界的な経済危機の発生は、一方で、中日協力にとって重要なチャンスでありその出発点でもある。中日は協力して、東アジア経済の発展モデルと中日協力モデルを探求しながら、東アジア文明の進歩と繁栄を推進させることが重要である。

参照文献

Armitage, R. L., and Nye J. S. (2007) "The U.S.-Japan Alliance Getting Asia Right through 2020," P1, http://www.csis.org/media/csis/pubs/070216_asia2020.pdf.
德尼兹・加亚尔　贝尔纳代特・德尚等（2005）『欧洲史』、海南出版社.
Glosserman, B. (2003) "China and the New Geometry of East Asia," *China: an International Journal 1*.
胡庆亮（2005）「从法德和解看中日关系的发展――一种文化心理学角度的解析」、『东南亚研究』、第4期.
胡锦涛（2008）「胡锦涛在日本早稲田大学的演讲」、新华网、http://news.xinhuanet.com/newscenter/2008-05/08/content_8131916.htm.
黄凤志（2001）『当代国际关系』、吉林大学出版社.
解红丽（2005）「美国在法德和解中的作用」、『株洲高等师范专科学校学报』、第3期.
刘作奎、张伟（2008）「德法化解百年恩仇」、载『环球网』、http://world.huanqiu.com/roll/2008-04/89327.html.
吕克俭（2007）「温总理访日将推动中日两国经贸合作」、新华网、http://news.xinhuanet.com/world/2007-04/06/content_5941992.htm.
孙文清、裴军（2008）「共同把中日"战略性互惠合作"推上新阶段」、『中国青年报』、2008年5月5日、载新华网、http://news.xinhuanet.com/world/2008-05/05/content_8105451.htm.
戴高乐（2005）「希望回忆录」、转引自吴仪『二战后德法和解原因浅析』湖北师范学院学报、第1期.
沈海涛（2005）「民间交流在战后中日关系中的地位和作用」、『日本研究』、2005年、第4期.
Twining, D. (2007) "America's Grand Design in Asia," *The Washington Quarterly*, Summer.
夏文辉（2008）「拓展共同利益　推动中日战略互惠关系」、新华网、http://news.xinhuanet.com/world/2008-09/27/content_10123339.htm.
杨振亚（2005）「民间友好是推动中日关系发展的动力」、『人民日报』、2005年05月16日、第3版.
杨振亚（2008）「珍惜来之不易的中日友好局面」、中华人民共和国驻日本大使馆网站、

http://www.china-embassy.or.jp/chn/xwdt/t483064.htm.
于平、张传文（2007）「二战启示：必须摆脱狭隘民族主义的欺骗、《新京报》、2007 年 11 月 12 日。载人民网、
http://military.people.com.cn/GB/42964/3369365.html.
张进山（2005）「战后中日关系中的民间交流」、新华网、
http://news.xinhuanet.com/world/2005-04/28/content_2887002.htm.
中国政府网（2008）「中日关于全面推进战略互惠关系的联合声明」、
http://www.gov.cn/jrzg/2008-05/07/content_964157.htm.
朱维毅（2008）「为二战而忏悔、因为德国人反省历史」、新东方在线、
http://news.koolearn.com/de_t_12680_0_233196.html.

第7章 中国の社会主義的開発モデルの本質
―東アジア型資本主義との比較―

郭　定平

1. はじめに

　本章は、1978年に中国共産党第11期中央委員会第3回全体会議で改革・開放政策が採択されて以降の30年間における、中国の社会主義理論および実践の主要な特徴と重要な変化について考察し、その説明を試みる。

　30年に及ぶ改革と開発を経て、中国はその市場の自由化を果たし、外国貿易および投資に門戸を開き、今ではグローバルな経済大国、そして国際社会の重要なメンバーとなっている。一方で、第17次中国共産党全国代表大会で胡錦涛が再び最高指導者として承認されて以来、中国共産党の新たな指導者達は、環境破壊、インフレの進行、腐敗の横行、そして広範囲に及ぶ社会不安といった数々の課題や危機に対処しなければならなかった。その経緯と問題点については、中国の特色ある社会主義の修正主義の概念と革新的実践という観点から説明することができる。

　中国の指導者たちは、建国後30年間に渡る中国の社会主義の成果が、東アジアの他の資本主義諸国と比べて不十分なものに終わったという不本意な事実に失望し、中国の社会主義経済と政治制度の抜本的な改革を目指した。その過程で、東アジア型の開発モデルが広く議論され、このモデルに含まれる多くの制度が手本とされ、中国に導入された。しかしながら、他の東アジア諸国・地域では、1960年代および1970年代の時期、経済開発を促進するために独裁体制が民主政権に取って代わったのに対して、中国は文化大革命の時期に最高潮に達した政治的悲劇と経済崩壊とを回避するために、経済開発と民主主義とを同時に進めなければならなかった。中国は、中国型社会主義の概念を再定義

し、東西の資本主義諸国から学ぶことで、独自の経済的・政治的開発モデルを構築したのである。

2. 純粋な社会主義の終焉

　社会主義は通常、理論、運動、あるいは制度といったように多くの異なった側面で理解されている。過去2世紀に渡る社会主義の理論と実践の中で、東西諸国にはさまざまなタイプの社会主義が存在した。その中でも中国はほぼ60年間、成功裡に社会主義体制を維持し続けている。中国の社会主義が長期間存続しその活力を維持してきた理由については、修正主義的な定義と革新的実践という観点から考察し、説明することができる。

(1) 古典的社会主義理論の特徴

　古典的マルクス主義理論によれば、社会主義には少なくとも次のような基本的特徴がある。

① 経済における私有財産の廃止と、公的所有の実施。カール・マルクスとフリードリヒ・エンゲルスが指摘したように、「共産主義の理論は『私有財産の廃止』という一文に要約されうる」(Marx, Engels, 1948, p.27)。

② 自由競争の制限および計画経済の実行。古典的社会主義では、資本主義的な自由競争は経済的な混乱と不平等の拡大に結びつくと考えられていた。あらゆる経済活動を包括的な計画経済の下に置いてはじめて、経済開発を進め経済危機を回避することができるというわけである。

③ 労働に基づいた経済的余剰の分配。資本主義では分配の過程において資本が最も重要な役割を果たす。これとは対照的に、社会主義の主張によると社会的な富の分配で最も重要な要因は労働である。

④ 政治的側面では搾取階級、特にブルジョワジーを一掃し、プロレタリア階級に権力を与えること。マルクスとエンゲルスの主張によれば、「労働者階級による革命における第一歩は、民主主義的闘争に勝利するために、プロレタリアートを支配階級の地位に引き上げることにある」(ibid., p.34)。プロレタリアートの前衛としての共産党は、地主やブルジョワジーといったような旧階級に対する闘争に勝利した後に権力を掌握する。

古典的社会主義理論は、イギリスやフランス、ドイツといった西欧工業先進国における歴史的経緯に基づいて構築され、提唱されている。マルクスの期待に反して、社会主義的な国家建設が行われたのは、これらの西欧先進諸国ではなく、ロシアや中国といったような途上国においてであった。1917年10月のボルシェビキ革命の後、レーニンの強力なリーダーシップの下で、ロシアに世界初の社会主義国家が設立された。レーニンはプロレタリア革命を指揮するに当たって、政党に関する理論と資本主義的な帝国主義の概念を導入し、マルクス主義理論に大きく寄与した。初の社会主義国家を建設する過程でレーニンは、外国の侵略や国内の困難に対処するための戦時共産主義や新経済政策（NEP）といった、複数の異なるタイプの社会主義モデルを模索していた。戦時共産主義の下では、国家が経済を包括的に管理・監督するのに対して、新経済政策では、戦略的に重要な大規模産業および通信分野を国家が保持し、中小企業の所有と管理からは手を引くという、戦略的撤退が行われた。国家が撤退すると、農民や商人が商品を売買する自由が拡大された。

しかしながら、スターリンがソビエト連邦において一党独裁国家のトップへと登りつめると、国家の急速な工業化と農業の集団化を徹底する計画が発表され始める（Harding, 2003: 261-262）。その結果として、スターリン型の社会主義が建設された。中華人民共和国が1949年に設立された後、1950年代の初期から中期にかけて、外交の分野で「一辺倒」戦略が実践されている間は、中国共産党指導部内には、ソ連型の社会主義モデルを採用するという幅広い合意が存在していた。このモデルは、国家の組織化形態、都市中心の開発戦略、近代的な軍事技術、そして種々さまざまな専門領域における政策や方策を備えたものであった。中国共産党指導部は、レーニンの社会主義理論も参照はしたものの、主に取り入れたのは1930年代中頃以降に発展したスターリン型社会主義理論にみられる制度的・経済的枠組みだった（Teiwes, 1997: 15-17）。

(2) 毛沢東型社会主義の失敗

　マルクスの社会主義理論によれば、資本主義的商品経済が十分かつ高度に発展した後でなければ、それを土台とする社会主義の成功は望めない。不運にも、中国で共産主義革命が成功し、共産党が権力を掌握した後、共産主義の指導者達は、開発の遅れに関する基本的な事実を無視し、中国が一足飛びに共産主義の理想を実現することを夢見て、中国経済および中国社会の社会主義的変革を実施・推進する決定を行った。この決定の下、中国共産主義の指導者達は、可能な限り速やかに社会主義を構築して共産主義に移行するために、マルクス主義理論、特にスターリンの理論を典範としながら、社会主義的実践として急進的かつ徹底的な改革を行った。指導部は、私有財産を廃止して公的所有を確立し、自由競争を縮小して計画経済を築き上げ、資源分配における資本の役割を制限し、搾取と抑圧を根絶するために平等主義を推進しようと試みた。

　社会主義的変革を推進し、新たな社会主義国家を確立するためには、共産党は、常にプロレタリア階級が権力を保持しているようにするとともに、階級闘争を基本路線として中央の指導力を強化した。1957年、毛沢東は8年間の社会主義的変革の後、以下のように自信に満ちた演説を行っている。「我々は社会主義を構築している。何億もの人々が社会主義的変革運動に参加している。諸階級間の関係は、我が国のあらゆる場所で変化し始めている。農業や手工業の分野における商工業ブルジョアやプチ・ブルジョアが変わり始めている。社会制度と経済制度が変わり始めている。私有経済は集団経済へ、そして資本主義的な私有は社会主義的な公的所有へと転換されている」（毛沢東、1977: 403）。

　1956年2月に行われた第20回ソ連共産党大会でスターリン批判が行なわれた後、毛沢東が支配する中華人民共和国は独自の社会主義モデルを求めて、数多くの急進的な政策や大衆運動を次々と実行に移した。その中でも最も重要なものは「大躍進政策」（1958～1960年）と「文化大革命」（1966～1976年）である。中国の農村地帯では大躍進政策の時期、自営農民を集団農民に転換し、平等主義の理想を追求するために、75万の高級合作社が、複数の機能を果たす2万5,000の人民公社へと改変された。よく知られた土法高炉を建造し、灌漑工事を行うために膨大な数の人々が動員された。中国の指導者たちはイギ

リス、そして最終的にはアメリカに追いつこうと躍起となっており、少なくとも短期的には、彼らのユートピア的方法が上手くいき、より多くの鉄鋼と食料を生産できるようになると信じ込んでいた（Bernstein, 1993: 41）。大躍進政策は、社会主義経済開発上、途方もない無駄となった。その上、大躍進政策は消費ではなく蓄積に重点を置いていたため、人々の生活水準の改善を犠牲にして行われた重工業の開発は、不十分な結果に終わった。大躍進政策は大規模な飢饉を引き起こし、死亡率は1,000人当たり18.12人（1957年）から44.60人（1960年）へと上昇した。この原因となったのは収穫量の減少のみではなく、実際よりも多くの穀物が生産されたという虚偽の報告に基づいて、過度に穀物の徴発が行われたことにもよる。何年も経た後に、当局は大躍進政策に関連する原因で800万人の人々が死亡したことを認めた。非公式の情報によると、その数は1,200万人から2,000万人に上るという（Dreyer, 2004: 96）。

　毛沢東は文化大革命の時期、純粋な社会主義という指針を掲げ、階級闘争を基本方針とした。また文化大革命の主要な目標を、劉少奇や鄧小平らのようにイデオロギー上の純粋性よりも経済的な効率を重視しようとする人々を追放することで、中国の社会主義を「修正主義」から救うことにあると考えた。文化大革命が重点を置いたのは、経済状況の立て直しではなく、上部構造の浄化であった。というのも毛沢東主義者らは、浄化を行うことによって、官僚が経済開発に直接関与し、革命的な理想に燃える大衆が集団的大事業としての経済開発に力を尽くすようになる、と考えていたからである。その間、平等主義の理想を携えた急進的な「風」が国内を掃き清め、その結果として私有農地や自由市場、その他の個人的権利が抑圧された。しかしながら実際には1976年に至って、中国が効率性と公平性のいずれも達成できなかったことは明らかとなった。中国共産党は度重なる種々の運動の過程でその正当性をほとんど失い、社会は混乱に陥り、経済は崩壊の危機に陥った。

（3）中国の特色ある社会主義の進化

　毛沢東の死と文化大革命終了の後、新たな最高指導者として登場した鄧小平は、毛沢東の基本路線の見直しと修正に着手した。鄧小平は、過去20数年間

の不十分な成果に不満を抱いており、中国の社会主義が東アジアの他の資本主義国家と比較して見劣りのする結果しか達成できなかったことを痛切に受け止めた。鄧小平はその原因を、社会主義の教条主義的理解に求めた。すなわち、中国固有の事情を考慮せずに古典的社会主義理論を自国の指針とし、社会主義とは公的所有と計画経済の組み合わせに他ならないと盲目的に信じたことをその原因とみなしたのである。こうして鄧小平は、社会主義についての新たな展望を与え、「思想を解放」し、「実事求是」という方針の下で、従来の社会主義理論に突破口を開くことが不可欠であると考えた（邓小平、1994: 140-153）。鄧小平を含む共産主義指導者は以後の30年間に、中国の特色ある社会主義についての新たな理論を詳述し、その内容を充実させていった。

　1978年に開催された中国共産党第11期中央委員会第3回全体会議において、鄧小平を中核的指導者とする中国共産党は「実事求是」の指針を復活させ、「階級闘争をかなめとする」というスローガンの使用を停止するとともに、主要目標を転換し、経済の開発と近代化に焦点を合わせた社会主義の構築を新たな目標とした。これらの決定により、社会主義の見直しは順調な滑り出しをみせる。さらにこの会議では、中国の改革時代の幕開けを示す「改革・開放」という歴史的な決定が下された。当時中国には、生産性を向上させ、経済体制を改革して生活水準を引き上げようとする強い意欲があったものの、新たな経済体制をどのようなものとすべきかという点に関する具体像を欠いており、ゆえに「石を摸して河を渡る」かのように改革を進めざるを得なかった。1982年、中国共産党第12次全国代表大会で鄧小平は、マルクス主義の基本原則と中国固有の国内事情とを組み合わせた、中国の特色ある社会主義を建設するという提案を行った。1987年、中国共産党第13次全国代表大会の場で中国共産党は、社会主義的開発段階の理論に関して新たな視点を示し、中国は今なお社会主義の初期段階にあって、民間経済が推奨されるべきである、という提案を行った。

　1992年の年初に鄧小平は、南巡講話としてよく知られている中国南部の視察に訪れた際、社会主義の本質について大いに論じ、社会主義の本質を再定義して「生産力の解放、生産力の発展、搾取の根絶、貧富の二極化の廃止を進め、

最終的にはともに裕福になる」ことである、との発言を行った。鄧小平は次のように述べている。「計画経済がすなわち社会主義ではなく、資本主義にも計画はある。市場経済すなわち資本主義ではなく、社会主義にも市場がある。」社会主義と資本主義を区別する基準は、市場や計画の多寡ではなく、生産性の向上に有益かどうか、総合的な国力伸張に役立つかどうか、そして一般大衆の生活水準を向上させるために役立つかどうか、である（鄧小平、1994: 372-373）。同年10月、中国共産党第14次全国代表大会において、中国共産党の総書記として新たな最高指導者の地位にあった江沢民は、改革・開放の成果は鄧小平が提案した中国の特色ある社会主義理論のたまものであるとし、経済構造改革は社会主義市場経済の確立を目標として行われることになる、と宣言した。

1993年、中国共産党第14期中央委員会第3回全体会議において、中国共産党指導部は「社会主義市場経済体制確立の若干の問題に関する決定」を採択したが、この決定は中国が市場経済へ移行するに当たっての転換点となった。このようにして中国政府および共産党は、経済的・社会的資源の分配において市場が主要な役割を果たす市場経済を正式に承認し、採用した。商品経済と市場原理を否定する従来の社会主義理論とは対照的に、この新たな社会主義市場経済理論によれば、社会主義と市場経済の共存が可能である。ここでは社会主義は、生産性を上げ豊かになるための壮大な計画として再定義され、市場は、経済関係を秩序付け規制する手段に過ぎないとされた。1997年、中国共産党第15次全国代表大会において中国共産党指導部は、マルクス・レーニン主義および毛沢東思想に加えて、鄧小平理論を党の指導方針とすることを公式に決定した。

社会主義市場経済が発展する中、民間経済が果たす役割の重要性が増しており、また個人起業家層は勢力を拡大し、その影響力を増すようになってきている。江沢民は中国共産党創立80周年記念大会で演説を行い、その中で、個人起業家や技術者といった新しい社会階層に属する多くの人々が、誠実な労働と仕事、あるいは法にかなった事業運営を通じて、社会主義社会の生産力およびその他の社会的事業の発展に貢献しており、彼らもまた中国の特色ある社会主義の構築に参加しているのだ、と述べた。この発言によって、個人起業家が中国共産党に入党する道が公式に開かれた。長年にわたって搾取および搾取階級

の根絶を主張し続けてきた中国共産党にとって、新たな人材として個人起業家の入党を許可する決定は革命的な出来事だった。2002年、中国共産党第16次全国代表大会において中国共産党指導部は、江沢民が提唱した「3つの代表」思想を、マルクス―レーニン主義、毛沢東思想、鄧小平理論に加えて党の指導方針とすることを公式に承認した。「3つの代表」とは、中国共産党が最も先進的な生産力、最も先進的な文化、そして中国人民の最も広範な利益を代表しなければならないという主張である。この思想の承認は、中国共産党が労働者階級の党から包括政党へと根本的にその性質を変えたことを示している。

　中国は確かに急激な成長を遂げ、大多数の人々の生活水準を向上させてきたものの、この成長は限定的かつ不均衡で、未だ低いレベルにあり、また高いコストのかかるものとなっている。都市部と農村地帯、東部と西部、沿岸部と山間部の間では格差が広がっている。急速な工業化と都市化の結果、環境が悪化し、資源消費の効率は低いままであり、こういった要因が持続可能な開発を妨げている。胡錦濤が最高指導者として実権を掌握した後、中国型社会主義の最新の成果として、科学的な発展と調和のとれた社会に関する理論が提案された。この科学的発展観は、2003年の中国共産党第16期中央委員会第3回全体会議の場で、胡錦濤によって提唱された。この指針が重視するのは、公平で、バランスのとれた、持続可能な開発である。調和のとれた社会構築の目的は、改革と発展によってもたらされた社会的富をあらゆる人々が共有できるようにし、人々と政府の間をより一層緊密な関係に作り上げ、その結果として永続的な安定性と結束を達成することにある。胡錦濤によれば、社会的調和は中国の特色ある社会主義の本質的な特質であり、科学的発展と調和のとれた社会は互いに欠かせないもので、一体であるというのである。2007年、中国共産党第17次全国代表大会において中国共産党指導部は、科学的発展観に基づいて調和のとれた社会主義社会を構築することを決定した。

　以上の考察と議論から、社会主義の改革期においては、主に理論的な転換に新たな視線が向けられてきたことがわかる。つまり、公的所有、計画経済および階級闘争を特徴とした純粋で古典的な従来の社会主義から、改革・開放や、市場経済の発達、そして社会の繁栄と調和に重点を置く、中国の特色ある社会

主義への移行という理論的転換である。

（4） 中国の驚異的発展

　社会主義を新たな視点から捉え直し、改革と外部世界への開放を実施した30年の間、中国の社会主義は著しい成果を上げてきた。改革を推進しようとする人々はまず、前任の毛沢東が固執した階級闘争とイデオロギー的変革から手を引き、以後国家の「中心課題」は農業、産業、科学技術および国防の「4つの近代化」であることを宣言した。政治改革は、確かに不完全ではあったものの、経済改革にとって一定の枠組みをもたらした。改革に従事した人々は利潤動機を用いて、以前の制度にはまったく欠けていた人々の創意、行動力、積極性などを開放し、市場関係を導入することで経済を活気づけようと試みた。政治経済改革政策は大きな成功をおさめた。1970年代の終わり、中国の外部世界への開放が始まった当初の時点では、裕福であるとみなされた人々は「万元戸」と呼ばれていた。今日では、特に都市や町では、そういった人々が一般的になり特別ではなくなったので、この「万元戸」という呼称は時代遅れなものになっている。高度経済成長は30年間に渡って世界の驚嘆の的となり、個人資産と世帯収入は増加した。

　1978年に改革と外部世界への開放という政策が採択されて以来、中国は9.4％のGDP年平均成長率を記録してきたが、これは世界でも最高水準の成長率であった。1978年当時、中国は世界経済の1％未満を占めるに過ぎず、またその外国貿易の総額はわずか206億ドルであったが、2005年には世界経済の4％を占め、外国貿易の額は8,510億ドルにまで増加している。こうして中国は、1990年にはGDPで世界第10位だったものが、2001年には6位、2006年には4位となり、経済大国の仲間入りを果たした。1978年以前には物価の97％を国家が設定していた。今日では、経済においては市場原理が決定的な役割を果たしている。中国政府は、経済に対する行政管理を徐々に減少させてきた。1990年代初めまでには、細々とした日用品はそのほとんどが完全に計画制度から外れたところで生産されるようになった。1998年には、国家計画委員会が国家発展計画委員会と改称され、新たな役割として戦略的経済政策の研

究を担うことになった。この委員会は2003年の初めに国家発展改革委員会となった。現在では、国家が直接手がける主要なインフラ計画を除いては、事実上中国経済のあらゆる領域が国による具体的な計画文書に従うことなしに活動している（Lieberthal, 2003: 260-261）。外国貿易では、代理店システムが広範に実施され、大規模・中規模の企業はより自由に輸出を行うことができるようになっている。これらの措置によって輸出入は継続的かつ急速に増え、1997年には中国の外貨準備高は過去最高の1,400億ドルを記録したが、これはアジア金融危機のショックを和らげ、人民元の切り下げを防ぐために役立った（Song Tingming, 1998: 11-13）。この額は2001年には2,120億ドルに達し、2007年には1兆ドルを超えるに至っている。

　最も重要な変化は民営化の過程で起こった[1]。1980年代初め以降、民間部門では改革戦略に基づいて小企業が成長してきた。国有企業の民営化は1990年代まで延期され、1995年以降大規模に推進されている。「大をつかまえ小を放す（抓大放小）」というスローガンの下、中小規模の国有企業が民営化された。1993年には、民営化された中小企業は数の上では95％を占め、雇用でみると57％、さらに全国の工業部門の産出量全体の43％に相当する。1996年の終わりには、小規模な国有企業の民営化率は先進的な省で70％、他の多くの省では約50％に達した。

　同時に、中央企業に対しては戦略的な調整が実施された。2006年の終わりまでには、中央企業の総数は2005年末の169社から減少して159社となり、137社の本業範囲が特定され、確認された。これら159社の中央企業は、原油・ガスのほぼすべての生産、基礎的な電気通信サービスの全体、そして付加価値サービスの大部分を担っている。地域レベルの小規模な国営企業が民営化され、大規模な中央企業の再編が進むにつれて、民間経済は急速に発達した。2006年の終わりには、全国で494万7,000の民間企業が存在したが、これは2005年度比で15％の増加であり、中国の企業全体の57.4％に相当する。これら民間企業の登記資本金の合計金額は7兆5,000億人民元で22％の増加であり、雇用総数は6,395万5,000人で9.81％の増加、これらの民間企業への投資者数は1,224万9,000人で10.36％の増加、民間の事業主の登記総数は2,576

万で2005年からの3.8%の増加、資本の合計金額は6,515億元で12%の増加であった。このように近年の民間経済は、中国における財務収益の増加や、雇用の刺激、また地域経済の開発促進などの面で重要な役割を果たしている（国家工商行政管理総局の2005年および2006年の統計による）。民間経済についての認識は年々高まっており、法的な整備も進められている。2004年3月には、全国人民代表大会において中華人民共和国憲法に対する新たな修正案が採択され、国家が「非公有制経済」の発展を奨励、支持、指導することが定められた。国家が私有財産の所有権を保護することになったのである。

3. 中国と東アジアの開発レジーム

　30年に渡って改革が進められ急成長が達成された後、多くの学者が中国の奇跡的な発展に注目し、その成長理由を正確に理解しようと研究している。学者らは、中国の置かれていた状況に関して比較分析を進め、3つの主要な比較分析アプローチを考案した。彼らは中国を3つの異なる文脈の中で、言い換えれば3つの異なる「収斂」理論に当てはめて考察して分析しようと試みたのである。すなわち、中国の西側世界への収斂、東欧への収斂、東アジアへの収斂である（Ming Xia, 2000a）。3つのアプローチの内では、東欧の歴史の中に中国の手本となる理想型として役立つ明確なモデルを見いだせると考えている学者は少数派である。また多くの学者は、中国と西洋の近代化の過程には根本的な隔たりがある、と考えている。西洋型の開発は、古典的マルクス主義者と同様、中国の共産主義指導者らによっても批判を受けてきた。近年では、中国関連の研究がなされる際には、東アジアモデルが支配的なパラダイムとなってきている。というのも、中国が自身の文化により自信をもつようになるにつれて、西洋流のリベラリズムに代わる新たな世界観を求め始めたからである。その上、中国の共産主義の指導者らは、自由民主主義的な開発モデルを採用しようという意図を示してはいない。このことは、「ブルジョア自由化」と「西側の偽民主主義」に反対する政治運動が持続的に行われている点に如実に示されている。中国では、西洋の自由主義的なモデルよりも、東アジア型開発モデル

が人気を集め、一般的になった。

　中国と日本、韓国、シンガポールなどといった東アジア諸国・地域を比較するのには十分な根拠がある。1つには、中国と他の東アジア諸国・地域の間には、歴史的な緊密な関わり合いや文化的な類似点が存在している。一方で、中国が改革・開放政策を実施し始めてからの新たな近代化の時代においては、中国が開発戦略を採用したことで、東アジア諸国の経済的・政治的な発展は非常な重要性をもつことになった。毛沢東主席の死の2年後、鄧小平を中核とする中国共産党二代目の指導部は、中国の政治・経済制度の根本的な改革を行おうとした。当時中国は、過去20年間に及ぶ社会主義の成果が、他の東アジア諸国と比べて不十分なものに終わったという不本意な事実に失望していた。中国の人々は、自分の国が他国にどの程度の遅れをとっているのかを自覚していた。恐るべきスピードで前進を遂げた日本のみならず、韓国、台湾、香港およびシンガポールが「4匹の虎」として急速な近代化を達成し、中国を凌ぐ成長をみせていた。

　中国共産党第11期中央委員会第3回全体会議において改革・開放政策が公式に採用される直前の1978年10月下旬、鄧小平は日中平和友好条約を締結するために日本を訪れる。その滞在中に、大手企業など多くの場所を訪問し、新幹線に乗り、日本政府の首脳やさまざまな立場の人々と会談をもった。この訪問および会談で目の当たりにした日本の急速な発展ぶりに、鄧小平は強い衝撃を受けた。大手自動車メーカーの日産を訪問した際に、日産では労働者1人当たりの年間生産台数が94台に上ることを知らされるが、中国では最も進んだ設備をもつ長春の自動車工場でも労働者1人当たりの年間生産台数は1台だった。この話を聞いて鄧小平は「近代化とは何か、ようやくわかった」と嘆くように述べている（楊継縄、1998: 244-245）。彼は中国の近代化を強力に推進しようと固く決心する。そのための方策として、日本を含めたあらゆる先進国の成長例を手本としてこれに学び、またその先進技術や貨幣資本を中国に持ち込もうとした（Tian Huan, 2002）。中国と韓国の国交正常化が果たされたのに伴い1990年代初め、中国の学者および当局の関係者が韓国の開発戦略の検討を行い、中国のモデルとして採用した。中国政府は、1997年に韓国で金

融危機が発生する直前には、韓国モデルにみられる財閥（コングロマリット）のように、上位の企業500社を政府が支援し強化する計画をまとめ上げようとしていた（Rao Yuqing, 1998）。東アジアの経済危機、特に韓国の経済危機は、中国の学者や指導者に大きな打撃を与えたが、この経済危機はまた、諸外国の経験と自国の戦略について、幅広くまた深く反省し議論を行う機会となった（Fan Gang, 1998）。

1990年代初頭以降、中国では東アジアの政治・経済開発モデルが新たに研究および参照の対象となった。中国の指導者および学者は、奇跡的な経済成長、政治的な安定、清廉な政府と社会秩序に強い感銘を受けた。鄧小平は1992年の早い時期に行われた有名な南巡講話の中で、広東は「四小竜」に追いつかなければならないが、それは経済発展においてのみならず、社会秩序と風紀の側面においても達成される必要があると述べ、次のように語っている。「我々は2つの文明（物質と精神）を向上させて四小竜を追い越さなければならない。中国の特色ある社会主義と呼ぶことができるのは、そのような社会主義のみである。聞くところによれば、シンガポールでは、厳格な措置を多数講じたことが功を奏し、社会秩序が良好に保たれているという。我々は彼らの経験から学び、それを手本とし、彼らよりも上手くやり遂げる必要がある」（鄧小平、1993: 378-379）。

エズラ・F・ヴォーゲルもまた、東アジアの工業化が中国に与えた影響について次のように述べている。「共産主義世界で起こった影響は、とりわけ大きいものであった。1970年代の末に中国が世界への門戸を開いた時以来、日本や韓国、とりわけ台湾、香港、シンガポールの華人たちによって伝えられた彼らの発展についての情報は、中国の改革への強力な刺激となった」（Vogel, 1991: 109）。

東アジア型の開発レジームはさまざまな呼ばれ方をしており、その呼称としては「東アジア型開発モデル」「新権威主義モデル」「官僚主導型権威主義的開発体制」「権威主義的資本主義」「儒教資本主義」および「開発主義国家モデル」など複数のものがある。東アジア型開発レジーム、あるいは別の言い方をすれば資本主義的開発主義国家は、市場合理的な政治制度と計画合理的な経済

の混合物である。このモデルを注意深く検討すると、東アジア型の開発体制は以下のような主要な特性を備えていることがみてとれる。

（1） 強力な国家

　東アジア型開発レジームでは、経済開発に関して国家が積極的かつ強力な役割を果たし、また国家とビジネスの間には協力関係が成立している。国家は市場制度を発達させるという役割を引き受ける。国家は「市場育成的」かつ「市場促進的」でなければならず、また市場の養成に積極的に関与しなければならない。このように、リベラリズムが描く道具としての国家が受動的な役割しか果たさないのとは対照的に、東アジア諸国家は「能動的な国家」あるいは「強力な国家」である。ここでは国家は、単に経済の枠組みを用意するといったものをはるかに超えた役割を果たしており、経済的・社会的変革の中で行為主体（エージェント）として振る舞う。

（2） 政府による介入

　東アジアの政治経済に関する論文は次々と発表されており、この地域の経済発展を政治的観点から説明しようとするさまざまな議論が提示されているが、その中でもここ数十年間に際立って推奨されてきたのは「開発主義国家」の理論である（cf., Wade, 1990; Cotton, 1994; Ren Xiao, 1995）。世界銀行でさえもが東アジアの経済発展に政府が重要な役割を果たしてきたことを認め、1993年に『東アジアの奇跡―経済成長と政府の役割』（World Bank, 1993）という報告書を出版している。報告書では、東アジアの多くの国、特に北東アジア諸国では「政府介入は、介入を行わなかった場合よりもより大きな成長、より平等な成長をもたらした」と論じられている。政府が産業政策を立案し、投資を奨励する。産業政策は、政府による産業開発であり、指導であり、また監督である。東アジア開発主義国家の成功の秘密は、産業政策の深化にある。つまり、特定の産業を促進するために、国家がその産業部門に参入したり、そこから退出したりすることができるという国家の能力と柔軟性が成功の秘密である。経済改革の基本的な目標としては市場経済が採用されているものの、社会主義的

な近代化の本質を考慮して、中国政府はこれまで常にマクロコントロールが果たす役割の重要性を強調し、社会的資源の移動にその優れた能力を発揮し、また経済に大規模に介入してきた。

(3) 権威主義的なリーダーシップ

東アジア諸国の成長過程では、例えば韓国の朴正熙、シンガポールのリー・クアンユー、台湾の蒋経国、中国における鄧小平などによる開発独裁体制が存在した。権力を握る政権指導者や支配層のエリート集団は、過度の民主主義によって国家がバランスを失い、制御不能になることを恐れていたため、民主化のプロセスを意図的に遅らせた。権威主義的な政治制度は4つの特徴をもっている。第1に、エリート集団が支配層を占めている。第2に、利益団体は制限されており、大きな勢力をもたない。大衆運動、とりわけ労働運動は脆弱である。第3に、経済に介入する手段としての、市場メカニズムに基づいた政治的決定の重要性が強調される。第4に、国家的威信とナショナリズムが形成される。これらの制度上の特性によって、国家は社会の諸勢力から隔離された状態に置かれる。この新しいタイプの権威主義は、古典的な権威主義と区別するため、「半権威主義」「新権威主義」「ソフトな権威主義」あるいは「父権的権威主義」体制と呼ばれることが多い。この開発志向の体制は能力主義に基づいており、開発過程における社会的公平性を精力的に追求する。

このような体制に正当性を与えているのは、民主的な手続きではなくて、経済的成果である。中国では、鄧小平やその周囲の人々は混乱を恐れていた。この混乱に対する恐怖は、中国の政治文化に深く根付いている。この恐怖はまた、1949年以前の時期、さらにとりわけ文化大革命の時期の経験に根ざしている。鄧小平は、批判的な壁新聞を張り出したり、ストに参加したりする権利を含むいわゆる当時の四大自由は、秩序の混乱につながるとしてこれを廃止した。鄧小平は、中国を1つにまとめておくためには共産党を中核に据えた強力な権威主義体制が不可欠であると信じていた。このように、中国研究者は、中国では常に政治改革が経済改革に遅れをとっていることや、その原因が中国の権威主義体制にある点を指摘している。

（4） 輸出志向型経済

　輸出志向型の経済は東アジア開発モデルの最も重要な特徴の1つである。例えば日本は、1965年から1990年の間に世界最大の工業製品輸出国として成長を遂げ、世界市場におけるシェアをおおよそ8％から12％近くまで増加させた。1970年代と1980年代には、成長の中心は「四匹の虎」へと移った。これらの諸国の輸出工業製品のシェアは日本のほぼ4倍のスピードで増加した。中国は外部世界への扉を開いて以降、その安価で豊富な労働力により、低コストで労働集約型の製造分野において国際的な競争的をつけるようになる。今や中国は貿易大国となり、輸出額は1979年の140億ドルから1999年の約1,950億ドルへと上昇し、貿易国としての順位は1979年の27位から1998年には10位となった。2007年には総貿易額が2兆ドルを超えて世界第4位となった（『中国統計年鑑』1979年、1998年、2007年による）。他の研究によれば、工業製品輸出の増加は1984年以降に始まった。外国貿易（輸入額と輸出額）の対GDPの比率は、1978年には10％だったものが1984年には17％、1994年には44％と大きく跳ね上がった。1978年の時点では、中国は世界の輸出額合計の0.75％を占めるに過ぎなかったが、主に大規模な外国直接投資に関連して各種の加工・貿易産業を立ち上げたことにより、1995年までに3.0％に上昇した（Ding Jianping, 2001）。

4．中国は東アジア型の開発主義国家か

　中国における政治制度と政治発展は、一般に国内外の双方から「権威主義的」であるとみなされている。その理由は、中国が東アジア諸国・地域における発展の経験を踏まえ、一貫して共産党による支配に固執し、絶えず中央の権力を強化し、政治的安定を繰り返して強調してきたからである。ロバート・A・スカラピーノは1998年に次のように指摘している。「今日の中国における最も基本的な政治的趨勢は、レーニン主義から民主主義への移行ではなく権威主義的多元主義への漸進的な移行にある。権威主義的多元主義とは、人々の政治的営為が第一党あるいは単一政党体制による絶対的な管理の下に置かれるよ

うなシステムとして定義できる。自由には厳しい制限が課せられる。また、軍事機関や治安維持機関が常に事態に目を光らせている。ただ同時に、権威主義的多元体制システムには通常の場合、国家とは区別される市民社会が存在している。この社会のさまざまな部門には一定の自立性が与えられるので、各部門は多様な利益を表現することができる。最終的に、経済は混合的形態を取るが、そのなかでも市場が果たす役割がますます重要になっている」。彼はまた次のようにも述べている。「権威主義的多元主義は、東アジア諸国の社会を発展させるために幅広く採用されてきた。その理由の一つに、この政治体制が東アジア諸国の政治文化によくなじむものだったという要因があるが、より重要だったのは、この政治体制は、急速な成長とそれによって引き起こされる大規模な社会経済的な変化のさなかにあって、安定性を確保するための有効な手段だったということである」(Scalapino, 1998: 38)。

毛里和子、国分良成、天児慧といった日本の中国研究者の多くは、中国の政治体制は、特に東アジアの新興産業国家・地域の開発モデルを手本として権威主義体制に向かっていると考えている（毛里、2004; 国分、1996; 天児、2000）。1980年代の終わりに「新権威主義」を強く提唱した蕭功秦によれば、中国と他の東アジア諸国・地域の間にははっきりとした類似性があり、それは歴史、文化、国民性、そして高度に中央集権化された政治システムから市場原理に基づく体制への移行という点に見いだすことができる（Xiao Gongqin, 2001）。

事実、「新権威主義」に関して行われた議論や討議の場では、中国における政治的安定を確保し経済的な成長を促進するためには、韓国や他の東アジア諸国の権威主義的支配体制をそのまま導入すべきである、と提案する学者もいた。1992年の初め、鄧小平は南巡講話の中で、シンガポールの安定した社会秩序を高く評価するとともに、中国はシンガポールの経験に学び、より上手に事を進める必要があると述べた。この発言を聞いて多くの学者は、中国は上述のような権威主義体制を確立するために、東アジア諸国の開発モデルを忠実に取り入れようとしているのだ、と考えるようになった。しかしながら、歴史的な経緯と政治的な発展を子細に比較してみると、中国の政治的発展の道筋は、韓国や他の東アジア諸国・地域でみられた権威主義的開発モデルとは一致しな

いことがわかる。夏明が指摘しているように「中国は、市場を活性化し強大な国力を維持するために、自身の制度構成を大胆に変革し、開発国家モデルを修正して取り入れる必要があった。最も重要な修正は、政府と立法制度の関係、そして中央と地方の関係という2つの点で行われている」。「中国が開発主義的国家へと転換したのならば、その転換は二元的な開発主義国家モデルの道をたどって行われた。開発主義国家としての中国がもつ二元性は、開発プロセスの中で人民代表大会が中央政府と連携を取りながら積極的な役割を果たしてきた、という点にはっきりと示されている。すなわちそこには、中央と地方の双方を構成要素とする二層構造が存在していたのである」(Ming Xia, 2000a: 209-210)。中国には、東アジア型の権威主義体制は存在しない。また他の東アジア諸国・地域にみられる権威主義から民主主義への政治的移行という現象は、中国では生じていない。中国と他の東アジア諸国における政治発展の間には、次に示すような相違点があるのである。

(1) 歴史的な経緯が異なる

　韓国やシンガポール、その他の東アジア諸国では、1950年代および1960年代に行われた「民主主義の実験」が失敗した後に初めて開発主義的な権威主義体制が確立した。民主主義体制が崩壊し権威主義体制が確立された具体的な理由は国ごとに異なるものの、共通した要因として、脆弱な政治制度と経済発展の後退を挙げることができる (cf., Minxin Pei, 1998; Guo Dingping, 2000)。ところが中国はまったく異なる歴史的経緯を辿ってきた。1949年に新生中国が建国された後、高度に中央集権化された計画経済体制が確立し、また毛沢東による個人専制が強化されて、最終的に10年間に渡る「文化大革命」へと結びついた。この文化大革命は中国に政治的大混乱を引き起こし、経済は崩壊状態に陥った。改革・開放政策は過去の経済的・政治的・社会的危機を反省し、誤りを正していく中で生まれてきた方針である。このように、中国における政治改革の主要な目標は、その当初から、社会主義的民主主義を発展させ完成させるための権力の分立と脱中央集権化であった。

（2） 代表機関が果たす機能が異なる

　韓国や他の東アジア諸国では、権威主義的な支配体制が確立した後、行政部門の機能と権力が拡張されたのに対して、代表機関の機能と権力は弱められ制限された、という共通の制度的特徴がみられる。例えば、1972年に韓国で敷かれた「維新体制」の下では、権力の相互抑制と均衡という基本的原則が破られ、大統領の権限が大幅に強化されるとともに、国会の権限は相当程度弱められた。1950年代の終わりの反右派闘争、特に文化大革命の時期に、中国の人民代表大会制度は深刻な被害を被った。このため、1978年12月に中国共産党第11期中央委員会第3回全体会議で改革政策が採択されて以降は、民主制の発達と法制度に以前よりも関心が向けられるようになった。

　人民代表大会制度の強化と改良は政治改革の重要な題目になった。その基本的な目標は、あらゆるレベルの人民代表大会とその常任委員会を、最高の権限をもつ真の議決機関とすることにあった。30年間に及ぶ改革と実践の結果、人民代表大会制度は著しく改良された。人民代表大会およびその常任委員会は、政治的な意思決定過程における地位と影響力とをあらゆるレベルで徐々に増大させてきた（Pu Xingzu et al., 1991）。特に地方の省では、人民代表大会の地位が上昇し、代表者の質が向上したため、今日では政治における不可欠なアクターとなっている。過去30年の間に、人民代表大会制度にも数々の進展がみられる。例えば、人民代表大会に共産党委員会が推薦した候補者が選挙に落選し、一般代表者らが指名した候補者が首尾よく当選した、という事例が何件も報告されている。その他にも、人民代表大会とその常任委員会が、不適任な政府高官の罷免を決定したり、人民代表大会が、人民裁判所の業務に関する不十分な報告書を承認しなかったりした例などもある（Ming Xia, 2000b；唐亮，2001）。

（3） 中央政府と地方政府の関係が異なる

　他の東アジア諸国・地域は中国よりも国土が狭く、人口も少ない。これらの国では、経済発展を進めるために中央集権的な統治が採用された。例えば、韓国では1949年に「地方自治法」が発布されたが、その内容が実際に実施され

ることはなかった。1961年に朴正煕が軍事クーデターを起こすと、地方の住民が直接その首長を選出する制度は停止された。その後30年間に渡って、再び中央集権体制が維持され続ける。中国の制度改革は韓国とは大きく異なる。中国で30年間に渡って実施された改革で特に目立つ点は、中央から地方への権限委譲という傾向である。分権化は主に経済の領域で実施されたが、中国における特別な制度環境のもとでは、この分権化は政治的にも重要な意義をもっていた。例えば、財政に関する権限の中央政府から地方への移譲は、地方政府の行動に直接的で重大な影響を及ぼし、また中央政府と地方政府の関係にも変化をもたらした。もちろん、分権化は経済の領域のみで実施されたわけではない。中央からの立法権の委譲および地方の立法権の拡張も中国の政治的発展の重要な一側面である。政治的権限の分権化に関しては、幹部管理体制を改革するためにさまざまな措置が実施された。例えば、地方自治体は、その地域の国有企業およびその他の経済主体に関するより強力な人事管理権を有しており、中国共産党の地方組織は、その地域の党組織および政府幹部の監督に関してより強い権限を有しており、また地元住民はその地域の首長選出により大きな影響力をもっている（Wu Guoguang, Zheng Yongnian, 1995）。

（4） 国際環境が異なる

　1950年代および1960年代には、東アジアのほとんどの国で民主政権が崩壊もしくは衰退し、権威主義的支配体制が確立した。この現象は、冷戦の拡大とともに起こったいわゆる民主化の揺り戻しである。サミュエル・ハンティントンが述べているように、「政治的発展と体制の変革は極度に権威主義的な様相を帯びていた」（Huntington, 1991: 19）。例えば、韓国の李承晩は1950年代の終わりに民主的手続きをないがしろにした行動をとり始める。1960年にその後を継いだ民主的政権はその同じ年に軍事クーデターによって倒された。その後、朴正煕は1960年代および1970年代にかけて、極めて軍事的な性格の強い権威主義体制を確立して発展させた。インドネシアでは1957年にスカルノが議会制民主主義に代えて「指導される民主主義」体制を確立し、1965年にはインドネシア軍が「指導される民主主義」体制に終止符を打ち、政権を掌握し

た。フィリピンでは、1972年にフェルディナンド・マルコス大統領が戒厳令体制を施行した。しかしながら、1974年にポルトガルで独裁体制が打倒された後、1970年代半ば以降は、ヨーロッパやアジア、ラテンアメリカの多くの国々で民主主義政権が権威主義体制に取って代わるようになった。「民主主義拡大の趨勢は、勝利から次の勝利へと移り続ける、ほとんど抵抗することが不可能な全世界規模の潮流といった性質を示しているように思われた」(Huntington, 1991: 21)。統計によれば、1998年の初めには、世界の民主主義国家の数は117か国へと増加した。民主化の第3の波が起こっていた時期には、独立国家の数は3分の1の割合で着実に増加し、民主主義国家の割合は2倍になり、全体の60％以上を占めるに至った（Diamond, 1999）。世界的規模の民主化の波が広がり始めたのち、1970年代の末期に中国は改革・開放政策を促進し始めた。中国国外の研究者の中には、中国は世界的規模の民主化の「第3の波」からは離れた位置にいると主張する向きもあるが（*ibid.*）、中国はすでに対外開放政策を拡大し国際社会に組み込まれていたため、世界的な民主化の波を完全に無視することはできなかったし、また否応なしにその影響を受けざるを得なかった。

（5）主要な課題が異なる

「東アジアの奇跡」の本質は、公平さを確保しながらの急成長にある。東アジア諸国・地域の1人当たりの国民所得は、他の途上国経済よりもはるかに高い割合で増加したが、それと同時に所得分配もそれと同様かそれ以上に改善された。高度成長と不平等の是正が同時に達成されたわけである。さらに、最も急速な成長を遂げている東アジア諸国、すなわち日本と「四匹の虎」では、最高水準の平等が達成された（World Bank, 1993）。しかしながら中国では、都市部と農村地域、東部沿岸部と西部山間部の間で大きな地域格差が生じている。農村地帯では30年前から改革が始まっており、生産責任制の実施と農業税の廃止とともに確かに大きな変化が起こってはいる。しかし農民の収入増加率は、都市部の約3分の1という遅いペースであり、都市部に住む「持つもの」と農村部に住む「持たざるもの」の格差は拡大している。1978年における都市部居住者と農村部居住者の所得比率は2.36だった。この値は1985年に

は2.14へと減少したが、1987年には2.38、1995年には2.79、そして2000年には3.2と増加している（Zhong Dajun, 2001）。所得の分配における不平等は、都市部と農村部の間に存在するのみならず、それぞれの住民内部にも同様の格差が存在する。他の東アジア諸国・地域が公平性を確保しながらの成長を果たしたのとは対照的に、中国は急成長を達成したものの不平等が広がっており、富裕層と貧困層の格差は拡大している。

5. 中国型の社会主義的開発モデル

　以上の分析から、中国の政治的・経済的発展は他の東アジア開発主義諸国とある程度の特徴を共有していることがわかる。それは例えば、マクロ経済的安定の維持、政府によるマクロ経済管理の強化、政府組織の合理化、政府の効率性の改善、あるいは外国投資の誘致と輸出の促進等である。しかしながら、政治的・経済的発展の基本的傾向や国内力学といった観点からみると、中国と他の東アジア諸国・地域の間には大きな違いがある。

　東アジア諸国の中には、高度経済成長の時期に民主的改革や政治的発展を遂げている国もあり、例えば韓国では1960年代および1970年代においても大規模な選挙が行われていた。確かに中国はそういった国々に遅れをとっているかもしれないが、より民主的、より開放的な政治体制へと向かっていることは確かである。この意味で、中国における政治的発展は、他の東アジア諸国にみられる権威主義体制とは異なっている。それゆえ筆者は、中国は東アジアでみられた権威主義的開発の道筋を辿らなかったし、東アジア型の権威主義支配体制を確立することもなかったと考える。

　エリザベス・J・ペリーの指摘によれば、旧ソ連や東欧の共産主義諸国、他の東アジア諸国・地域、インドなどとの比較研究が多数行われた結果として明らかになったのは、現代中国は他のどの国とも簡単に関連づけることができないという事実である。ある点では、「東アジア型開発主義国家」というモデルは、東アジア地域で急成長する中国以外の国々の分析にとっては効果的なパラダイムとなったが、中国はあまりに巨大でまた不均質であるため、例えば日本

との間で簡単な比較を行ったとしてもそこからは重要な示唆はほとんど得られない。「四小竜」（台湾、韓国、シンガポールおよび香港）との比較についてはなおさらである（Perry, 2007）。

東アジア型の権威主義体制が中国に当てはまらないとすれば、社会主義的開発における中国の特色は何であろうか。中国の開発に関する議論や討論で重要な側面としてよく取り上げられているのは、経済的な面では急速な成長と格差の拡大、そして政治的な面では改革の遅れと腐敗の蔓延である。明らかに、中国の経済的成長と政治的発展はバランスを欠いており、両者の間には矛盾が存在している。ただ、確かに腐敗や格差といったような問題があらゆるところで山積みになっているものの、これまで中国は崩壊しなかった。ヘンリー・S・ローエンはさらに進んで、中国経済と人々の教育水準が近年のような調子で向上し続けていけば、世界人口の6分の1以上を占める中国の人々は、2025年までには、正当に自由主義国家と認められる国の市民となるだろう、との予想を示している（Rowen, 2007）。中国型社会主義の活力と持続性は、次のような観点から考察し説明することができるだろう。

（1）部分的な自由化

確かに中国には真の政治的自由は存在していないし、ある種の政治活動には厳しい規制が掛けられているが、市場が導入され、それが人々の経済活動において主要な役割を果たすようになり、孤立していた中国が外部の世界に対して開かれるようになって以降、人々は成長する市民社会の中で以前よりも広範な自由を享受している。中国の人々は政治により興味を示し、より多くの知識をもつようになり、ますます多くのマスメディアを利用できるようになってきている。共産党体制や国家の指導者、あるいは4つの基本原則を公の場で批判することは一切許されていないが、中国政府はあらゆる種類のマスメディアにおける情報の爆発的な流れをすべてチェックし管理することはできない。過去30年間で、マスメディアの種類と数は驚くべき勢いで増加した。さらに、世界的なICT革命の結果として登場した電子メール、インターネットあるいは携帯電話を通じて、多くの人々が自由に表現を行っている。

2003年に行われたアジア・バロメーターの調査では[2]、中国の回答者は人権状況に高い満足を示しているが、中国における人権状況の著しい改善をある程度表している。中国の都市部居住者のほうが、選挙権（68.3%）、団結権（68.9%）、言論の自由（66.6%）および批判の権利（56.6%）に関しては満足していると回答する率が格段に高い。満足の度合いよりも不満の度合いが高い項目は、集会やデモの権利（47.9%）および知る権利（43.0%）のみである（Dingping Guo, 2006）。比較政治学の研究では中国は通常「自由ではない」国家群に分類されるが、図7-1が示すように、人権の達成状況についての満足の度合いは、中国と他の東アジア諸国・地域の間で大きな隔たりはない。

（2）良き統治

中国共産党および中国政府は、大がかりで全面的な政治改革を行う代わりに、特に地域レベルにおける統治状況を改善するために具体的かつ効果的な措置を多数講じてきた。集団指導体制を導入したり、議論や協議にあらゆる分野の専

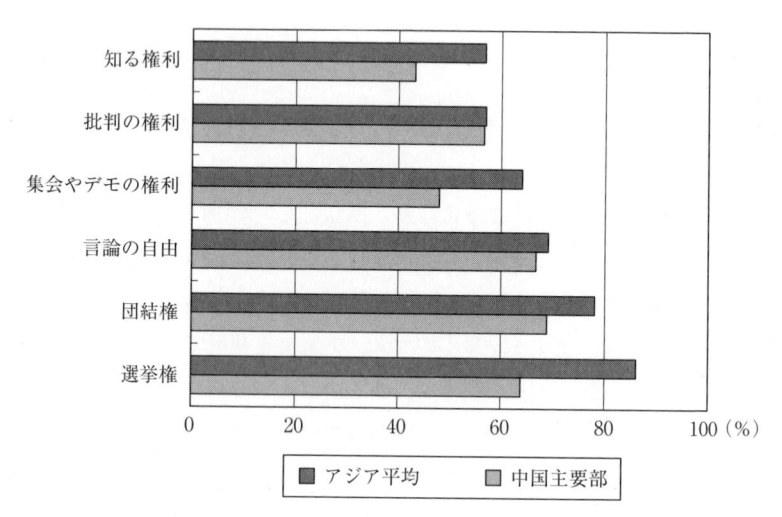

図7-1　中国の人々の人権状況に関する満足度（2003年）
出所：アジア・バロメーター調査。調査は2003年、日本、韓国、中国、マレーシア、タイ、ベトナム、ミャンマー、インド、スリランカおよびウズベキスタンで行われた。

門家を招聘したり、一般市民の考えや意見を募ったりすることを通して、あらゆるレベルにおいてより科学的で、より民主的な政策立案手順が形成されてきた。鄧小平は、今一度中国共産党の正当性を確立するために、集団指導体制を強調し、各種の手続きを整理し、政治制度の刷新を行った。このような目的のもと、鄧小平らは、1人の指導者の政治的権力が無制限に増長することを許していた政治制度を改良するためには、「社会主義的民主主義」および「社会主義的適法性」が必要であると主張した。中国政府と共産党の機能および活動はある程度切り離されるようになった。例えば、党の役割は総合的な国家目標および重点課題の策定であり、政府はそれらを実行するための政策を立案し実施することである。それにより政治過程におけるさまざまな手続きや規則が徐々に整備されてきた。それらには、定期的な党会合の開催、終身在職権の廃止と定年制度の導入、十分な教育を受けた若年層エリートの採用などが含まれる。さらにまた、あらゆるレベルにおける危機管理制度が創設された。特に中央政府の危機管理能力には目を見張るものがある。ここでいう危機とは通例、自然災害、事件や事故、および社会不安や抗議運動などのことである。党や政府の高官はみな、社会不安に特に注意を向けている。仮に抗議行動が拡大し、収拾がつかなくなる恐れがある場合には、政府軍が素早く出動しそれに対処する。政府は大抵の場合補償を行い、責任者である役人や機関に対して直接処罰を行っている。結果として抗議行動は発生地域の内部で解決され、影響の及ぶ範囲も直接関連する地域の内部に効果的に留められている (Zhengxu Wang, 2006)。

(3) 実績の向上

中国の共産党体制は民主的な正当性を欠いたまま、経済開発と所得の増加という側面から自身の正当性を高める必要があった。そのため、評価の基準は、先進民主主義諸国が脱物質主義的な基準を採用しているのとは対照的に、開発主義的・物質主義的な方向性に向かっている。鄧小平が述べたように、「経済活動こそが現在の最大の政治的課題だ。経済問題は最も重要な政治問題である」(鄧小平、1994)。中国共産党は経済的課題を重視し、経済開発があらゆる政策や措置の根本的な判断基準になった。中国には、半植民地的な、半ば封建的な社会

であったという歴史的経緯や、生産力が先進工業社会よりもはるかに遅れていたという事情がある。この遅れは中国の人々の政治的要求を抑えてきた。人々の関心は生活水準に向けられていたので、急速な成長と経済の改善に容易に満足した。このような特殊な状況の下、党と政府は実績を上げることで高い水準の信任と人気を博してきた。実績の具体的な計測は確かに困難ではあるが、明らかに利用できるアプローチとしてマクロ経済の指標がある。中国は特に沿岸部において驚異的な成長をみせた。それに伴って、国民の生活水準は幾度となく上昇を繰り返した。国民の多くは、1978年の改革以降に生活水準が顕著に改善し、ここ30年間で社会的地位が著しく向上したと考えている。人々のこのような好感触が、共産主義体制に対する高い評価につながっているのである。

　それでは、中国の人々はさまざまな政策領域における政府の実績をどのように評価しているのだろうか。2006年に実施されたアジア・バロメーター調査では、回答者に対して10の異なる政策領域（①経済、②政治腐敗、③人権問題、④失業、⑤犯罪、⑥行政サービスの質、⑦移民、⑧民族紛争、⑨宗教の対立、⑩環境問題）について行った。調査結果によれば、回答者の50％以上がこれらの4つの政策領域における政府の取り組みに満足しているようにみえる。

　概して中国国民は、民族紛争、宗教対立、増加する移民への対策、そして行政サービスの質に関する政府の取り組みには非常に満足していると思われる。また回答者の40％以上は、経済運営、人権の保護、そして環境保護に関する政府の政策に肯定的な見方を示している。他の3つの政策領域に関しては、状況はそれほど明るいものではない。具体的には、政府による犯罪防止への取り組みを肯定的に評価したのは回答者の37.4％にとどまる。この数字は失業問題に関しては22.9％へと低下する。その中でも人々が最低点をつけたのは、政治腐敗の項目であった。この政策領域での政府の取り組みを評価すると答えた回答者は14.7％にとどまり、84.8％は評価しないと回答している。2006年、中央政府は大々的な腐敗防止キャンペーンを立ち上げた。これまでの調査結果をみると、このキャンペーンがどれだけ成果を上げられるかによって、政府の取り組みに対する人々の評価が大きく左右されると考えられる。さらに、政府が腐敗防止への取り組みで優れた実績を上げることができれば、政府に対する人々

の信用度は大幅に高まるだろう。

（4）漸進的民主化

　政治的経験は政府と政治に対する信頼感を強化する。民主制やその他の政治体制の政治的経験は、それだけで政治意識や政治的価値観に対して多大な効果を及ぼす。その効果の大きさは、全国的な社会経済の開発状況、個人の社会経済的地位、あるいはその体制の経済的な実績などがもつ効果を圧倒することがしばしばある（Diamond, 1999）。

　しかし中国には民主主義の経験がない。1912年から1913年には短命に終わった民主主義の実験が行われ、複数政党制などが取り入れられたりしたものの、結局失敗に終わり、袁世凱が皇帝制度を復活させた。この出来事から多くの中国人、特に中国共産党が引き出した教訓は、西洋流の民主主義は中国にはなじまない、というものであった。戦争や革命といった政治的混乱を経た後、中国は過去30年間にわたって国家の独立、政治的な安定、社会秩序および経済的繁栄を享受してきた。さらに、中国には民主主義の経験はないが、西洋的条件としてではなく、普遍的価値として民主主義を高く評価しているので、過去における個人崇拝や独裁、苛酷な階級闘争、とりわけ文化大革命などよりも、近年における民主化の進展に満足する傾向がある。実際の民主化に向けた取り組みとしてはまだほとんど何も達成されていないと主張する学者もいるが、真の民主主義を支える制度的な基盤が少しずつ形作られている。例えば、法による支配の成熟、政治主体としての全国人民代表大会および各地の人民代表大会の出現、村の自治や草の根レベルの民主化などは、この進展プロセスの重要な構成要素を成している（Diamond, 1997）。

　中国共産党第17次全国代表大会で胡錦涛総書記は、社会主義の活力源としての民主主義をさらに強調するとともに、政権政党をより包括的にし、意思決定の過程をより透明にし、人権を保障するために、確固たる態度で民主主義を発展させると誓った。こういった理由から中国のほとんどの人々はこれまでの政治的発展に満足しており、また今後の民主化について楽観的な見方をしている。このようなゆるやかな民主化の過程において、草の根レベルの民主主義と

党内の民主主義が大いに促進され、国内外で高い評価を受けている。

6. 結　　論

　30年間に渡る改革と外部世界への開放政策の間に中国は、純粋で古典的な伝統的社会主義を放棄し、より豊かに、より一層繁栄するために、一連の修正主義的な定義と革新的な政策を承認し、これを採用した。日本や「四小竜」、また西洋の先進諸国から学ぶことによって、中国はこの30年間で、開発主義を強め、政府の能力は改善され、政治システムはある程度まで制度化された。
　共産党が政治権力を独占し続け、独立したメディアや自立した労働組合がほとんど存在しないという点をみれば、確かに中国の政治制度は依然として本質的にはレーニン主義の枠内にとどまっているものの、中国の政治システムが変化し続ける外部環境に適応し続けてきたことは明らかである。1950年代とは違い、共産党はより「中流階級」的な性格を強めており、その指導者たちの教育水準は高く、より差別化されている。より高い能力をもった公務員が新たな職務を遂行する現場では、法規がますます重要になっている。当局が市場の内部で経済を成長させようと奮闘する中、政府の意思決定は一層合理的な判断に基づくようになっている。中国は1980年代初め以来、市場志向型の経済改革と限定的な政治改革、すなわち国家主導の開発戦略を通してめざましい発展を遂げてきた。共産主義の指導者達は、共産主義によるリーダーシップ、社会主義の道、そしてマルクス主義的指針といった基本原則の維持を常に誓っているが、これらすべてに関して大幅な見直しと修正が行われていることは明らかである。
　中国では共産党指導の下、主要な資本主義的要素のほとんどすべてが取り入れられているという意味で、中国の特色ある社会主義とは「赤い資本主義」[3]と評するのが適切かもしれない。1980年代の初頭以降、従来の計画経済は廃止され、市場原理が導入された。1990年代後半からは、以前は中国共産党の主要な敵であった民間の実業家が、正式な党員として多数入党を認められるようになった。それでも中国は、グローバル化の圧力の下、とりわけ急速な経済発展と社会変動に直面しながら、変動する状況の中でさらに政治改革を進め、

なお一層民主化を促進する必要があり、また社会的あるいは経済的な危機を防ぐためには、中国共産党の正当性を強化し、政治的安定を維持することが求められている。

注
1) 中国では「民営化」という語の使用は公式には認められていない。その代わりに「転制」（所有権の転換）あるいは「所有制改造」（所有権の再編）といった語が民営化のプロセスを示す語として広く使われている。同様に、「私有」あるいは「私有経済」といった語の代わりに、常に「非公有」あるいは「非公有制経済」という語が用いられてきた。
2) アジア・バロメーター調査は2003年から中央大学（当時）の猪口孝教授を中心として実施されており、アジアの他の諸国・地域の学者がこれに参加し、協力している。筆者はその一員として、中国における調査を担当している。
3) 「赤い資本主義」という表現は、筆者がDickson (2003) の表題 *Red Capitalists in China* から示唆を得て案出したものである。実際のところ、中国では多くの人が中国の特色ある社会主義とは共産主義の指導の下におかれた資本主義のことであるとみなしている。

参照文献

天児慧 (2000)「政治体制の構造変化」、毛里和子編『現代中国の構造変動』第1巻、東京大学出版会.

Bernstein, T. P. (1993) "China: Change in a Marxist-Leninist State". J. W. Morley. ed., *Driven by Growth: Political Chang in The Asia-Pacific Region*. M. E. Sharpe. Inc.

Cotton, J. (1994) "The State in the Asian NICs", *Asian perspective*, Vol. 18, No. 1, Spring-Winter.

Diamond, et al. ed. (1997) *Consolidating the Third Wave Democracies: Regional Challenges*, The Johns Hopkins University Press.

Diamond, L. (1999) *Developing Democracy: Toward Consolidation*, The Johns Hopkins University Press.

Dickson, B. J. (2003) *Red Capitalists in China*, Cambridge University Press.

Ding Jianping (2001) *Empirical Studies on China's Integration into the World Economy*. Hunan University Press.

Dingping Guo (2006) "Political Culture and Political Development in China: An Interpretation of Three Surveys," *Political Science in Asia* (*PSA*), Volume 2, Number 1 (Winter).

Dreyer, J. T. (2004) *China's Political System: Modernization and Tradition*. Pearson Education, Inc.

Fan Gang (1998) "Lessons of East Asian Financial Crisis for China: Policy, Institution and Solution", *Zhanlue Yu Guanli* (Strategy and Management), No.2.

Guo Dingping (2000) *Study of Political Transition in South Korea*, China Social Science Press.

Harding, N. (2003) "The Russian Revolution: an Ideology in Power", in T. Ball and R. Bellamy, ed. *The Cambridge History of Twentieth-Century Political Thoughts*. Cambridge University Press.

国分良成 (1996) 『アジア時代の検証：中国の視点から』、朝日新聞社.

Huntington, S. (1991) *The Third Wave: the Democratization in the Late Twentieth Century*, University of Oklahoma Press.

Lieberthal, K. (2003) *Governing China: From Revolution through Reform*. Second Edition. WW Norton & Company.

毛沢東 (1977) 『毛沢東選集』第五巻、人民出版社、北京.

Marx, K. and Engels, F. (1948) *The Communist Manifesto*, Bantam Dell, New York, 2004.

Ming Xia (2000a) *The Dual Developmental State: Development Strategy and Institutional Arrangements for China's Transition*. Ashgate Publishing Company.

Ming Xia (2000b) "Political Contestation and the Emergence of the Provincial People's Congress as Power Player in Chinese Politics: a network explanation", *Journal of Contemporary China*, 9 (24).

Minxin Pei (1998) "The Fall and Rise of Democracy in East Asia", in L. Diamond and M. F. Plattner, ed., *Democracy in East Asia*, John Hopkins University Press.

毛里和子 (2004) 『現代中国政治』、名古屋大学出版会.

Perry, E. J. (2007) "Studying Chinese Politics: Farewell to Revolution?" *The China Journal*, No.57, January.

Pu Xingzu et al. (1991) *Zhonghua Remin Gongheguo Zhengzhi Zhidu* (Political institutions of PRC), Shanghai Renmin Press.

Rao Yuqing (1998) "The influences and Apocalypse of Asian Financial Crisis on China and Hong Kong", *Er Shi Yi Shiji* (Twenty-one Century), April.

Ren Xiao (1995) T*he Political Analysis of Economic Development in Korea*, Korean Studies of Fudan University, Shanghai People's Press.

Rowen, H. S. (2007) "When Will the Chinese People Be Free?" *Journal of Democracy*, Volume 18, Number 3, July.

Scalapino, R. A. (1998) "Will China Democratize? Current Trends and Future Prospects", *Journal of Democracy*, January 1998 Volume 9, Number 1.

Song Tingming (1998) "Two Decades of Economic Reform", *China Today*, Vol.47, No.10, October.

唐亮 (2001)『変貌する中国政治』東京大学出版会.

Teiwes, F. C. (1997) "The Establishment and Consolidation of the New Regime, 1949-1957", in R. MacFarquhar, ed. *The Politics of China: The Eras of Mao and Deng*. 2nd Edition. Cambridge University Press.

鄧小平 (1993)『鄧小平文選』第三巻、人民出版社、北京.

鄧小平 (1994)『鄧小平文選』第二巻、人民出版社、北京.

Tian Huan, ed. (2002) *The History of Post-War Sino-Japanese Relations*. China's Social Sciences Press.

Vogel, E. F. (1991) *The Four Little Dragons: The Spread of Industrialization in East Asia*, Harvard University Press.

Wade, R. (1990) *Governing the Market: Economic Theory and the Role of Government in East Asian Industrialization*, Princeton University Press.

World Bank (1993) *The East Asian Miracle: Economic Growth and Public Policy*, Oxford University Press.

Wu Guoguang, Zheng Yongnian (1995) *On Central-Local Relations*, Hong Kong: Oxford Press.

Xiao Gongqin (2001) *Gaobie Zhengzhi Langman Zhuyi* (Farewell to Political Romanticism), Hubei Education Press.

楊継縄 (1998)『鄧小平時代：中国改革開放記実』中央編訳出版社、北京.

Zhengxu Wang (2006) "Explaining Regime Strength in China," *China: An International Journal* 4, 2 (September).

Zhong Dajun "Eryuan Jiegou dui Zhongguo Shehui de Yingxiang" (2001) (The Influences of Dual Structure on Chinese Society), in Ru Xing, Lu Xueyi, Chan Tianlu eds., *2001 Nian: Zhongguo Shehui Xingshi Fengxi yu Yuce* (The Year 2001: Analysis and Prediction of Social Situations in China), Shehui Kexue Wenxian Chubanshe, Social Sciences Documentation Publishing House.

第8章 中国経済の発展段階と東アジア経済協力における新たな地位

趙　偉

1. はじめに

　東アジア経済協力を論ずる際に、中・日・韓三国の役割、特に中国という要素を忘れてはならない。また東アジア経済協力における中国という要素を論ずるに当たって、1つの現実的問題――すなわち、1990年代以降の中国経済の非常に急速な成長――を見逃してはならない。この中国の急速な成長は、積極的な対外開放戦略に大きく依存して実現されているからである。

　東アジア経済協力における中国の地位と役割には、大きな変化が生じつつある。この点には疑問の余地はない。それは近年東アジア経済界で関心が高まっている問題の1つでもある。しかし、これまでこれらの問題を論じる際には、学界・実業界・政界いずれにあっても、誰もが例外なく中国経済を（人口や国土面積などの）外面的要素から判断しようとしたことに留意しなければならない。言い換えれば、中国以外の東アジア経済と比較した中国経済の規模から始まり、その影響力、ひいては東アジア経済協力における新たな地位について、外面的要素から判断しようとしたのである。

　1つの経済の外部に対する影響力は、その経済の外的な規模に限られるわけではなく、内部の社会経済発展と変化によっても決定される。この点を認識できなければ、例えば、人口も国土面積も中国の最も小さい省より小さいスイスという国の世界と地域に与える影響力が、多くの中進国よりも大きい、という事実を理解できないであろう。このような認識の基づき、筆者は本章で中国経済の内的発展段階の分析を出発点に、中国経済の東アジア経済協力における新たな地位と展望について論じたい。

2. 現時点における中国経済の発展段階―3つの判断基準―

　一国の経済発展段階を分析・判断するための基準はさまざまであり、基準によって得られる結論も違ってくる。中国の場合、その理論性と正当性から総合的に判断すると、次の3つの基準が最も重要であると考えられる。第1は、国民所得の視点である。つまり、1人当たり国民所得あるいは国内総生産（GDP）であるが、これは世界銀行（以下、世銀）においても推進されてきた基準である。第2は、工業化の視点であり、多くの経済学者、特に経済史学者が使用してきた重要な分析様式である。第3は、経済成長段階論である。これはアメリカ経済史学者ロストウによって提起された、多くの支持を得ている実証済の理論モデルである。これら3つの基準は、相互に大きく補完し合うものである。中国経済の発展段階、特に社会経済の進展段階を分析し、次の発展の行方を見極めるためには、3つの基準を同時に考慮しなければならない。

（1） 中国経済の発展段階―国民所得の視点―

　まず、第1の国民所得の視点からみてみよう。20世紀後半以来、国別経済発展過程の研究において経済学者は、1人当たりの国民所得（GNI）あるいは1人当たりの国内総生産（GDP）を重要な根拠としてきた。世銀は、それまで、その年度の国の経済発展指数を1人当たりの国民総生産（GNP）によって分類するとしたが、1970年代半ば、それを1人当たりの国民総所得（GNI）による分類に変更した。実際のところ、世銀は次の2点が密接に関連し合う分類基準をもっていた。その1つは、国または経済実体を4つの所得水準、すなわち、低所得、低中所得、高中所得および高所得国（経済体）に分類することである。もう1つは、所得の4段階分類後、さらに2つ、つまり「発展中の経済」と「発達した経済」に分類することである。

　前者の分類基準は非常に明確であり、また毎年1度調整が行われている。最新（2007年7月1日公布）の所得上限の分類は次のとおりである。低所得経済体の2005年1人当たりGNIは905ドル以下。低中所得経済体の1人当たりGNIは906ドルから3,595ドル。高中所得経済体の1人当たりGNIは3,596

ドルから1万1,115ドル。そして高所得経済体の1人当たりGNIは1万1,116ドル以上である。後者の分類は少し曖昧ではあるが、実際に世銀の文書に記されているものである。世銀の文書には、「低所得」と「中間所得」の国家を大まかに「発展途上国」、高所得国を「先進国」であると書かれている。世銀の金融投資政策の具体的な実施計画では、所得というはっきりした区分条件が存在する。1989年の世銀の所得範囲に関する補完的な決定により、この所得区分を1987年当時の（ドル建て）購買力平価によって計算した1人当たりGNIで6,000ドルとした。また、この所得以上が「高所得国」あるいは「先進国」であり、6,000ドル未満は「中低所得国」あるいは「発展途上国」と決められた。この上限は毎年ドル建て購買力（平価）または価格指数の変化によって調整される、最新のドル建て購買力（平価）をもとに計算すると、1万1,116ドルとなる。これは世銀が決定した最新（2007年7月1日）の「高所得」あるいは「発達した経済」所得の区分条件である。

　世銀は、独自の方法で各国のGNIを計算しているが、計算結果はほとんどの国の政府側データとほぼ一致している。例えば、世銀が算出した2005年中国のGNIは2億3,000万ドル、1人当たりの所得は1,740ドルであった。この数値は、中国政府の統計局のデータに近い（政府統計局の数値によって算出すると、2005年の中国のGDPは約2万2,257億ドル、1人当たりのGDPは1,700ドルであった）。この結果によれば、中国は「低中所得」国に入った。この推計によれば、2006年の中国の1人当たりGDPは、ちょうど2,000ドルを超え、依然として低中所得国であり、当然ながら発展途上国に含まれる。

　ただし、世銀は上記の分類に、さらに膨大で詳細な「発展指標」の体系を織り込んでいることを指摘しておかなければならない。つまり、そこには「人口」「環境」「国家と市場」「グロバリーゼーション」という4つの大きな指標が含まれており、これを上記の国家分類体系に取り入れている。世銀は、公表した最新の「世界発展指標」の中で、人口と経済に関する最も重要な指標だけを単独で列挙しており、中国と上記分類中の低中所得以上の国の平均指数を比較すると、現在中国の重要な人口発展指数は「高中所得経済」の平均値にかなり接近しているか、それを超えていることがすぐに分かる。具体的にいえば、

人口発展の重要な5つの指標の中で4つが高中所得国の指数に近づいているか、それを超えている。中でも人口増加率は高中所得国の平均値と等しい。平均余命や乳児死亡率も高中所得国に接近している。5歳以下の幼児の死亡率も高中所得国と変わらなくなっているが、子どもの予防接種率だけがやや低い。

重要な発展指数が低中所得国の基準を超えて高中所得国に接近していることは、1人当たりの所得による分類が、中国の現在の社会経済発展状態を過小評価していることを意味している。実際、世銀によって算出された1人当たりの名目上GNIは、人民元の市場対ドル為替レートによって計算されたものだが、これ自体が中国の実際の1人当たり所得を過小評価している。現在、人民元の市場対ドル為替レートが購買力平価（PPP）より低いのは議論の余地のない事実である。

（2）中国経済の発展段階—工業化の視点—

中国では真の工業化はまだ実現されていない。現在も工業化の急速な推進段階にある。それゆえ、中国経済の発展段階について判断するとき、工業化の過程をみることが重要なのは間違いない。ところで、工業化を論ずるとき、都市化を切り離すことはできない。なぜなら工業科自体が都市化と切り離すことができない一体の問題だからだ。サイモン・クズネッツの説によると「生産構造の変化が招く生活条件の変化、言い換えるなら消費の変化の中で（略）最も人々が注目するのは都市化である——すなわち、先進国では都市へ殺到する人口の増加が絶えないということだ。このような過程は、現代の経済成長の中では非常に普遍的なものであり、都市化は早くから公認された現代生活の大きな特徴の1つになった」（クズネッツ、1966）。都市化は、経済史学者が工業化の進展状況を計る重要な尺度の1つである。

工業化と都市化という視点で主要な根拠となるのは、いうまでもなくいくつかの大きな経済社会構造変化の指標しかないが、その最も重要な指標として次の3点が挙げられる。第1は、産業構造の進展である。現在中国の3つの産業構造統計分類には、実際に農業、工業、サービス業が含まれているが、これは厳密な意味での3つの産業分類とはいえない[1]。この分類は、クズネッツ等

の研究者が早くから調査していた先行して工業化した国の産業構造の分類と一致しているので、より比較研究しやすい。

　先行して工業化した大国の工業化の進展において、この3部門における生産額の構成変化を考察すれば、比較的共通する2つの特徴を見いだすことができる。その特徴の1つは、工業化の成熟期における国民生産あるいは国民所得の構成に現れている。先行して工業化した国の成熟期には、例外なく第3次＞第2次＞第1次という産業構成上の特徴が現れる。その中で、最も早い時期の統計は、1841年にイギリスが工業化を一応完成させたときのものであり、農業、工業、サービス業の3つの産業における国民所得構成は22：34：44となり、明確な3＞2＞1の構造的特徴がみられた。また、工業化の拡大期にはこの構造の特徴がいっそう強くなったことが示されている。すなわち、1901年には第1次、第2次、第3次産業の構成が6：40：54となったのだ。イギリスと同様に1805年から1914年のドイツの工業化成熟期には、3つの産業構成がすでに18：39：43に変わっていた。アメリカのような農業大国でさえも、日本のような前工業社会で小農経済が盛んであった後発型大国でも、工業か成熟期の生産構成は3＞2＞1という特徴をみせていた。一般にアメリカの工業化は1920年代に完成したと考えられている。アメリカのその時期の3つの産業（1─2─3）の国民所得構成は12：40：48であった。日本の工業化は1960年代末に完成し、1971年にその国民所得の産業構成はすでに7.4：38.5：54.1に変わっていた。

　もう1つの特徴は、工業化進行中に産業構造が変化する過程で、ほとんどの先行した工業化大国に次の2段階が現れていたことである。第1段階は、「第2次産業化」、つまり国民生産に占める第2次産業の割合の継続的な上昇である。第2段階は、サービス化あるいは「第3次産業化」である。この段階のサービス業は工業に代わって、最も早く拡大した産業であった。イギリスのこの2段階の境目は、ほぼ1840年代初頭である。関連する統計値の分析では、1770年から1841年の間、イギリスの国民所得の中で、製造業を主要産業とする工業が占める割合が24％から34％に上昇したとされている。同時期に農業の割合が急激に低下したが、サービス業の割合はそれほど上昇せず、1801年

から1841年には、むしろ少し下がった。ところが、1840年代末以降になるとサービス業は急速に拡大し、1841年から1901年に工業の割合が5％上昇したのに対し、サービス業は10％も上昇した。アメリカでこのような変化が起きたのは、19世紀後半、1870年代末から1880年代初頭である。1879年にアメリカの工業生産の割合が40％まで上昇したことがあった。その後は工業が継続的に速い拡大をみせているが、サービス業はさらに拡大が速かった。そして、工業の上昇率が限界値に至るまで拡大し続けた。日本がこの転換期を迎えるのは、おおよそ1960年代半ばに入ってからである。

　先行して工業化した国の工業化成熟期の産業構成を参考にして静態的に比較すると、現在の中国は未だに工業化が未完成だといえよう。現在まで3つの産業におけるGDP構成が依然として2＞3＞1の特徴をみせているからだ。2006年には、第1次産業12.4、第2次産業47.3、第3次産業40.3という数値だった。ところが、先行して工業化した国の産業構造変化の各段階に照らして動態的にみると、中国の産業構造は、2000年以降を「転換点」とみることができる。統計値では、2003年以降、「第2次産業」の発展速度がやや低下し、「第3次産業」が安定した上昇をみせた。その結果、「第2次産業」の割合が著しい減少をみせている（図8-1参照）。2004年国民所得調査の数値の比較的大幅な修正を考慮すると、これらの変化の時期はもう少し早いに違いない。

　第2は、労働資源の産業配置あるいは就業構成の変化である。先行して工業化した国の工業化成熟期には、例外なく「非農業分野」への就業がみられるようになり、非農業への就業が一般的に総就業数の3分の2以上を占める。経済史にみられる関連数値では、イギリスの工業化完成期の初期である1841年に、3つの産業に対する労働力の就業分布が23：39：38であり、非農業分野への就業率は総就業数の77％を占めていた。1901年はさらに9：54：37に変化し、非農業分野への就業率が91％にまで達した。アメリカの場合、工業化の完成直前である1910年には、3つの産業の就業構成は32：41：27であり、非農業分野への就業率は68％を占めた。また20年代の工業化成熟期には、その割合が80％以上に上昇した。日本では、工業化完成期を迎えようとしていた1960年に、3つの産業への就業比率がすでに33：35：32に達し、非農業分野への

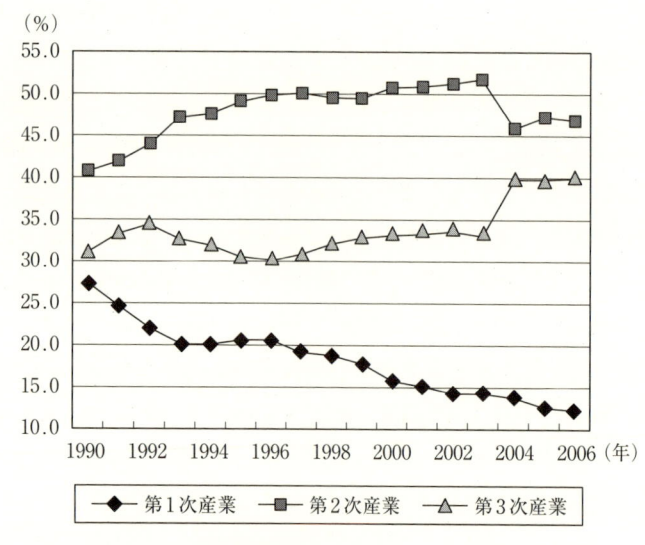

196 第2部 中国からみた東アジアと日中関係

図8-1 中国産業構成の交化（1990〜2006年）
出所：国家統計局『中国統計年鑑』（1993年以降の数冊）

就業率は66％を占めた。工業化の成熟期である1970年には、これが約80％にまで上昇した。これらの先進国と比べると、現在の中国の就業構造は、未だに工業化経済の就業構造の特徴を備えていない。統計によると、2006年の中国における3つの産業への労働分布は44.8：23.8：31.4であり、非農業分野への就業はわずか55.2％で、先行して工業化した大国の、最低でも3分の2、平均70％以上という就業率に比べると低すぎる。

第3は、都市化の進展である。先行して工業化された国は工業化成熟期に人口の過半数が都市に居住し、都市で生活しながら、現代型都市が提供する便利さと文明を享受していた。ただし、都市の定義は一律ではなく、各国の都市化の数値も異なっている点には注意が必要である。しかしそれでも、先行国の工業化成熟期に関連する数値には、依然として参考にすべき重要な指導がある。例えば、先行して工業化した国の工業化成熟期の都市化率が例外なく50％を超えていることが、すぐに分かる。他の国と比較して、イギリスの都市に関する定義が最も客観的か広範囲である点に注意すべきだ。イギリスの定義に照ら

してみると、他の工業国の都市化率をさらに高く調整しなければならない。それは、官庁統計よりやや高い値になるかもしれない。

　中国の現在の都市化とその発展過程をみると、現時点での都市化の進展において工業成熟期の特徴が現れているとはいえない。2005年まで、中国の都市化率は50％を突破していなかった。「常住人口」を対象にした統計である「都市人口」の総人口に占める比率は43％にしか達していない。2006年にようやく43％を突破した。客観的に分析すれば、中国のこれらの都市の「常住人口」の中には、相当数の戸籍のない「農民工」家庭が含まれており、彼らは社会福祉も都市文化も、ほとんどまだ享受できていない。

　上述した工業化の最も重要な3つの構造の基準に照らしてみると、現在の中国は確かに工業化の最後の段階に入っているが、まだ完成されてはない。単に構造変化の指標からみると、工業化社会との距離はまだ大きいといわざるを得ないであろう。

（3）中国経済発展段階―経済成長段階論の視点―

　経済成長段階論は、アメリカ経済史学者ロストウが1960年代に提起したものである。ロストウは豊富な経済史の知識と深い歴史的洞察力により、数十か国の経済史の実証研究を通じて、一国の長期的経済成長には段階的な特徴があることを示した。彼は、一国の社会経済の発展段階を大きく6つに分類して

8-1　先行して工業化した国の都市化率の比較

国	年　度	都市化率（％）	都市あるいは都市人口に関する区画
イギリス	1901	77	都市（城市）状況、規模の大小に関係ない
フランス	1946	52.9	2000居住民以上の市町村
ド イ ツ	1900	56.1	2000居住民以上の市町村
アメリカ	1920	21.2	2005居住民以上の市町村
日　　本	1975	75.9	自治都市＋人口3万以上の市
中　　国	2005	42.99	小都市内の都市常住人口＊

注：＊都市人口のみ
出所：クズネッツ（1966）：236.；Lampard, Eric E.(1980)

いる。それは、①伝統的社会、②離陸（テイク・オフ）先行期、③離陸期、④技術成熟段階への移行期（成熟期）、⑤高度大衆消費時代（大量消費期）、そして、あとから加えられた、⑥後工業社会である。ロストウは、すべての段階を明確に分類しているが、多くの経済学者が熟知していることなので、ここでいちいち列挙する必要はないだろう。中国の社会経済発展段階を判断する目的から注目するのは、ロストウが分類している第4と第5の2つの段階、つまり「技術成熟段階への移行期（成熟期）」と「高度大衆消費時代（大量消費期）」である。さまざまな現象によれば、現在の中国の社会経済の発展は、この2つの段階と最も関係が深いといえよう。

まず、「成熟期」をみてみよう。ロストウは、この段階を「すでに（当時の）近代技術がその社会のあらゆる分野に有効に応用されている時期」（ロストウ、2001）と定義している。成熟期の証としては、工業において主に製造業の多様な発展があり、主要産業の新たな部門が次第に発展・強大化し、離陸期の古い部門に代わっていく点が挙げられる。

ロストウが、一部の先行国に対して規定した成熟期は次のとおりで、イギリス：1850～1900年、アメリカ：1900年、ドイツとフランス：1910年、日本：1940年、ロシア：1950年である。その中でイギリスは「19世紀半ばの技術を有効に応用し」、アメリカは19世紀末と20世紀初頭の技術を有効に活用し、その他の後発国は20世紀上半期の近代的技術を有効に活用したとしている。

次に「大量消費期」をみてみよう。ロストウは、一国社会経済の発展がいったん成熟期に達すると大量消費段階を招く可能性が高いとみている。この段階では、社会の関心と資源の配置が生産重視から消費重視へ向かう歴史的転換が生じ、「社会の主な関心が供給から需要へ、生産から消費、最も広義での福祉問題へと移行する」（Rostow, 1991）としている。これと同時に、「資源がますます耐久消費財の生産と大衆化サービスの普及に向けられる」（*ibid.*）としている。

ロストウはアメリカが世界で最初に大衆大量消費社会に入ったとみている。その始まりは1913年から1914年で、ヘンリー・フォードのベルト・コンベアーがその証であり、戦後1950年代まで続いてようやく「論理的終点」

に到達したとしている。アメリカの大衆消費の発展は4つの段階を経験した。①進化期、②1920年代、③1930年代の大不況、④戦後の繁栄である。断続的に半世紀を経過したが、全段階を通じて重要な内容は2つある。1つは、耐久消費財の普及である。以前は極めて少数の富裕層のみが享受していた耐久消費財が、一般家庭に大量に入った。この時期アメリカで急速に普及した耐久消費財は4種類以上になった（①一戸建て住宅、②自動車、③各種家庭用電気製品、④高級食品）。すべての耐久消費財の中で、「決定的な要素は安価な大衆向け乗用車である」。もう1つは、社会構造の変化である。主な変化は、新しい中産階級の形成で、専門家とホワイトカラーの急速な増加、都市化の加速と都市人口の郊外への移住である。ロストウは、「これらの変化が1920年代の繁栄をもたらし、アメリカ大陸の全体的な生活様式と求愛の習慣まで変えた」（Rostow, 1991）と分析している。

　日本の経済学者である竹内宏は日本経済史研究で、日本は1960年代に入って大量消費期（あるいは「消費革命」）を迎え、1970年を前後として頂点に達したと指摘している（竹内宏、1993）。この時期の初頭、急送に普及した耐久消費財としては、白黒テレビ、洗濯機、冷蔵庫が代表的で、日本の消費者はそれを「三種の神器」と呼んでいた。1965年、これら三種の耐久用品の普及率（100戸ごとの所有量）は、それぞれ88％、61％と38％であった。この普及率は、都市の方が農村よりやや高かった。後期になるとこれが、いわゆる「3C商品」——カラーテレビ（Color T.V.）、クーラー（Conditioner）、カー（Car）——に代わった。1970年には「3C商品」の普及率はそれぞれカラーテレビ26％、クーラー6％、自家用車22％となった。1970年代末になると、これら耐久財の普及率は3つとも50％を超えた。

　近代化先行大国の中で、アメリカと日本のこうした経験が、中国にとって最も参考になる。前者は、領土の広さと民族の多様性という点で、中国と大きな類似点があり、後者は後発型大国であり、儒教と仏教文化圏であるという背景が、中国の発展の参考とする上で、比較的大きな意義をもつだろう。これら2つの先行大国の経験に照らしてみると、現在の中国経済で強烈な大衆消費の波が起きていることは、大衆消費時代がすでに現実のものになっているか、なり

つつあるということを意味している。

　第1は、高額の耐久消費財の普及である。日本が当時「3C商品」としていたもののうち、カラーテレビとクーラーは、すでに中国の都市および発達する沿海地域で普及しているか、または普及しつつある。自家用車の普及の勢いもすさまじく、非常に速い速度で広がり始めている。その他20世紀あるいは世紀の転換期に現れた耐久消費財も、近年著しく急速に普及している。統計値によると高級耐久消費財中、最も急速に普及しているのは電話である。その中でも携帯電話は2005年までの5年間に、都市と町での普及率が100戸当たり19.5から100戸当たり137に急増しており、その増加率は7倍以上に達している。農村部での普及率はさらに速く、100戸に5台もなかったものが50台余りに急増している。2つ目は乗用車であるが、5年間で100戸当たり0.5台から100戸当たり3.37台に急増、その増加率は7倍に近づいている。3つ目

表8-2　主要な耐久消費財の普及率（100戸ごとの所有数）

A 都市と町

商品名（台）	2000年	2005年	5年増幅（%）	商品名（台）	2000年	2005年	5年増幅（%）
カラーテレビ	116.6	134.8	16	温水器	49.1	72.65	48
洗濯機	90.5	95.51	6	パソコン	9.7	41.52	232
冷蔵庫	80.1	90.72	13	電子レンジ	17.6	47.61	171
エアコン	30.8	80.67	48	健康家電	3.5	4.68	34
カメラ	38.4	46.94	16.2	携帯電話	19.5	137	603
ビデオカメラ	1.3	4.32	22	乗用車	0.5	3.37	574
バイク	18.8	25	33				

B 郷村

商品名（台）	2000年	2005年	5年増幅（%）	商品名（台）	2000年	2005年	5年増幅（%）
カラーテレビ	48.7	84	72	固定電話	26.4	58.3	121
洗濯機	28.6	40.2	41	携帯電話	4.3	50.2	1062
冷蔵庫	12.3	20.1	63	コンポステレオ	7.8	13	68
エアコン	1.3	6.4	385	白黒テレビ	53	21.8	−41
カメラ	3.1	4	30	ビデオ	3.3	3	−0.91
扇風機	122.6	146	19	パソコン	0.5	2.1	347
バイク	21.9	40.7	86				

出所：国家統計局（数年の統計年鑑）

は家庭用パソコンである。100戸当たり10台未満から100戸当たり42台近くに急増している。その他、10種類以上の新旧の耐久消費財が普及段階に近づいているか、普及段階に入っている（表8-2参照）。

第2に、住宅建設とリフォームブームである。20世紀末ぐらいから沿海地域から内陸にかけて、不動産開発ブームが生じるようになったが、その勢いは現在も衰えていない。統計によれば、2000年から2006年の7年間だけでも全体の不動産業の投資額が7億7,000万人民元を超え、中国全土の固定資産投資総額に占める割合が平均17.8％に達する。2001年以降、国家のマクロコントロールにもかかわらず、その投資規模は依然として上昇傾向にあり、固定資産投資の占める割合も17％以上で安定している（表8-3参照）。それだけでなく、中国全土の分譲住宅の価格もどんどん上昇した。中でも沿海地域の大都市での上昇が最も早かった。不動産ブームは大きくみると、都市の居住制度の改革と関連しているとはいえ、その勢いは増す一方であり、特にリフォームブームは、人々の収入の急速な増加と快適な生活を追求する需要に密接に関連していることは間違いない。このブームは、1920年代のアメリカにかなり似ている。

第3は、休暇時の消費ブームである。労働日数の減少と休暇日数の増加、長期休暇の流行が観光と休暇時の消費を急速に増加させている。統計によれば、2000年から2006年までの国内刊行者数が延べ7億4,400万人から13

表8-3　不動産投資ブーム（2000年-2006年）

	II 不動産投資		I 固定資産投資	
	投資額（億元）	増加率（％）	投資額（億元）	増加率（(II/I)×100％）
2000	4984.05	21.5	32619	15.28
2001	6344.11	27.3	36898	17.19
2002	7790.92	22.8	43500	17.91
2003	10153.8	30.3	55567	18.27
2004	13158.25	29.6	70477	18.67
2005	15909.25	20.9	88774	17.92
2006	19382	21.8	109870	17.64

出所：国家統計局（関連年度統計年鑑あるいは統計広報）

億9,000万人に急激に増え、わずか7年間で倍増した。それと同時に、少数の高所得者と公務員の間では、公人としての海外研修も兼ねた観光ブームが起きている。沿海地域では自費で海外旅行に行くことも徐々に流行するようになった。信頼できる統計によると、2000年から2006年までの大陸「国内居住民」だけの出入国者数は延べ1,047万人から3,452万人へ倍増しており、そのうち個人の出国者数は延べ563万人から2,880万人へと、4倍にも増えている。

　上記の持続的な消費ブームと関連しているのは、次の2つの変化である。その1つは、社会の関心の変化だ。先行して工業化した国と同様、新世紀に入って中国国民の関心は一方的に生産を強調することから消費へと変化してきた。GDPなど純経済指数に対する関心が薄れる傾向が一気に強まり、環境に対する関心が急速に高まり、そして社会保障制度の拡大、医療改善、基礎教育の条件に対する改善の傾向が一段と高まった。社会の関心の変化は、先行国が大衆消費時代に入ったときの状況とかなり似ている。周知のとおり、日本はちょうど大衆消費時代に入ったとき、生産指数に対する国民の関心が薄くなった。この点で最も典型的な例は、1970年代初期、日本国民が長年にわたって重視してきた国民総生産（GNP；gross national product）が「国民総汚染量」と呼ばれたことである。

　もう1つは、経済成長の動力の転換である。消費ブームの持続とともに、現段階の中国経済は明らかに過度の投資に依存していた状態から、消費の変化を注視する方向に転換しつつある。社会消費財の小売総額を計る消費の増加スピードは、この3年間持続的に増加していて、2004年は前年比の9.1％から13.3％に上昇した。また2005年と2006年にはそれぞれ12.9％と13.7％、2007年には15％を突破する予定である。また、経済成長の三大動力のうち、「消費」が経済成長に与える貢献率が「投資」を超えつつあり、2006年の「消費」の成長貢献率は49％に達し、「投資」（36％）と「純輸出」（15％）をはるかに上回った。

　これらすべての変化は、中国経済が大衆消費時代を迎えていることを物語っている。より正確には、その時代が近づいているか、始まったばかりであ

ることを暗示している。先行国の経験からみても、大衆消費時代における初期の消費の進展状況は、均一ではなかった。成長過程で1人当たりの所得が高くなっても「一国の地域間の1人当たり所得の均質化をもたらすとはいえない」（ロストウ、1991）。中国では人口が多く、地域間、市町村間の所得差が比較的大きい上に、体制分割が存在するので、大衆消費を持続させ消費ブームを引き起こすためには、もっと長い年月をかけた発展が必要である。この点は、改めていうまでもなく確かなことである。

（4） 中国経済発展段階 ― 3つの視点のまとめ ―

　世界銀行の所得分類の中で、中国は低中所得国であるが、肝心なのは人口および経済指標が1つ上の分類に接近、あるいはそれを超えているということである。人民元の名目為替レートがかなり過小評価されているという事実を考慮に入れれば、現在中国人1人当たりの実質的な所得は高中所得国の水準に接近しているか、少なくとも低中所得国の中高水準をすでに超えているとみることができる。工業化の視点からいえば、中国の工業化は成熟期に近づいているが、先行して工業化した大国が、かつて示した社会経済構造の変化はまだ完成していないので、工業化が完成したと簡単に断言することはできない。経済成長の観点から近年持続的に高まる大衆消費の波とその変化をみると、中国がいま高度大衆消費時代を迎えつつあるということができる。

　外面のみでみると、中国人1人当たりの国民所得が比較的低い水準であることと、工業化の未完成という経済構造が高度大衆消費時代を迎えてはいないことを物語っているようにも思えるが、次の2点を比較してみると、すぐにこの両者の間に論理的な関連があることが分かるはずである。まず、現行為替レートによって算出された中国の1人当たり国民所得、あるいは1人当たりGDPを実質価格（固定価格）に換算してみると、一部の先行工業化大国が高度大衆消費時代に入るときの水準と差がない。アンガス・マディソンの算出した数値によれば、2001年中国人1人当たりのGDPは約3,583「国際ドル」（1990年の為替レートによって算出）で、最近6年間の10%以上の急速な成長を加えれば、現在5,600「国際ドル」を超えるはずだと指摘されている（マディソン、

2003)。この1人当たりの水準は、アメリカの1900年の4,019「国際ドル」よりはるかに高く、1910年の水準よりも高い（約5,000「国際ドル」）。アメリカという大国を参考にすると、現在中国の1人当たりの富の蓄積規模は、大衆消費到来の時期に入ったことを意味しているといえるだろう。

次に、ロストウの実証研究でも、大衆消費時代と成熟期との関係は、それほど緊密ではなく、一部の国では大衆消費時代の到来が遅く、一部の国では早いと提起されている。前者の典型例はイギリスである。イギリスでは経済的成熟期から大衆消費時代に至るのに半世紀かかっている。それは植民への軍事的拡大が消費に変わったためである。後者の例はカナダである。同国では、経済未成熟段階ですでに大衆消費時代に入った。膨大な資源を所有しており、軍事的な負担がなかったためである。現在中国は、ちょうど千載一遇の平和期にあり、この30年間急速な経済成長を遂げてきたにもかかわらず、未だ大衆消費時代が到来していない、としなければならない理由はないだろう。

ロストウは、一国が大衆消費時代に入り、広義の福祉を拡大するには、次の3点が必要だと分析している。その1つ目は、海外での影響力を得るため、資源を増やし軍事と外交政策に活用すること。2つ目は、福祉国家の建設である。国と政府によって個人と社会の目標が実現されなければならないし、そこには休暇の増加も含まれていなければならない。比較的純粋な自由市場制度下では、これらの目標を実現することができない。3つ目は、大衆の消費水準を高めることである。大衆消費は衣、食、住の基本的な範囲を超え、「誰もに、よりよい衣、食、住が保障されるだけでなく、20世紀の発達した経済が提供する耐久消費財の消費とサービスを誰もが享受できるように」ならなければならない。先行国が大衆消費を実現するのに用いた手段は①社会保障の充実、②所得再分配メカニズムの強化、③労働日数の短縮、④生産と供給を刺激する政策を緩和し環境と資源の保護を強化する、という4点である。これらの主な分析項目を基準として、現在の中国政府の動きを考察してみると、一部の先行国と類似した例がみられる。

ところが、変化途上の経済をもつ中国は、依然として制度の変遷過程にあり、制度改革は未だに未完成で、まだ一部に不確定要素が潜んでいるという点

を指摘しておかなければならない。旧ソ連の経験によれば、計画経済は大衆消費時代の一定の基礎にはなるが、大衆消費時代に入らないことを示している。ロストウは、1950年代にソ連がすでに高度大衆消費時代を迎えるための一定の準備をしていたとみていた。同時に彼は、この国が実際に大衆消費時代に入るには、苦境に陥っている政治・社会問題を調整するという課題に直面しなければならないことも予見していた（Rostow, 1991）。これは、中国が改革の重要性と緊急性を認識し、大衆消費時代を持続的に改革推進していくのに役立つものである。

3. 中国経済の東アジア経済協力における新たな地位
――2つの側面からの評価――

　高度大衆消費社会を突き進む中国経済が、東アジア経済協力にとっていったいどのような意味をもつのか、将来中国が東アジア経済協力の中でいったいどのような役割を果たすべきなのか、これらの諸問題に答えるためには、少なくとも2つの側面からみて評価しなければならない。その1つは、グローバル経済の側面である。中国の人口、国土規模という外的要因からみても、最も重要な要素である社会経済の発展段階からみても、中国経済は、地域に限らず、疑いもなく世界的な影響力をもっているためだ。もう1つは、東アジア地域の側面である。中国経済自体が東アジア地域経済の重要な構成部分だからである。

（1）　中国経済のグローバル経済発展過程における新たな地位
　中国経済の現在の発展は、グローバル経済における中国の役割をすでに変化させているか、あるいは変化させつつある。その中で下記の3つの変化が最も注目されている。
　第1の変化は、グローバル化の中で中国が製造業大国としての重要な地位を確立したことである。その点については、さまざまな数値が物語っている。その中でも2つの数値が最も関心をひく。1つは、中国製品が世界一多くなっているということである。韓国貿易協会国際貿易研究院で発表された最新研究

報告によると、2005年中国の958種類の製品が世界市場占有率で第1位となっている。これは日本の5倍、イギリスの8倍の数値に近づいている。具体的には、世界市場占有率が第1位である中国の各種商品の輸出市場の総額が、輸出市場全体の16.7%を占めている。韓国は1.3%に過ぎない。

もう1つの変化は、各種中国製品の世界市場における影響力である。最新の研究では、現在中国で生産している次の製品が、世界で最も重要な影響力をもっているとされている。

紡績と印刷　2005年中国の紡績加工総量は2,690万tで、全世界の3分の1を占めている。2000年から2005年まで、中国の主要6種印刷品の輸出量は38億mから103億7,000万mに増加し、1.7倍も増えた。輸出総額は28億ドルから84億8,000万ドルまで増加し3倍になっている。

衣類製造・輸出　現在、衣類の輸出量は世界の4分の1以上を占めている。中国の衣類は、廉価で世界紡績産業の底辺にあるといわれているが、すでにこの産業全世界バリューチェーン（価格連鎖）の17.5%、小売総額の50%、中国政府税収の18%を占めている。

靴類製造　この品目の輸出は数年続けて世界一である。2006年の中国製靴輸出量は、78億足、その総額は218億ドルであった。2007年上半期の輸出量は44億足、総額は120億ドルであった。

家電製品製造　現在少なくとも6種の家電製品の輸出額が世界市場で1位を占めており、7種の製品の世界市場でのシェアが30%以上を占めている。それを世界市場で占めるシェア順に並べると、電子レンジ（80%以上）、掃除機（40%以上）、電機炊飯器（90%位）、冷蔵庫、エアコン、洗濯機がそれぞれ世界の約3分の1を占めている。

鋼鉄生産　1996年から中国が世界最大の鉄鋼生産大国に飛躍して以来、連続10年間急速な増加を続けてきた。そして2006年には、中国国内での粗鉄生産量が4億1,900万tに達し、世界でのシェアは13.5%から33.8%へ上昇した。

自動車製造　2006年に生産量が728万台に達し、世界第3位になった。重要なのは、先進国の製造業者が技術を独占している製造業種である、完成車

貿易と自動車部品貿易で、2005年から年々高い水準を維持していることである。

　以上は、中国が新興製造大国としての地位を確立したことを意味している。中国経済が大衆高消費段階を邁進するにつれ、これらすべての製造業が絶えず肥大化して成長しており、国内需要に支えられて製造業が発展し、特に国内需要によって、製品レベルの引き上げと技術進歩に主要な役割を果たしつつあることは注目すべきである。この点が1980年に形成された新興工業化経済（NIES）とは異なる重要な特徴である。当時は国内市場が限られており、国際市場に依存しなければならなかった。

　第2の変化は、中国が世界経済成長の新しい源泉と原動力（エンジン）になったことである。国際通貨基金（IMF）の専門家による最新研究では、現在世界の経済成長の動力の大半が新興市場経済（EMEs）であると指摘されている。中国はその中で第1位をとされている。例えば、2006年と2007年の中国経済の世界経済成長に対する寄与率が、それぞれ30％と33.6％で、「3大経済」、すなわちアメリカ（10.5％と7％）、EU（7.5％と7％）および日本（3％と2.8％）を、2年連続してはるかに上回った。同研究ではまた、中国、インド、ロシア、ブラジルといった4大新興市場経済の世界成長への寄与率は50％であるとしている（図8-2参照）。世界経済成長の原動力であるいくつかの主要国の中で、中国の寄与率が年々安定して上昇の傾向をみせていることは注目すべきである。

　上記の中国経済の成長段階の評価が間違っていなければ、高度大衆消費段階への展開、中国経済成長の原動力が投資という外的要因から消費という内的要因への変化に伴って、原動力（エンジン）は、絶えず強化され、また相当強い持続性をもっていると考えられるであろう。

　第3の変化は、大型市場の急速な形成である。既述のように中国の経済発展はすでに高度大衆消費時代に突入した。先行して工業化された国、特にアメリカと日本の従来の経験からみると、一国がいったんこの段階に入ると、消費が直ちに経済成長の最も重要な原動力になる。消費ブームの持続的な発生は、国内市場規模の急速な「拡大」と国内市場の「深化」を促す。すなわち、市場

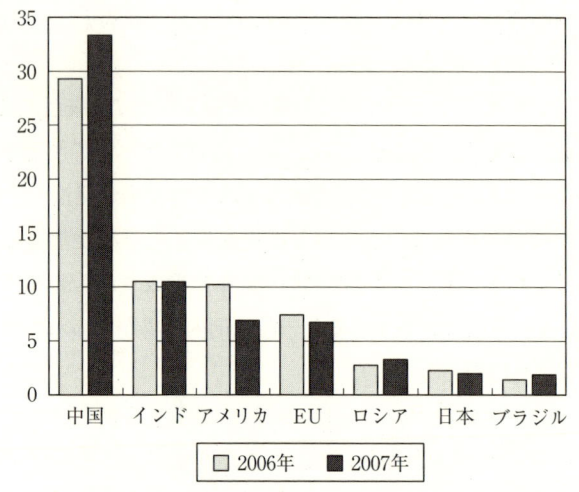

注：主要新興市場が世界経済成長の主な原動力になってきている。
初めて、中国とインドが世界成長に大きく貢献している。

図8-2 世界経済の成長動力の淵源（購買力平価のウェイトに基づく、世界成長率）

出所：IMF（2007）

レベルを上昇させ、構造を拡大させる。日本の1970年代以降の経験では、このような市場の「深化」が後発国家の消費市場を急速に先進国並みに引き上げている。理論的には、中国は13億という世界最大の潜在的市場を有しており、国内市場の急速な拡大、特に深化と進展を伴って、この潜在的市場はかつてないスピードで変化することが予想される。

中国国内市場の拡大と深化は、世界市場の拡大、中国の輸入規模の上昇と輸入品の質的向上を意味するに違いない。近年の中国の輸入状況が、これを証明している。最新の数値によれば、2006年の中国輸入製品の総額は7,920億ドルで、アメリカ（1兆9,200億ドル）、ドイツ（9,100億ドル）に続き、世界第3位となっている。これは、イギリス（6,506億ドル）、日本（6,010億ドル）、フランス（5,330億ドル）、イタリア（4,360億ドル）などの工業大国よりもはるかに高い。2007年には、中国はドイツを追い越し世界第2位の輸入大国になった。

（２）中国経済 ― 東アジア経済協力における新たな役割 ―

　客観的に分析すれば、中国の工業化が成熟し高度大衆消費時代に入るに従って、中国は世界経済の発展の中での新たな高い地位を築き、強化されていき、そのため、中国の東アジア経済協力における役割に歴史的な変化がもたらされようとしている。諸変化の中でも次の２点が最も注目される。

　第１は、中国の世界製造大国と大市場という２つの地位の形成が、東アジア地域経済協力の構造を変化させつつある点だ。つまり、「１大（国）」が主導あるいは先導する「雁行型発展モデル」から「２大（国）＋２小（国）」で共に飛ぶ「菱型発展モデル」に変化したということだ。20世紀後半の東アジアの経済発展のイメージを、日本経済界は「雁行型発展モデル」として描いた。この発展モデルの中で日本という「１大（国）」が経済技術の指導的地位に立って「先頭の雁」の役割を果たし、アジアの「４小（国・地域）」が「第２世代」となり、それに中国を含む東アジアのその他の国が加わり、その後ろに広がって「先導国」とともに飛ぶというものである。日本経済学者の赤松によって提起されたこのモデルは、多数の学者が未だに疑問視してはいるが、多くの面で東アジアのこれまでの現実的経験に合致するものだろう。特に産業の専門分野の経験は同モデルと合致する。

　しかし、中国の台頭、特に中国経済が高度大衆消費時代に突入し、その経済の急速な成長による「近隣効果」が生じたことで、東アジアの「雁行型発展モデル」は過去のものとなりつつあり、新たな経済競争と協力構造が形成され始めたという点に注目しなければならない。その新しい構造を「菱型構造」と呼ぶことができる。「水平（菱）型」は、それぞれ「大きい２辺」と「小さい２辺」で構成される。その「大きい２辺」は中国と日本で、「小さい２辺」はASEAN諸国と韓国を指している。これらの経済の現在の規模からみれば、中国経済（香港、マカオを含み、台湾は入れない場合でも）は日本と差がない。一方、ASEAN10か国の市場総額（１万0,719億ドル）は韓国（7,685億ドルあるいは9,039億ドル）よりもやや大きい。市場規模は、中国が日本より大きく、ASEAN10か国の総額（6,771億ドル）が韓国（3,094億ドル）より大きい。互いに依存性が高い点が、東アジア「菱型構造」の重要な特徴である。

中国経済の高度大衆消費時代への突入、中国経済の一層の成長と、韓国とASEAN経済に対する真の「近隣効果」が強化されるに従い、この菱型構造も強化されると考えられる。

　第2の変化は、新興大市場である中国のASEAN市場への依存局面が変わりつつあることである。中国台頭以前の東アジア経済協力においては、中国・日本以外の東アジア諸国と地域市場の依存には2つの重要な特徴があった。1つは、外部であるアメリカ・EU市場への依存が域内市場への依存より大きかった点である。もう1つは、内部である日本市場への依存が互いの依存よりも大きかった点である。しかし、中国が製造業大国と大市場としての地位を固めることにより、東アジア地域の内部市場の依存度の構造が歴史的な転換を遂げ、内部間の依存度が急速に高まった。中国は輸出入総額の54%以上を東アジアに依っている。東アジア「2小」（ASEANと韓国）の輸出入の東アジアへの依存度は、中国をはるかにしのいでいる。中国は、何年もの間、域内で韓国にとって第1の大きな輸出市場であり、ASEAN諸国にとって第2の大きな輸出市場となってきた。2006年、韓国の輸出総額の28%、ASEAN10か国の輸出総額の9%近くが、対中向けである。ASEAN諸国への貿易（約4分の1）を除けば、中国市場への依存度は12%を超えている。東アジア全体でみれば、中国市場は日本と対等であり、一部のASEAN諸国では、中国市場は日本を超えている。

　第3の変化は、対外貿易の拡大からいえば、中国がすでに日本に代わって東アジア全体の外的拡張の「先頭の雁」になっていることである。中国が台頭する以前、東アジアと世界の他地域に対する貿易拡大という面で、日本は「雁」として先導的役割を担っていた。具体的には、日本は、EU・アメリカなど大型の経済実体との貿易においても、かなり長期間にわたって急速な拡大を続け、巨額の貿易黒字を維持し続けてきた。東アジア諸国は、日本の貿易黒字の恩恵を受けて、一部、輸出超過状態となっていた。しかし、中国の台頭と日本の1990年代の長期的停滞によって、その地位が交代した。つまり貿易の急激な拡大によって、中国が日本に代わり、他地域との巨額な貿易黒字を維持し、東アジア諸国と諸地域（香港は例外）は、中国の貿易拡大と貿易黒字から利益

を得るようになった。

　ただし、東アジア地域の貿易で、中国が毎年のように貿易赤字状態であることは注目すべき現象だ。2006年に、中国のアジア諸国に対する貿易赤字額は1,572億ドルとなった。そのうち対東アジア額は875億4,000万ドルで、同年の中国全体の貿易黒字額（1,771億4,000万ドル）のほぼ半額を占めている。上記の「菱型構造」のうち、他の「短い辺」（ASEAN諸国と韓国）およびもう1つの「長い辺」（日本）は、すべて対中国貿易で多かれ少なかれ出超を維持してきた。その中で黒字額は韓国が最も多く、次いで日本となり、ASEAN諸国が最も少ない（表8-4参照）。

　以上の内容をまとめると、次のような結論を得ることができる。すなわち中国の工業化が成熟期に近づき、社会経済はすでに高度大衆消費時代に突入したこと、中国経済が世界、特に東アジアの中で積極的な役割を果たすようになっており、名目上の国内生産よりも実質的な国内生産が高く、中国経済の台頭と新しい段階への突入の中で、東アジアこそが最も利益を得ているということだ。

表8-4　中国と東アジア諸国の貿易関係

（単位：US＄，100mln）

国／地域	総　額	輸　出	輸　入	差　額
総　額	17606.8	9690.7	7920	1774.6
アジア	9813.4	4558.3	5255	−696.7
日　本	2073.6	916.4	1157.2	−240.8
韓　国	1343.1	445.3	897.8	−452.5
ASEAN	1608.4	765.5	677.1	−182.1
アジア差額				−1572.1
東アジア差額				−875.4

出所：国家商務部（2007）

注

1) 第3次産業の分類は厳密には、採掘業を工業ではない第1次産業に入れ、建設業を第2次ではなく第3次産業に入れなければならない。中国統計局で公表している「第2次産業」は、実際には広義の工業である。

参照文献

クズネッツ著、戴睿、易誠訳（1991）『現代経済成長』北京経済学院出版社.
マディソン、アンガス（2003）『世界経済千年史』（伍暁鷹、許憲春訳）北京大学出版社.
W. W ロストウ（2001）『経済成長の諸段階』中国社会科学出版社.
竹内宏（1993）『現代日本経済発展史』（呉京英訳）中信出版社.
金明善、宋紹英、孫執中（1998）『戦後日本経済史』航空工業出版社.
趙偉（1994）『現代工業社会と経済体制の選択』中国社会科学出版社.
Lampard, E. E. (1980) "Urbanization", in Glenn Porter (ed.), *Encyclopedia of American Economic History*, Charls Scribner's Sons: 1028-1057.
Rostow.W. W. (1978) *The World Economy: History and Prospect*, University of Texas Press.

第9章　中日協力が両国の経済成長に及ぼす影響

黄　少安、高　　偉、張　　蘇、黄　乃静

1. はじめに

　本章の目的は、計量経済学モデルを構築することによって、中日両国間の協力が両国の経済成長に及ぼす影響を測定することにある。この測定作業は、合作経済学（ないし協力経済学）の基本的な枠組（黄少安、2000）に基づいて行われる。

　本章の構成は次のとおりである。第1節では、合作経済学の基本的な考え方と分析方法について紹介する。第2節では、中日両国間の協力が両国の経済成長に及ぼす影響を測定するための計量経済学モデルを構築する。第3節では政治的側面および2国間貿易という経済的側面の2つの面からみた、中日間の協力の密度を計測するとともに、構築した計量経済学モデルが必要とするすべてのマクロ経済データをリストアップする。第4節では、構築した計量経済学モデルと、モデルが必要とするマクロ経済データとを用いて、中日両国間の協力が両国の経済成長に及ぼす影響を算定する。最後の節では、簡単な結論を提示する。

2. 合作経済学の基本的な枠組み

　そもそもの発端から経済学研究の関心は、一貫して「競争」に注がれてきた。その意味では、経済学は競争の経済学だといっても過言ではない。しかし、今日では、人々は依然として互いに競争し合ってはいるものの、人々の間の「合作（ないし協力）」はますます強まってきた。別言すると、人類が知識を累積し、合理的な思考や行動を強めるのにともなって、合作・協力への志向

が次第に強まっているのである。今や、競争を通じるよりもむしろ協力を通じた方が問題を解決できるだけでなく、協力の方がより優れてさえいる、ということに多くの人々は気付いている。したがって、経済学は協力に向けた研究を強化すべきであるし、「合作・協力」に関する経済学の構築に取り組むべきである（黄少安、2000）。

事実、我々が競争だとみなしている行動でも、本質的には協同であるものが少なくない。例えば、分業は表面的には競争を目的として行われるようにみえるが、実際には「協力が生み出す余剰」を実現するために行われるのである。制度主義経済学によれば、制度（institution）の基本的機能の1つは、人々の間の協力を実現する障害となる紛争あるいは対立を減らすことだという。また互恵的な制度（reciprocal institution）を構築することには「経路依存性」という特徴がある。Falk, Fehr & Fischbacher（2002）は、人間が生まれつき備えている、互恵を好むという傾向が、2国間交渉や、市場制度の円滑な機能、財産権や契約の制度、協力と集団行動にとって、きわめて重要な意味をもつことを立証する証拠を提示している。つまり、協力について研究し、「協力」に関する経済学を確立することは、現代経済学の最先端の課題なのである。

人類の歴史に即してみると、人と人との間の協力の発展段階は3つに分けられる。

第1段階の協力を促す原動力となったのは、人類に対して否応なく協力を好む気持ちを育むように仕向けた自然の力である。自然の圧力の下で自己抑制を行うことを通じて、社会規範の内面化が進んだ。その意味で、この段階は「自然による立法（lawmaking by nature）」の段階と呼ぶことができる。

やがて人類が生産性を向上させ続けるにともなって、自然の脅威は減退しはじめ、拡大を続ける協力の制度は、自己抑制だけに頼ったのではもちこたえられなくなった。これが協力の第2段階である。この段階では、内面化された社会規範は依然として機能し続けていたものの、処罰の制度（punishment institution）は協力の制度（cooperation institution）を維持する上でユニークな役割を担った。その意味で、筆者らはこの第2段階を「個人による立法（lawmaking by individual）」の段階と呼ぶことにする。

近代社会では、産業革命によってもたらされた分業が、協力の分野に、量的にも質的にも大きな変化をもたらした。この種の協力は、司法制度（judicial institution）によって支えられることが不可欠であり、さらに司法制度自体にとっては合理性と民主主義が存続のための基盤となった。その意味で、一部の学者はこの段階を「社会による立法（lawmaking by society）」の段階と呼んでいる。

合作（協力）経済学を確立するためには、我々はいくつかの基本問題を解決しなければならない。いうまでもなくそれは包括的な作業であるから、ここでは部分的、暫定的に論じるにとどめる。

(1) 合作経済学の基本的な仮定

経済学は伝統的に2つの基本的な仮定をおいてきた。すなわち、資源の希少性という仮定と、経済主体が合理的に行動するという合理性の仮定である。我々は依然としてこれらの仮定を維持しているが、多少の修正を施す必要がある。

1）資源の希少性という仮定

資源の希少性は経済学の存在理由であり続けてきたし、それは今も変わらない。経済学にとっての不変の課題は、資源が希少であるという条件の下で効用を最大化することである。伝統的な経済学は、資源の効率的な利用を促進する機能をもつ「競争」に注目する。しかし、競争が時には資源の深刻な無駄遣いをもたらすことがある、ということも無視すべきではない。効用最大化の手段は、競争だけに限定されているわけではないのである。知識と経験を蓄積するにともなって、人類は、多くの状況の下で、協力が競争よりも有利だということを察知してきた。多くの状況下で、協力の方が競争よりもより高い効率性をもたらすことがある。協力し合うことによって、当事者たちは、競争によって獲得できる量を上回る余剰を獲得することができることがある。

2）利益追求主体についての仮定

協力は、合理的な主体についての仮定と矛盾しない。競争と協力はいずれも、人類にとって合理的な選択である。もしも協力が競争よりも有利であれ

ば、人々は協力を選択するかもしれない。競争と協力はともに、人が自らの利益を実現するための手段なのである。

3） 合理性逓増の仮定

筆者らは新古典派経済学の特徴である合理性の仮定に反対である。後にH. A. サイモン他は、大半の経済学者が受け入れている「合理性」の代わりに「限定合理性」を用いた。しかしながら、合理性の概念と限定合理性の概念は、どちらも変化のない静的な概念であり、人類の合理性というものが知識や経験の蓄積にともなって変化する可能性があるということは、どちらの概念でも勘案されていない。筆者らがここで提起する「合理性逓増（increasing rationality）」の仮定は、変化を前提としたダイナミックな概念である。現在までに知識が蓄積されるにともなって、人類の学習能力も高まってきた。かつては情報不足のために、競争によって問題解決を図ることが多かったが、今では競争によらずにそうした問題を解決することが可能となっている。有名な「囚人のジレンマ」は、そうした情報不足、知識が累積されない状況を示す1つの例であるが、「合理性逓増」の仮定の下では、他人の経験を間接的に学んで「囚人のジレンマ」に陥るのを回避することが可能なのである（黄少安、2000）。

（2） 合作経済学の方法論

合作経済学の基本的な方法論のエッセンスは、「合作主義、互恵主義、リベラリズム」として集約することができる。これらは「個人主義、功利主義、リベラリズム」とは異なるが、これらとも関連している。事実、「個人主義、功利主義、リベラリズム」は「合作主義、互恵主義、リベラリズム」の前提条件なのである。人類にとって協力・協同の目的は、効用について判断し効用を追求することにある。しかし、「合作主義と互恵主義」は、「個人主義と功利主義」よりも射程距離が広大であり、協力の特徴を例証している。「合作主義」は「個人主義」に基礎を置いているのである（黄少安、2000）。

協力が達成目標とする効用は、競争が達成目標とする効用よりも大きな広がりをもっている。状況によっては、協力は協力し合う当事者たちにとって競争よりも有利であり、協力のエッセンスは「互恵主義」にある。

いうまでもないが、筆者らは、「私利私欲の追求」だけが協力行為の動機であるなどと主張するつもりはない。制度主義経済学の最新の研究結果は、「自らすすんで献血する」ことをはじめとして、人間行動の多くは、「互恵主義」に根ざしているわけではなく、人間の本性の発現である、ということを明らかにしている。ポランニーは、互恵主義を動機付けるのは私利私欲ではなく、他者によって軽蔑されたり排除されたりすることへの恐れである、と指摘している。リーブスが提示している類推の1つは、「人類の生命を、小さく、相互依存的で、安定的な社会集団」とみなすことである。

3. 協力が中日両国の経済成長に及ぼす影響を測定するための2つの計量経済学モデル

コブ＝ダグラス型生産関数に基づく計量経済学モデルは次のように表せる。

$$ln(Y_t^i)=\beta_0+\beta_1 ln(K_t^i)+\beta_2 ln(L_t^i)+u_t^i, \ i=China, Japan \quad (1)$$

ここで、Y_t^i, K_t^i, L_t^i は、それぞれ、固定価格ベースの生産高、資本、労働である。t は時系列データであることを示す。ホワイトノイズ $u_t^i(i=China, Japan)$ には、中日間の協力が Y_t^{China}, Y_t^{Japan} に及ぼす影響が含まれる。本章では、この要素 u_t^i が中日両国の経済成長に及ぼす影響について分析することを目指す。

「協力の要素」を時系列として数量化するのは困難なため、協力の要素を制御変数としてモデル（1）に直接的に組み入れる方法は採用しない。また、観察可能な操作変数（instrument variables）を見いだし、操作変数法による推計を行うことも困難である。ここでは、協力が経済成長に及ぼす影響を抽出するためにダミー変数を用いる。その基本的なアイデアは次のとおりである。すなわち、異なる年 t, $t\in(1, 2\cdots n)$ ごとに、協力の密度は明らかに異なり、個々の協力の密度は中日両国の経済成長に影響を及ぼす。「協力の密度」を区分けするのは、時系列データを用いて「協力の密度」を数量化することに比べれば容易である。明らかに、平和な時の協力密度は戦時の協力密度よりもはるかに高い。中日の国交正常化実現後における協力密度は、国交正常化が実現され

る以前よりも高い。また、中日の国交正常化実現後における協力の密度は、政治対立期における協力密度よりも高い。2国間貿易の開放度がより高い時期ほど協力密度は高い。もちろん、中日間の協力の密度を描き出すためにより多くの要因を検討することは可能である。しかし、年々の中日間の協力密度を厳密に把握しようとするのは賢明ではない。本章で我々が採用する方法は、n年を協力密度の大きさに応じて、基本的に非協力の年（C_0）、協力密度が小さい年（C_1）、協力密度が比較的大きい年（C_2）、協力密度が大きい年（C_3）の4段階に分類するという方法である。具体的な分類については第3節で論じる。C_1, C_2, C_3はダミー変数の形でモデル（1）に組み込まれる。

$$ln(Y_t^i) = \beta_0 + \beta_1 ln(K_t^i) + \beta_2 ln(L_t^i) + \lambda_1 C_{1,t} + \lambda_2 C_{2,t} + \lambda_3 C_{3,t} + v_t^i, \ i = China, Japan \quad (2)$$

もしも $t \in C_j$ であれば、$C_{j,t}=1$ であり、もしも $t \notin C_j$ であれば、$C_{j,t}=0; j=1, 2, 3$ である。Xはn行（行tはt年であることを示す）と5列（具体的には$ln(K_t^i)$, $ln(L_t^i), C_{1,t}, C_{2,t}, C_{2,t}$）の行列であるとすれば、第（2）式は、次の3つの条件を満たさなければならない。

① $E(v_t^i|X) = 0, t = 1, 2, \cdots n;$
② $Var(v_t^i|X) = Var(v_t^i) = \sigma^2, t = 1, 2, \cdots n;$
③ $Corr(v_t^i, v_s^i|X) = 0, t \neq s;$
④ v_t^i はXから独立しており、かつ $v_t^i \sim Normal(0, \sigma^2)$ であること。

第（2）式によると、$\lambda_j, j=1, 2, 3$ の意味は次のとおりである。

$$\lambda_j = ln(Y_t^i|C_j; K_t^i, L_t^i) - ln(Y_t^i|C_0; K_t^i, L_t^i), j \in (1, 2, 3) \quad (3)$$

この第（3）式から次の式が導かれる。

$$\frac{(Y_t^i|C_j; K_t^i, L_t^i) - (Y_t^i|C_0; K_t^i, L_t^i)}{(Y_t^i|C_0; K_t^i, L_t^i)} = \exp(\lambda_j) - 1 \quad (4)$$

第（4）式が意味しているのは、他の条件が同じである限り、協力の密度がC_jである時の産出量の平均値は、基本的に協力がない場合（C_0）よりも 100・[$\exp(\lambda_j) - 1$]%多い、ということである。

この結論に基づいて、中日両国間の協力が両国の経済成長に及ぼす影響を分析するための時系列データの構築が可能となる。時系列C_tは次のように定義される。

$$C_t = \begin{cases} Trade_t, \ t \in C_0 \\ Trade_t + Trade_t \cdot [\exp(\lambda_j) - 1], \ t \in C_j \end{cases} \tag{5}$$

ここで $Trade_t$ は t 年における中日両国間の2国間貿易額を示す。中日両国間の2国間貿易額は、おそらく協力の密度を把握するための最も容易な観察可能な変数だといえよう。この時系列では、筆者は追加的なルールによって、$[\exp(\lambda_j)-1]$ という要因を導入している。これによって、C_t には $[\exp(\lambda_j)-1]$ と $Trade_t$ の両方が含まれることになり、したがって、$[\exp(\lambda_j)-1]$ か $Trade_t$ のいずれか一方によるよりも、協力密度をより的確に把握することが可能になる。

次いで、C_t が中国と日本の生産高 (Y_t^{China}, Y_t^{Japan}) に及ぼす影響を分析するための構造型ベクトル値自己回帰モデル（SVARモデル）を構築する。SVARモデルは多変数定常シリーズのラグ付き相関関係を表示することができる。3変数のSVARモデルを次のように定義する。

$$B_0 y_t = \Gamma_1 y_{t-1} + \Gamma_2 y_{t-2} + \cdots + \Gamma_p y_{t-p} + \varepsilon_t, \ t = 1, 2, \cdots n$$

$$y_t = \begin{pmatrix} ln(Y_t^{China}) \\ ln(C_t) \\ ln(Y_t^{Japan}) \end{pmatrix}, B_0 = \begin{pmatrix} 1 & -b_{12} & -b_{13} \\ -b_{21} & 1 & -b_{23} \\ -b_{21} & -b_{23} & 1 \end{pmatrix}, \Gamma_m = \begin{pmatrix} \gamma_{11}^{(m)} & \gamma_{12}^{(m)} & \gamma_{13}^{(m)} \\ \gamma_{21}^{(m)} & \gamma_{22}^{(m)} & \gamma_{23}^{(m)} \\ \gamma_{31}^{(m)} & \gamma_{32}^{(m)} & \gamma_{33}^{(m)} \end{pmatrix}, \varepsilon_t = \begin{pmatrix} \varepsilon_{1t} \\ \varepsilon_{2t} \\ \varepsilon_{3t} \end{pmatrix}, m = 1, 2, 3 \cdots p$$

$$\tag{6}$$

第(6)式では、次の条件が満たされることが必要である。

① $ln(Y_t^{China})$、$ln(C_t)$、$ln(Y_t^{Japan})$ が定常確率過程であること。

② ε_t はホワイトノイズのベクトルであること。

③ $cov(\varepsilon_{rt}, \varepsilon_{st}) = 0$, $r \neq s$ であること。

そこで、$k(k-1)/2$ 制約モデルを作動させることが必要となる。ラグ次数 p は、赤池の情報量基準（AIC）およびシュバルツの情報量基準（SC）によって決定される。安定性の検定のためには、自己回帰根（AR roots）が利用可能である。$ln(Y_t^{China})$、$ln(C_t)$、$ln(Y_t^{Japan})$ の影響は遅れて現れるものと想定する。つまり、2つの変数間の影響は小さいものと想定する（だからといって、3つの変数間の影響が小さいというわけではない）。こうして次の3つの制約条件を導き出すことができる。

① $b_{12}=0$；② $b_{32}=0$；③ $b_{13}=0$。

次いでコレスキー分解の手法を導入することによって、次のことを証明できる。

第1に、協力要素（$ln(C_t)$）が中国の経済成長（$ln(Y_t^{China})$）に対して即時にもたらす影響は $d_{China}^{(q)} = \partial ln(Y_{t+q}^{China})/\partial \varepsilon_{2t}$, $t=1, 2, \cdots n$ であり、累積的な影響は $\sum_{q=1}^{\infty} d_{China}^{(q)}$ である。

第2に、協力要素（$ln(C_t)$）が日本の経済成長（$ln(Y_t^{China})$）に対して即時にもたらす影響は、$d_{Japan}^{(q)} = \partial ln(Y_{t+q}^{Japan})/\partial \varepsilon_{2t}$, $t=1, 2, \cdots n$ であり、累積的な影響は $\sum_{q=1}^{\infty} d_{Japan}^{(q)}$ である。

4. 協力密度の計測とデータ

データ1：基本的に非協力の年（C_0）；協力密度が小さい年（C_1）；協力密度が比較的大きい年（C_2）；協力密度が大きい年（C_3）

ここでは中日間の経済協力の密度を2つの面から捉える。1つは政治面での協力の密度であり、もう1つは経済面での協力の密度である。

（1）政治的な強力の密度

歴史上の主要な出来事に基づいて、1960年から2006年の期間を次の4つの時期に分ける。

1961～1971年：周恩来首相が中日関係に関する政治3原則を打ち出し、それが中日間の2国間貿易の前提となった。しかし、この期間、中日両国の間には基本的には協力関係は存在しなかった。

1972～1982年：1972年に中国と日本は国交を正常化した。次いで1978年に、中日両国は中日平和友好条約を締結した。

1982～1996年：中日両国の指導者による相互訪問が頻繁に行われ、経済関係は順調だった。しかし、この時期の両国間には、多くの政治的な摩擦があった。

第 9 章　中日協力が両国の経済成長に及ぼす影響　*221*

表 9-1　中日両国間の協力密度の計測（政治的要素）

年	政治的協力の度 （10 点満点）	年	政治的協力の度 （10 点満点）	年	政治的協力の度 （10 点満点）	年	政治的協力の度 （10 点満点）
1960	1	1972	6	1984	8	1996	5
1961	1	1973	6	1985	7	1997	7
1962	1	1974	6	1986	7	1998	7
1963	1	1975	6	1987	8	1999	7
1964	1	1976	6	1988	8	2000	7
1965	1	1977	6	1989	6	2001	6
1966	1	1978	8	1990	8	2002	6
1967	1	1979	8	1991	8	2003	6
1968	1	1980	8	1992	8	2004	6
1969	1	1981	8	1993	8	2005	6
1970	1	1982	7	1994	6		
1971	1	1983	8	1995	6		

1996～2006 年：政治関係は悪化の傾向にあった。

各年に起きた出来事に基づいて、その年における中日間の協力の密度を数値化する。

（2）中日の 2 国間貿易額

中日両国間の 2 国間貿易額を用いて両国の協力密度を測る。これを行う理由は、①政治要因を数量化するのは難しく、不正確になる恐れがあること、

表 9-2　中日の 2 国間貿易額（2000 年を基準とする不変価格表示）

（単位：10 億円）

1960	15.93	1972	562.811	1984	2497.667	1996	6546.332
1961	31.985	1973	783.17	1985	3667.083	1997	7312.738
1962	57.71	1974	1048.086	1986	2338.366	1998	7205.598
1963	92.026	1975	1191.439	1987	2096.863	1999	7524.476
1964	208.149	1976	910.431	1988	2309.413	2000	9215
1965	312.582	1977	926.586	1989	2451.408	2001	10889.001
1966	403.061	1978	1073.301	1990	2327.694	2002	13074.074
1967	356	1979	1372.042	1991	2751.792	2003	16191.781
1968	347.742	1980	1701.671	1992	3328.78	2004	18931.322
1969	387.475	1981	1808.961	1993	3925.961	2005	21301.945
1970	491.978	1982	1710.696	1994	4521.531		
1971	526.898	1983	1890.772	1995	5258.937		

②政治要因は経済協力の密度の完全な尺度とはなりえないこと、の2つである。たとえば、1994年から現在までの中日関係がそうである。したがって、筆者らは協力密度を測る第2の尺度として、中日間の2国間貿易額を用いるのである。

2005年の2国間貿易額を10とし、各年の2国間貿易額を2005年と比較して指数化すると表9-3となる。

これら2つの測定値（それぞれ50％ずつ）を合計して総合的な測定値（10点満点）を求める。すると、1960年から2005年の全期間は、次のように区分できる。

  6-10：協力密度が大きい
  4-6 ：協力密度が比較的大きい
  2-5 ：協力密度が小さい
  0-2 ：基本的に協力密度はゼロ

表9-3　中日両国間の協力密度（経済的要素）

年	経済協力の密度（10点満点）	年	経済協力の密度（10点満点）	年	経済協力の密度（10点満点）	年	経済協力の密度（10点満点）
1960	0.01	1972	0.26	1984	1.17	1996	3.07
1961	0.02	1973	0.37	1985	1.72	1997	3.43
1962	0.03	1974	0.49	1986	1.1	1998	3.38
1963	0.04	1975	0.56	1987	0.98	1999	3.53
1964	0.1	1976	0.43	1988	1.08	2000	4.33
1965	0.15	1977	0.43	1989	1.15	2001	5.11
1966	0.19	1978	0.5	1990	1.09	2002	6.14
1967	0.17	1979	0.64	1991	1.29	2003	7.6
1968	0.16	1980	0.8	1992	1.56	2004	8.89
1969	0.18	1981	0.85	1993	1.84	2005	10
1970	0.23	1982	0.8	1994	2.12		
1971	0.25	1983	0.89	1995	2.47		

第9章 中日協力が両国の経済成長に及ぼす影響　223

表9-4　中日間の協力密度の合計計測値（政治要素による計測値と経済要素による計測値の合計）

年	計測値	協力密度	年	計測値	協力密度
1960	0.51	基本的に非協力	1983	4.45	協力密度が比較的大きい
1961	0.51	基本的に非協力	1984	4.59	協力密度が比較的大きい
1962	0.52	基本的に非協力	1985	4.36	協力密度が比較的大きい
1963	0.52	基本的に非協力	1986	4.05	協力密度が比較的大きい
1964	0.55	基本的に非協力	1987	4.49	協力密度が比較的大きい
1965	0.58	基本的に非協力	1988	4.54	協力密度が比較的大きい
1966	0.6	基本的に非協力	1989	3.58	協力密度が小さい
1967	0.59	基本的に非協力	1990	4.55	協力密度が比較的大きい
1968	0.58	基本的に非協力	1991	4.65	協力密度が比較的大きい
1969	0.59	基本的に非協力	1992	4.78	協力密度が比較的大きい
1970	0.62	基本的に非協力	1993	4.92	協力密度が比較的大きい
1971	0.63	基本的に非協力	1994	4.06	協力密度が比較的大きい
1972	3.13	協力密度が小さい	1995	4.24	協力密度が比較的大きい
1973	3.19	協力密度が小さい	1996	4.04	協力密度が比較的大きい
1974	3.25	協力密度が小さい	1997	5.22	協力密度が比較的大きい
1975	3.28	協力密度が小さい	1998	5.19	協力密度が比較的大きい
1976	3.22	協力密度が小さい	1999	5.27	協力密度が比較的大きい
1977	3.22	協力密度が小さい	2000	5.67	協力密度が比較的大きい
1978	4.25	協力密度が比較的大きい	2001	5.56	協力密度が比較的大きい
1979	4.32	協力密度が比較的大きい	2002	6.07	協力密度が大きい
1980	4.4	協力密度が比較的大きい	2003	6.8	協力密度が大きい
1981	4.43	協力密度が比較的大きい	2004	7.45	協力密度が大きい
1982	3.9	協力密度が小さい	2005	8	協力密度が大きい

表9-4によると、C_0、C_1、C_2、C_3は以下のとおりである。

表9-5　C_0、C_1、C_2、C_3

基本的に非協力（C_0）	1960-1971
協力密度が小さい（C_1）	1972-1977；1982；1989
協力密度が比較的大きい（C_2）	1978-1981；1983-1988；1990-2001
協力密度が大きい（C_3）	2002-2005

224　第2部　中国からみた東アジアと日中関係

　図9-1は、中日両国間の協力密度の合計測定値は全体としては増加傾向にあるが、その経路は滑らかではなく凹凸のあることを示している。

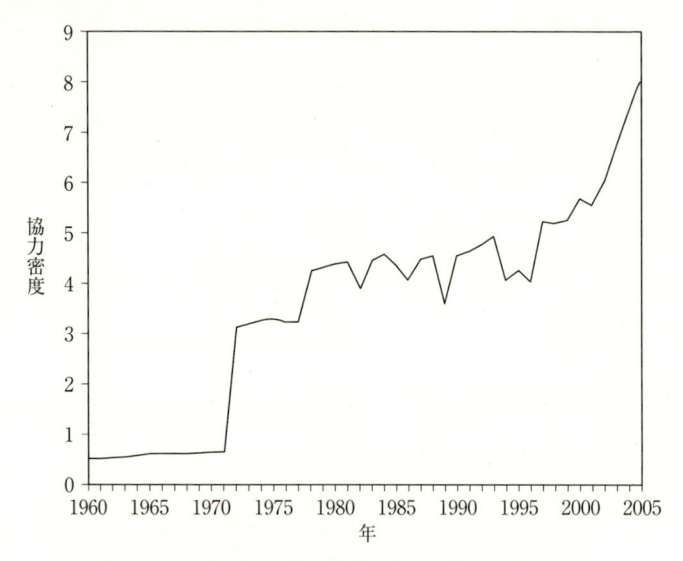

図9-1　中日両国間の協力密度の合計測定値（時系列）

データ2：日本のマクロ経済データ（K_t^{Japan}, L_t^{Japan}）

表9-6　日本のマクロ経済データ

年	不変価格表示によるGDP（基準年2000年）単位：10億円	雇用単位：1万人	固定資産ストック量単位：10億円	デフレーター（2000年=100）	固定資産ストック量（2000年基準）単位：10億円
1960	74330.50	4436		53.0	
1961	83282.50	4498		53.5	
1962	90702.10	4556		52.7	
1963	98387.90	4595		53.6	
1964	109877.00	4655		53.7	
1965	116270.00	4730		54.1	
1966	128640.00	4827		55.5	
1967	142896.00	4920		56.4	
1968	161305.00	5002		56.9	
1969	181432.00	5040	241,045.5	58.1	414880.379

第 9 章　中日協力が両国の経済成長に及ぼす影響　*225*

1970	200861.00	5094	294,784.5	60.2	489675.249
1971	210300.00	5121	349,849.8	59.7	586013.065
1972	227993.00	5126	469,108.8	60.2	779250.498
1973	246307.00	5259	620,063.3	69.8	888342.837
1974	243289.00	5237	682,969.6	91.7	744786.914
1975	250811.00	5223	737,424.2	94.4	781169.703
1976	260780.00	5271	811,957.8	99.2	818505.847
1977	272229.00	5342	876,735.5	101.1	867196.340
1978	286581.00	5408	980,815.6	98.6	994741.988
1979	302297.00	5479	1,160,107.7	105.8	1096510.113
1980	310815.00	5536	1,336,823.2	124.5	1073753.574
1981	319672.00	5581	1,473,575.7	126.3	1166726.603
1982	329722.00	5638	1,565,530.5	128.5	1218311.673
1983	337200.00	5733	1,623,371.8	125.7	1291465.235
1984	350135.00	5766	1,697,371.5	125.4	1353565.789
1985	365416.00	5807	1,804,568.1	123.9	1456471.429
1986	362620.80	5853	2,081,070.0	112.6	1848197.158
1987	376382.21	5911	2,540,129.7	108.4	2343293.081
1988	401843.62	6011	2,763,129.4	107.3	2575143.896
1989	423104.88	6128	3,152,070.6	110.1	2862916.076
1990	445112.56	6249	3,473,167.1	112.3	3092757.881
1991	460026.93	6369	3,360,057.4	111.6	3010804.122
1992	464498.30	6436	3,183,423.1	109.8	2899292.441
1993	465648.34	6450	3,151,583.4	106.7	2953686.410
1994	470764.08	6453	3,139,830.2	104.5	3004622.201
1995	480223.21	6457	3,118,492.0	103.5	3013035.749
1996	496718.47	6486	3,100,345.9	103.6	2992611.873
1997	505517.05	6557	3,139,440.4	105.2	2984258.935
1998	500224.64	6514	3,072,823.5	103.6	2966045.849
1999	499546.67	6462		100.1	
2000	511462.29	6446		100.0	
2001	512501.47	6412		99.1	
2002	510949.31	6330		97.2	
2003	517619.22	6316		94.9	
2004	531594.95	6329		96.1	
2005	536538.50	6356		97.7	
2006	548264.9	6382			

データ3. 国のマクロ経済データ：K_t^{China}, L_t^{China}

表9-7 中国のマクロ経済データ

	固定価格表示のGDP (10億人民元)	雇用（1万人）	固定資産のストック量 (2000年基準；10億人民元)
1960	293.48	25880	604.808
1961	213.94	25590	690.116
1962	200.88	25910	731.818
1963	221.66	26640	766.889
1964	256.76	27736	813.994
1965	298.77	28670	882.758
1966	330.74	29805	962.174
1967	311.89	30814	1023.142
1968	299.10	31915	1064.004
1969	349.65	33225	1114.07
1970	417.48	34432	1202.299
1971	446.71	35620	1314.798
1972	463.68	35854	1428.833
1973	500.31	36652	1560.365
1974	511.82	37369	1707.876
1975	556.35	38168	1869.609
1976	547.45	38834	2041.316
1977	589.05	39377	2229.051
1978	657.97	40152	2459.089
1979	707.98	41024	2726.955
1980	763.20	42361	2749.123
1981	802.89	43725	3010.024
1982	875.95	45295	3282.205
1983	971.43	46436	3589.606
1984	1119.08	48197	3956.292
1985	1270.16	49873	4425.89
1986	1381.93	51282	5031.834
1987	1542.24	52783	5750.49
1988	1716.51	54334	6541.187
1989	1786.89	55329	7322.575
1990	1854.79	64749	8063.517
1991	2025.43	65491	8829.038
1992	2313.04	66152	9688.779
1993	2636.87	66808	10705.46
1994	2982.30	67455	11899.89
1995	3307.37	68065	13282.37

1996	3638.10	68950	14928.66
1997	3976.45	69820	16829.48
1998	4286.61	70637	18906.68
1999	4612.39	71394	21167.54
2000	4999.84	72085	23609.16
2001	5414.82	73025	26185.96
2002	5907.57	73740	29001.02
2003	6498.33	74432	
2004	7154.66		
2005			
2006			

5. 計量経済学モデルの結果

表 9-8 モデル (2) の結果

	$i=China$	$i=Japan$
λ_1^*	0.010149	0.007342
λ_2^*	0.078722	0.030067
λ_3^*	0.091484	0.070762

注:15%水準で有意である。

　ここで得た結果は、理想的なものではない。その理由は以下の2つにあると考えられる。第1は、用いたサンプル数が小さいことである。もしも、検討対象期間を1914年から2006年に拡大すれば、よりよい結果が得られるはずである。第2は、筆者らのモデルでは教育要素を組み入れていないことである。もしもより多くのデータが得られるならば、結果は改善可能なはずである。

　λ_1、λ_2、λ_3 の中位数を第 (5) 式に挿入することによって、次のような時系列データ C_t を得ることができる。

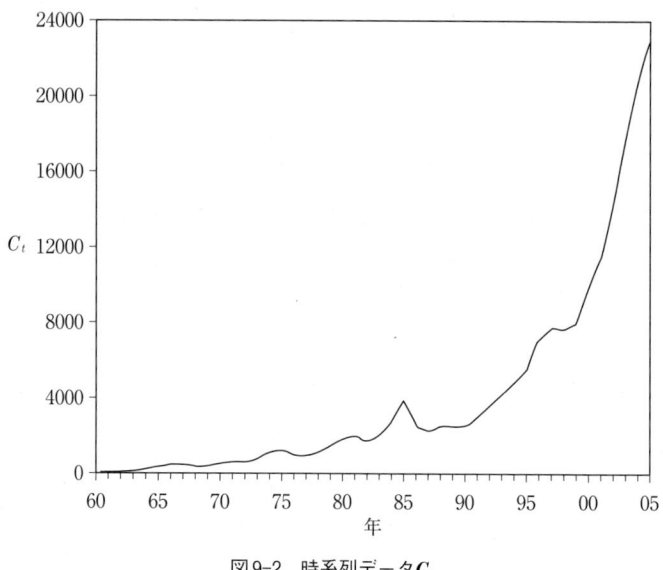

228 第2部 中国からみた東アジアと日中関係

図9-2 時系列データC_t

モデル（6）の定常性の検定

$ln(Y_t^{China})$、$ln(C_t)$、$ln(Y_t^{Japan})$ を時系列とみなすことによって単位根検定を行う。

表 9-9 単位根検定

方　　法	統計量	確　率	クロスセクション	Obs
Null: 単位根　（共通単位根過程を仮定）				
Levin, Lin & Chu t	-5.65388	0.0000	3	130
Breitung t-stat	2.23194	0.9872	3	127
Null: 単位根　（個別的な単位根検定過程を仮定）				
Im, Pesaran and Shin W-stat	-3.31101	0.0005	3	130
ADF-Fisher Chi-square	42.5468	0.0000	3	130
PP-Fisher Chi-square	42.2922	0.0000	3	134
Null: 単位根なし　（共通単位根仮定を仮定）				
Hadri Z-stat	8.03186	0.0000	3	137

モデル (6) のラグ次数の判定

尤度比 (LR)、赤池の情報量基準 (AIC)、シュバルツの情報量基準 (SC)、Hannan-Quinn 情報量基準 (HQ) を用いて、ラグ次数 p について判定する。検定結果は以下のとおりである。

表 9-10　ラグ次数の判定

Lag	LogL	LR	AIC	SC	HQ
0	−57.95601	NA	2.835163	2.958038	2.880476
1	194.4595	457.8701	−8.486491	−7.994993	−8.305241
2	218.1530	39.67283*	−9.169909*	−8.309788*	−8.852723*

検定の結果、HQ 以外のすべての検定は、$p=2$ とすべきだとの結果を示している。

モデル (6) の安定性の検定

AR を用いてモデルの安定性を検定する。結果は以下のとおりである。

表 9-11 は、(単位根を除く) すべての固有値の逆数が、単位円のフィールド内にあることを示している。したがって、このモデルは安定的である。

表 9-11　安定性検定

根	モジュラス
0.988517	0.988517
0.864692	0.864692
0.670434 − 0.326254i	0.745603
0.670434 + 0.326254i	0.745603
0.299478	0.299478
0.076397	0.076397

モデルの解：協力が中日両国の経済成長に及ぼす影響

①協力が中日両国の経済成長に及ぼす即時の影響の時間経路 ($q=100$)

図9-3で、LNYChinaとLNYJapanは、中日間の協力が中日両国それぞれの経済成長に及ぼす即時の影響を表す。いずれの反応もプラスである。

②協力が中日両国の経済成長に及ぼす累積的影響の時間経路（$q=400$）

図9-3で、LNYChinaとLNYJapanは、中日間の協力が中日両国それぞれの経済成長に及ぼす累積的な影響を表す。いずれの反応もプラスであり、中国に対する影響は日本に対する影響よりも大きい。

6. 結　論

本章で用いた計量経済学モデルは、1960年から2005年までの期間に、中日間の協力が中日両国それぞれの経済成長を促進する上で顕著な役割を果たしたこと、および両国の協力密度の高まりが、両国の経済成長を促進する（即時的および累積的）プラスの影響をもったことを示している。GDPへの影響でみると、中日間の協力の影響は、日本に対するよりも中国に対する方が大きい。もしも他の経済指標も考慮すれば、これとは異なる結果が得られるかもしれない。たとえば、もしも利潤の指標を採用したとすれば、日本の得た利潤の方が中国の得た利潤よりも大きいという結果が得られるはずである。いうまでもないが、そうした検討は、本章の範囲を超えている。他の事情が同じであれば、基本的に非協力的な状況と比較して、協力密度が弱い状況での産出高の平均値は0.87％上回り、協力密度が比較的濃い状況での産出高の平均値は5.4％上回り、協力密度が濃い状況での産出高の平均値は8.1％上回る。これらのパーセンテージは、表9-8のデータを第(4)式に挿入することによって求められる。

参照文献

黄少安（2000）『经济学研究重心的转移与"合作"经济学构想』『经济研究』第5期.
张维迎（1996）『博弈论与信息经济学』、上海三联书店.
张军（1998）『合作团队的经济学：一个文献综述』上海财经大学出版社.
Falk, Fehr & Fischbacher, (2002) *Testing theories of fairness and reciprocity-intentions matter*, Zürich: University of Zürich.
Myerson, Roger B. (1997) *Game Theory*, Harvard University Press.

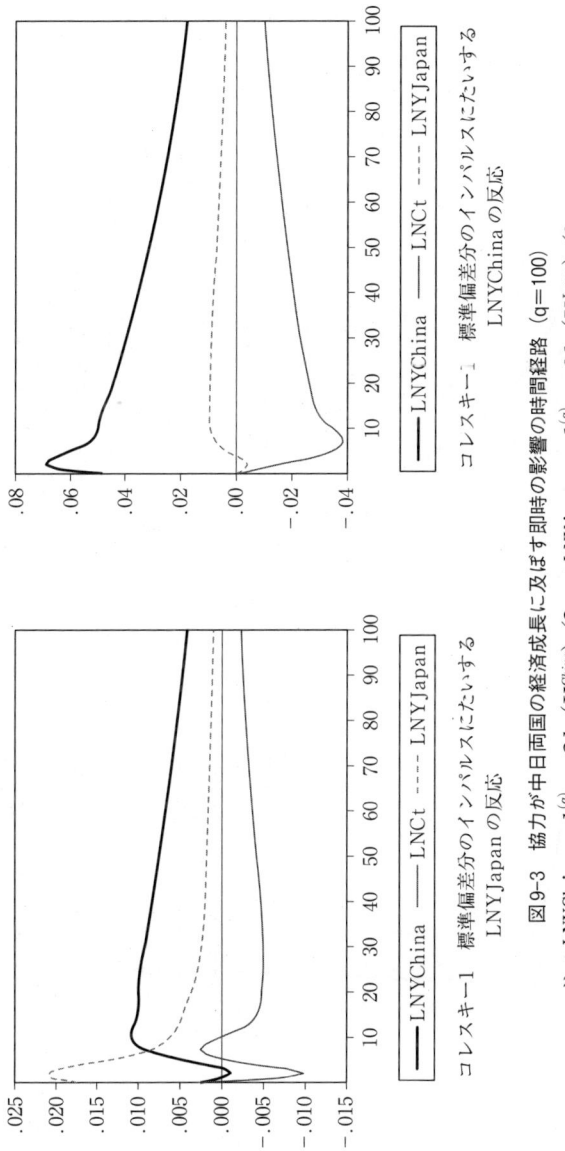

第 9 章　中日協力が両国の経済成長に及ぼす影響　*231*

図9-3　協力が中日両国の経済成長に及ぼす即時の影響の時間経路

コレスキー1　標準偏差分のインパルスにたいする LNYJapan の反応

コレスキー1　標準偏差分のインパルスにたいする LNYChina の反応 　(q=100)

注：LNYChina＝$d_{China}^{(q)}$＝$\partial ln(Y_{t+q}^{China})/\partial\varepsilon_{2t}$；LNYjapan＝$d_{Japan}^{(q)}$＝$\partial ln(Y_{t+q}^{Japan})/\partial\varepsilon_{2t}$。

232 第2部 中国からみた東アジアと日中関係

コレスキー1 標準偏差分のインパルスにたいする
LNYJapanの累積的反応

コレスキー1 標準偏差分のインパルスにたいする
LNYChinaの累積的反応

図9-4 協力が中日両国の経済成長に及ぼす累積的影響の時間経路（q=400）

注：LNYChina=$\sum_{q=1}^{\infty}=\partial ln(Y_{t+q}^{China})/\partial\varepsilon_{2t}$；LNYJapan=$\sum_{q=1}^{\infty}=\partial ln(Y_{t+q}^{Japan})/\partial\varepsilon_{2t0}$

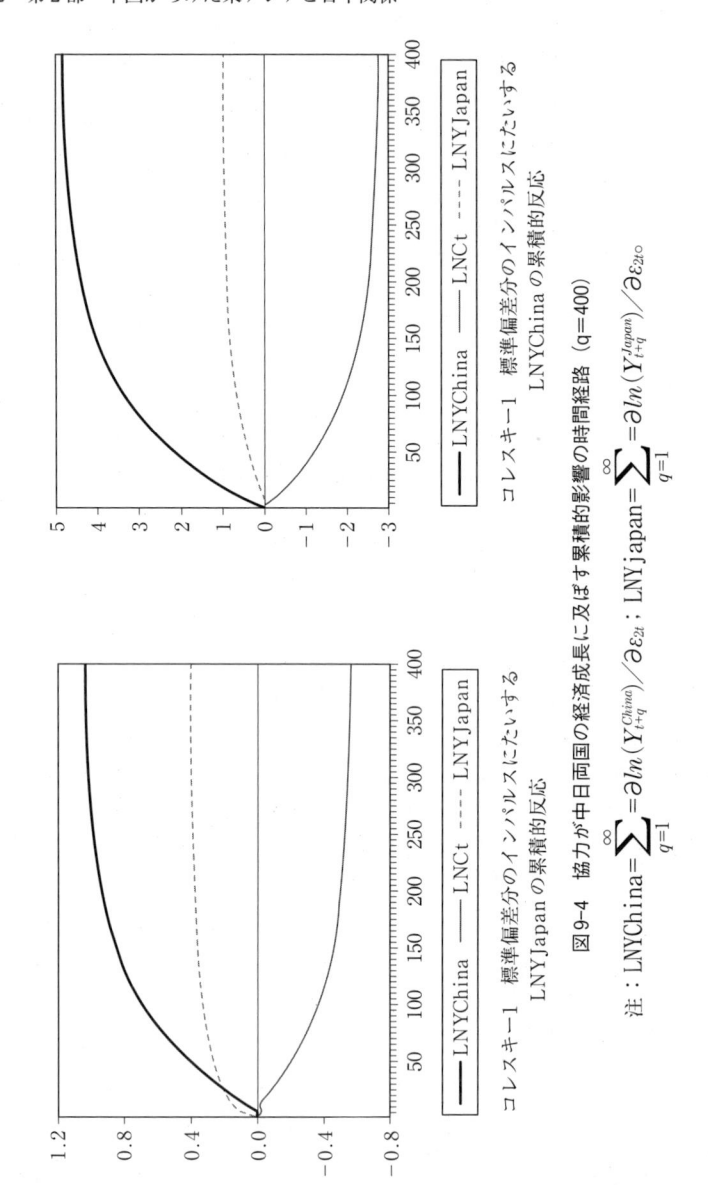

■著者紹介

Patrick Dollat （パトリック・ドラ）
　ストラスブール・ロベール・シューマン
　大学政治科学研究院准教授
　担当章：第1章

清水耕一　（しみず　こういち）
　岡山大学社会文化科学研究科教授
　担当章：発刊にあたって・第2章

Ulrich Jürgens　（ウルリッヒ・ユルゲンス）
　ベルリン社会科学研究所［WZB］教授
　担当章：第3章

Björn Lemke　（ビエルン・レムケ）
　ベルリン社会科学研究所［WZB］研究員
　担当章：第3章

田口雅弘　（たぐち　まさひろ）
　岡山大学社会文化科学研究科教授
　担当章：第4章

石田聡子　（いしだ　さとこ）
　岡山大学社会文化科学研究科研究員
　担当章：第5章

黄　鳳志　（ホワン　フォンジ）
　中国吉林大学法学院教授
　担当章：第6章

郭　定平　（グオ　ディンピン）
　中国復旦大学国際関係・公共行政学院教授
　担当章：第7章

趙　偉　（ジャオ　ウェイ）
　浙江大学国際経済研究所長・教授
　担当章：第8章

黄　少安　（ホワン　シャオアン）
　山東大学経済研究所長・中央財経大学経
　済学院院長
　担当章：第9章

高　偉　（ガオ　ウェイ）
　中央財経大学経済学院講師
　担当章：第9章

張　蘇　（ジャン　ス）
　中央財経大学経済学院准教授
　担当章：第9章

黄　乃静　（ホワン　ナイジン）
　厦門大学王亜南経済研究院修士課程学生
　担当章：第9章

■訳者紹介

玉田　大　（たまだ　だい）
　神戸大学法学研究科准教授
　担当章：第1章

成廣　孝　（なりひろ　たかし）
　岡山大学社会文化科学研究科准教授
　担当章：第1章

藤内和公　（とうない　かずひろ）
　岡山大学社会文化科学研究科教授
　担当章：第3章

■編著者紹介

清水　耕一　（しみず　こういち）

　　パリ・ドーフィンヌ大学博士課程修了（経済学博士）
　　岡山大学社会文化科学研究科教授

　主要業績

　　Le toyotisme、Repères/Éditions La Découverte（単著）、*One Best Way?*, Oxford University Press（共編著）、*Globalization or Regionalization of The American and Asian Car Industry?*, Palgrave/Macmillan（共編著）、『EU経済統合の地域的次元─クロスボーダー・コーペレーションの最前線─』ミネルヴァ書房（共編著）。

岡山大学社会文化科学研究科学内COEシリーズ第1巻

地 域 統 合
─ヨーロッパの経験と東アジア─

2010年3月23日　初版第1刷発行

■編　著　者──清水耕一
■発　行　者──佐藤　守
■発　行　所──株式会社 大学教育出版
　　　　　　　〒700-0953　岡山市南区西市855-4
　　　　　　　電話 (086) 244-1268　FAX (086) 246-0294
■印刷製本──モリモト印刷㈱

© Koichi Shimizu 2010, Printed in Japan
検印省略　落丁・乱丁本はお取り替えいたします。
無断で本書の一部または全部を複写・複製することは禁じられています。
ISBN978-4-88730-966-1